宁波市政府与中国社会科学院战略合作项目“宁波创意产业发展战略与路径研究：基于国内外典型城市的比较与借鉴”成果

# 创意产业
# 发展战略与路径研究
## ——以宁波为例

丛海彬 谢子远 闫国庆 著

ZHEJIANG UNIVERSITY PRESS
浙江大学出版社

# 序

20 世纪末期，一个新的经济学名词——创意产业，不经意间由英伦半岛迅速向全球蔓延，引起了政府和产业界的广泛关注。如果说当时人们还持有怀疑的态度，对这一新生事物尚有些半信半疑，那么接下来创意产业的出色表现——不仅成功解决了发达国家因为制造业转移而导致的“产业空心化”问题，还让他们继续站在了产业价值链的高端——则直接催生了全球范围内发展创意产业的热潮。全球创意产业以年均 10%以上的速度增长，远远超过 GDP 的增长速度。

厉无畏，中国“创意产业之父”，认为创意产业通过“四条路径”促进经济发展方式转变：一是资源转化，扩展了资源的内涵和外延，突出了文化资本、社会社会资本等软性要素的价值，而且可以“无中生有”。二是价值提升，“创意”融入到研发、营销等价值环节，就提升了产品的观念价值。三是结构优化，通过文化、科技、市场的有机结合，提升传统产业的能级。四是市场扩张，“创意”赋予传统产品以文化内涵，影响或迎合了公众的意识形态、价值观念、生活习惯等，从而消弭了产品与消费者之间的“鸿沟”。

全球来看，英国、美国是公认的创意产业执牛耳者。而亚洲国家和地区亦不甘落后，新加坡、韩国等国家和我国台湾、香港地区大力推动创意产业发展，取得了令人瞩目的成绩。在国内，以各大、中城市为中心，创意产业发展也如火如荼，而且大有愈演愈烈之势，北京、上海、杭州、深圳等城市已经走在全国前列。很多省份、城市将创意产业发展列入了“十一五”规划、“十二五”规划，赋予其极高的战略地位。

宁波文化底蕴深厚，经济发达，具有发展创意产业的条件和基础。宁波市政府高度重视创意产业发展，通过设立创意产业园区、出台优惠政策等方式加以大力扶植。

当前，宁波正处在推动经济、城市"两个转型"，构筑科学、和谐、跨越"三个发展"新优势的关键时期，发展创意产业对宁波的未来发展极具战略意义：

第一，发展创意产业是培育接续产业、实现可持续发展的重大战略选择。2010年，宁波市经济总量达到5125.82亿元，同比增长12.4%。三次产业分别实现增加值218.43亿元、2848.23亿元、2059.16亿元，同比分别增长3.7%、13.6%、11.6%，三次产业结构比为4.2∶55.6∶40.2。总的来看，一些长期制约经济社会发展的困难和问题仍很突出。主要是，产业结构比较单一，接续产业发展不够平衡，战略性新兴产业弱，科技含量高的企业规模小，第三产业发展相对滞后。宁波作为港口城市，一直在探索和实践可持续发展之路。创意产业作为朝阳产业，顺应时代潮流，符合市场经济规律，适应广大人民群众日益增长的文化需求。为此，把创意产业作为重要的接续产业来扶持，为创意产业的发展、品牌的培育、平台的打造、人才的集聚创造良好环境，使其同国际创意产业接轨，汇聚浙东文化资源，融合世界前卫的文化元素，建设一个极具发展前景和空间的产业基地，是宁波培育接续产业、实现可持续发展的又一重大战略选择。

第二，发展创意产业是调整优化产业结构、转变经济增长方式的实现路径。近年来，随着高新技术向文化产业领域的广泛渗透，传统文化产业发生了重大转变，创意产业越来越成为三次产业中最富有现代意义、与高科技尤其是数码技术发展最紧密结合的巨大"产业群"。第三产业中传统产业偏多、档次偏低。技术开发、产品研发、工艺设计、广告传媒等创意产业发展不足，导致各类产业链条短、特色产业技术含量不高、产业集群效应难以形成。创意产业可以大幅度提高传统制造业产品的文化和知识含量，提高产品附加值，有利于推动传统产业向高增值产业升级，优化第三产业本身的内部结构，提升产业的竞争力。创意产业以知识、智慧、创造力为主要生产要素，集技术密集、产品附加值高、环境污染少、资源能源消耗低等内涵型发展优势于一体，可以成倍地提升产品附加值。把创意产业作为新的经济增长点，发挥文化产业在优化产业结构中的巨大催化作用，将促使传统产业迅速裂变出新兴产业群，推动经济增长由投资拉动型向创新驱动型转变，由粗放外延型向集约内涵型转变。

第三，发展创意产业是增强城市综合竞争力的迫切需要。城市综合竞争力是一个城市在发展中与其他城市相比较所具有的集散资源,持续性地创造财富和发挥辐射影响的能力。它以城市功能的发挥为出发点,是经济、社会、科技、文化、环境和制度等因素的综合体现。据中国社会科学院发布的《2010年中国城市竞争力蓝皮书》显示,中国城市综合竞争力排名当中,香港、深圳、上海名列前三,宁波名列第20位。这是中国社会科学院依照国家统计局、各地政府网站公布的2009年全年相关数据和大量调查,对全国294个地级以上城市综合竞争力进行综合测评后做出的新一轮排名。城市综合竞争力高低及其变动,反映城市在市场占有率、经济增长率、综合生产率、产业层次、收入水平、发展代价等方面的相对状况及其变化。宁波市有两大指标排名全国前十:商务环境竞争力排名第7位;创新环境竞争力名列第9位。而发展成本、产业层次和综合增长竞争力排位稍显靠后,表明宁波未来发展面临着降低发展成本、提升产业层次和综合增长能力的巨大压力。目前,决定城市综合竞争力的主导因素正由资本、资源的优势转向人才、文化、创新的优势。城市文化竞争力已经成为衡量一个国家或城市综合竞争力高低的重要标志。创意产业的发展对提升城市文化竞争力有着显著的作用并构成城市文化竞争力的主要来源。创意产业是城市创新能力的催化剂,对于激活社会创造力、降低发展成本、提升产业层次和综合增长能力具有决定性作用。

第四,发展创意产业是建设生态自然现代宜居城市的内在要求。建设生态自然现代宜居城市,体现了科学发展观与和谐社会的要义,是宁波经济社会协调发展的长远目标。党的十七大将建设生态文明,基本形成节约能源资源和保护生态环境的产业结构、增长方式、消费模式作为全面建设小康社会奋斗目标的新要求。建设生态自然现代宜居城市是全面建设小康社会奋斗目标新要求的具体体现。发展创意产业可以为宁波产业结构和消费结构升级注入活力,可以提高宁波城市文化凝聚力、创造力和影响力,可以提升宁波城市形象,打造城市品牌,增加城市无形资产,吸引有创造活力的各类高素质人群来居住和创业。发达国家的经验表明,发展文化产业是经济社会发展到一定阶段的必然选择。当人均GDP超过1000美元、第三产业占GDP40%左右时,人们对文化消费需求进入膨胀期,文化产业发展也进入黄金期。2009年,宁波面对国际金融危机的严峻考验,GDP实现4214.6亿元,同比增长8.6%。宁波已初步形成了包括文化娱乐业、文艺演出业、网络文化业、新闻出版业、文博会展业、图书音像业、影视放映业、文化旅游业、文化培训业等在内的文化产业群。宁波正处于文化消费膨胀期和文化产业发展黄金期。这一时期，人们对文化产品和服务的需求日益旺盛，文化消费朝着多元化、多样性和自主选择性方向发展，发展创意产业有着巨大的空间和市场潜力。创意产业以其高技术、高产出、高智慧、高才艺、低消耗、低污染等特征，为建设生态自然现代宜居城市提供有利条件。

在宁波市委、市政府的大力推动和正确引导下，宁波创意产业发展已经具备很好的基础，取得了显著成绩。但当把目光放得更远，与国内其他创意产业发达城市，及至与其他国家的一些城市进行比较时，我们就可以看到宁波的差距。学习、借鉴创意产业发达地区的经验为宁波所用，给宁波创意产业发展注入更大的活力和动力，就成为宁波城市发展中一个不可回避的战略问题，而这也正是本书研究的主题所在。

本书结构如下：第 1 章梳理创意产业的基本理论，第 2 章总结国内外典型国家和地区的创意产业发展经验，第 3 章解析宁波创意产业发展的现状及问题，第 4 章评估宁波创意产业的发展绩效，第 5 章分析宁波创意产业的发展模式，第 6 章给出宁波创意产业发展的具体路径。

如能为宁波创意产业发展贡献绵薄之力，当为著者之幸也。

荆林波
中国社会科学院教授、博士生导师
中国社会科学院财政与贸易经济研究所副所长
2011 年 11 月 10 日于中国社会科学院

# 目　录

# 1 创意产业基本理论研究

20 世纪末,伦敦的城市复兴计划使得“创意产业”成为一个广为人知的名词。佛罗里达(Florida,2002)认为:“创意……已经成为决定竞争优势的关键。”创意产业已经成为很多发达国家 GDP、出口和就业的重要组成部分。文化经济学家霍金斯在《创意经济》一书中写道:“全世界创意经济每天制造 220 亿美元的价值,并以 5%的速度递增……”创意经济在创意产业发达的国家增长速度更快,如美国达到 14%,英国达到 12%(张海涛,2006)。

## 1.1 创意产业内涵的界定及特征

20 世纪 80 年代,伦敦、伯明翰、曼彻斯特、柏林等一些世界大城市从工业化时期城市向后工业化时期城市转型。他们面对的共同问题是,一些工业化时期的旧城区伴随着传统制造业的衰落而逐步衰败,许多旧厂房、旧仓库、旧货栈出现了“空洞化”的现象。因此,旧城改造与城市复兴成为这些城市发展的要求。同时,与工业化时期人们更加注重物质消费不同,消费的服务化和个性化特征逐渐开始显现。创意产业恰好符合了这一消费发展趋势,并依托新技术、新业态、新方式提升内涵,渗透到各个领域,为社会提供附加值高、知识密集的生产性服务和消费性服务。有强烈危机意识的英国敏锐地感到了创意产业的价值。1997 年英国大选之后,首相布莱尔提出“新英国”的构想，希望改变英国老工业帝国陈旧落后的形象。为了适应后工业时代的经济形势，继续保持英国经济的增长，布莱尔宣布成立创意产业特别工作小组(Creative Industry Task Force)，并亲自担任主席，提出把“创意产业”作为英国振兴经济的中心，展开了发展创意产业的全民运动，甚至为创意产业赋予了英国重拾日不落帝国光耀的使命。工作小组专门研究世界及英国后工业时代的经济发展形势，为英国制定知识经济、信息时代的发展战略提供方向。该工作组分别于1998年和2001年两次发布了名为《英国创意产业路径文件》的研究报告，系统分析了英国创意产业的现状，并提出了英国的创意产业发展战略，把创意产业理念提升到了国家产业政策和战略的高度。

### 1.1.1 创意产业的内涵

虽然世界范围内充满着发展创意产业的热潮，相关研究也如火如荼，但对创意产业的内涵、外延的表述却不尽相同，这一方面源于人们的理解存在差异，另一方面也源于各个国家、地区的产业分类不尽一致。为了较为清楚地梳理创意产业的内涵与外延，我们从两个维度进行考察：一是国家、地区产业政策的维度；二是学术研究的维度。前者可以称为政策概念，后者可以称为学术概念。

1. 政策概念

联合国教科文组织(2006)将创意产业定义为，“结合创意生产和商品化等方式，运用无形的文化内涵，创造出内容密集型的产业活动。且这些内容基本上受著作权保护，形式是物质的商品或非物质的服务”。

英国创意产业被定义为“源自个人创意、技巧及才华，通过知识产权的开发和运用，具有创造财富和就业潜力的行业”。根据这一定义，英国政府以就业人数多或参与人数多、产值大或成长潜力大、原创性高或创新性高三个原则作为标准，把13项产业划归创意产业，包括广告、建筑、艺术和古玩、工艺品、设计、时装、电影与录像、互动休闲软件、音乐、表演艺术、出版、软件与电脑服务、电视广播等。

美国是一个高度法制化的国家，一切体现创造力的产品如书法、绘画、歌曲、舞蹈、电视节目、广播节目等都有版权。因此，美国把创意产业称为

"版权产业"。早在1990年,美国国际知识产权联盟(简称IIPA)就已利用"版权产业"的概念来计算这一特定产业对美国经济的贡献。IIPA采用世界知识产权组织(WIPO)的界定,将版权产业分成四类:核心版权产业、交叉版权产业、部分版权产业、边缘支撑产业,见表1-1。

**表1-1 美国的创意产业分类**

| 分类 | 含义 | 主要产业 |
|---|---|---|
| 核心版权产业 (Core Copyright) | 受版权保护的作品或其他物品的创造、生产与制造表演、宣传、传播与展示或分销和销售的产业 | 出版与文学:音乐、剧场制作、歌剧、电影与录影;广播电视;摄影;软件与数据库、视觉艺术与绘画艺术;广告服务;版权集中学会 |
| 交叉版权产业 (Interdependent Industries) | 从事生产、制造和销售受版权保护产品的产业,其功能主要是为了促进版权作品制造、生产或使用其设备的产业 | 电视机、收音机、录音机、CD机、DVD机、答录机、电子游戏设备及其他相关设备、包括这些设备的制造与批发零售 |
| 部分版权产业 (Partial Copyright Industries) | 部分产品为版权产品的产业 | 服装、纺织品与鞋类;珠宝与钱币;其他工艺品;家具;家用物品、瓷器及玻璃;墙纸与地毯;玩具与游戏;建筑、工程、测量;室内设计;博物馆 |
| 边缘版权产业 (Non-dedicated Support Industries) | 其他受版权保护的作品或其他物品的宣传、传播、分销或销售而又没有被归为核心版权产业的产业 | 发行版权产品的一般批发与零售;大众运输服务;电信与网络服务 |

资料来源:侯博(2009)。

日本的创意产业被称为感性产业,它是由内容制造产业、休闲产业和时尚产业共同构成。其主要支柱产业有:(1)电影电视。2003年日本政府启动了影像产业援助法案,2004年日本政府把对电影等形象产业的援助资金列入政府财政预算之内。(2)动画产业。目前全球播放的动画节目约有60%是日本制作的。世界上有68个国家播放日本电视动画片,40个国家上映其动画电影。日本的动画片占据了世界市场的几乎三分之二。(3)杂志业。在亚洲,唯一一个发展成熟并有期刊输出能力的国家就是日本,日本是世界第二大期刊大国,仅次于美国。2002年日本杂志广告收入为4000多亿日元,近两年内升幅一直在4%～5%左右。(4)游戏产业。日本多年积累的游戏文化具有很强的包容性,他们能将外来文化充分理解后加以充实和包装,然后再销售甚至热销到该种文化的起源地(侯博,2009)。

韩国的创意产业基本上是“文化产业”，但特别注重传统文化中创意产品的体现，同时结合韩国企业强大的科研创新能力，在创意产业当中体现韩国民族特色。1999 年 2 月韩国发布的《文化产业振兴基本法》将文化产业界定为与文化商品的生产、流通、消费有关的产业，具体的行业种类有影视、广播、音像、游戏、动画、卡通形象、演出、美术、广告、出版印刷、创意设计、传统工艺品、传统服装、传统食品、多媒体影像软件、网络及其相关产业。此外，还有根据国家总统令指定的产业。韩国统计厅的文化产业统计指标包括出版印刷、音像、游戏、电影、广播、演出及其他文化产业（建筑、摄影、创意性设计、广告、新闻、图书馆、博物馆、工艺品及民族服装、艺术文化教育等）（孙启明，2008）。

2002 年，我国台湾地区对“创意产业”的定义为：“源自创意或文化积累，透过智慧财产的形式与运用，具有创造财富与就业机会潜力，并促进整体生活提升之行业。”其范围包括 13 大类，即出版、电影与录像（包括动漫画）、工艺品、古董、广播、电视、表演艺术（音乐、戏剧、舞蹈、传统表演与剧团等）、社会教育服务（博物馆、画廊及文化设施）、广告、设计、建筑（包括设计、出版）、软件及数码游戏、创意生活产业（如茶馆及婚纱摄影）等。

2006 年 12 月 13 日，北京市统计局、国家统计局北京调查总队联合发布了《北京市创意产业分类标准》。按照这一标准，北京市的创意产业被正式命名为“创意产业”，并将北京创意产业归为 9 个大类：文化艺术；新闻出版；广播、电视、电影；软件、网络及计算机服务；广告会展；艺术品交易；设计服务；旅游、休闲娱乐；其他辅助服务。

2004 年，上海市从物质生产功能角度出发，认为创意产业是“以创新思想、技巧和先进技术等知识和智力密集型要素为核心，通过一系列创造活动，引起生产和消费环节的价值增值，为社会创造财富和提供广泛就业机会的产业”，并将其分为研发设计创意、建筑设计创意、文化传媒创意、咨询策划创意、时尚消费创意 5 个门类，共计 18 个大类、42 个中类和 65 个小类。

2. 学术概念

美国学者凯夫斯（Richard Caves，2002）在文化经济学的角度上，把创意产业定义为：提供广义文化、艺术或仅仅是娱乐价值的产品和服务的产业。按照这种定义，创意产业包括：书刊出版、视觉艺术、表演艺术（戏剧、歌剧、音乐会、舞蹈）、录音制品、电影电视，以及时尚、玩具和游戏。

霍金斯（John Howkins, 2001）认为，创意产业是其产品都在知识产权法保护范围内的经济部门。知识产权有四大类：专利、版权、商标和设计。因此，他认为，知识产权法的第一形式是都有庞大的工业与之相应，加在一起"这四种工业就组成了创造性产业和创造性经济"。

Towse(2010)认为，过去 20 年来知识和人力资本作为后工业时代经济增长的动力被广泛重视，加工知识产权法律的实施，使得创意产业高速发展，这一巨大变化使得那些过去被称为文化产业的产业与艺术一并被称为创意产业。

Oakley(2006)认为，当涉及更宽泛的文化领域，"创意产业"与"创意产业"具有相同含义。

王缉慈(2005)从创意产业的主要来源出发，认为创意产业是那些"具有自主知识产权的创意性内容密集型产业"。一般具有三个含义：(1)来自创造力和智力财产，又称智力财产产业（IP 产业，intellectual property industry）；(2)来自技术、经济和文化的交融，又称内容密集型产业（content-intensive industry）；(3)来自创意人群发展创造力的文化环境，往往与文化产业（culture industry）概念交叉使用。同时她认为："创意产业本质上是以创意和知识为核心的产业。除了因高新技术而诞生的新兴产业外，创意产业中的大多数产业早已有之，只是在新的历史背景下，这些产业所共同拥有的特性得到政府和企业、社会的格外关注，而被集合在一起重新命名。"

张京成(2006)从创意产业特征出发，认为其应具有四个特征，即人的创造力、可以产业化或具备产业化潜力、体现文化的外在性和具有科学技术的支撑。因此，可定义为"那些具有一定文化内涵，来源于人的创造力和聪明智慧，并通过科技的支撑作用和市场化运作可以被产业化的活动的总和"。

综上所述，对于创意产业的内涵，不同的国家、地区、学者都有不同的表述，但在具体的产业分类上，即哪些产业可以归属创意产业，哪些产业不应归属创意产业，则可以根据该产业的创意密集程度做出基本一致的判断。

### 1.1.2 创意产业的特征

凯夫斯在其《创意产业经济学》中，归纳了创意产业的七个特点：(1)创意产品具有需求的不确定性；(2)创意产业的创意者十分关注自己的产品；(3)创意产品不是单一要素的产品，其完成需要多种技能；(4)创意产品特别关注自身的独特性和差异性；(5)创意产品注重纵向区分的技巧；(6)时间因素对于一个创意产品的传播销售具有重大意义；(7)创意产品的存续具有持久性与营利的长期性。

程宇宁(2007)通过对传统产业与创意产业的对比，分析了创意产业的五大特征：(1)从商品的生产过程来看，传统产品大都追求商品的规模化和标准化，而创意产业则更注重商品的个性化；(2)从商品生产的组织架构来看，传统产业的组织架构都是长期而稳定的，是围绕着生产资料(厂房、车间)和生产者设计的，而创意产业的组织架构则往往是临时而松散的，并围绕着具体的项目予以设计；(3)从商品的消费走向来看，传统产业生产的商品大都是以满足消费者的物质需求和生理需求为基本目的，而创意产业生产的产品则主要是以满足消费者的精神需求和心理需求为基本目的；(4)从商品的价值形成来看，传统产业商品的价值转换模式为物质到物质，而创意产业则更加注重产品的意识形态和思想的投入，其商品的价值转换模式为从精神到物质；(5)从商品的形态来看，传统产业所生产的商品多以空间结构的形式存在，而创意产业所生产的商品则多以时间结构的形式存在。

王琪(2009)分析了创意产业的四个特征：(1)创意产业具有包含"人的创造力"的重要特征。人的创造力是发展创意产业的关键因素。因此，美国学者理查德·佛罗里达认为："每个人都具有创意力，这个理念极为重要，却又常常遭到忽视。""如果我们真想让国家繁荣富强，我们不应该仅仅选择少数创意天才对他们施以厚报，而是应当充分挖掘每个人的创意才能。在我看来，我们时代的主要难题在于如何点燃每个人内心深处的创意之火。"(2)创意产业脱离不了"文化"的特征。一方面，文化是创意产业的基础和物质内容；另一方面，文化存在于一切创意活动当中。(3)创意产业离不开科学技术的支撑。以文化为基础，借助科技的"翅膀"，人类的创意天赋得以施展，在产业化的推动下，创意产品或服务以几何级数增长，从而迎来创意产业的高速发展时期。(4)创意产业具有"产业化"特征。只有将创意作品经过产业化变成创意产品(或服务)时,创意产业才形成一个完整的过程,完成价值的创造和实现。也正是因为创意的产业化,人类的创意才得到进一步发展的强大动力来源,进而得以程序化、规模化地开发和利用。

金元浦(2006)分析了创意产业的三个特征:(1)需求具有不确定性,因而存在较高的产业风险。每一创意产品对于消费者需求来说,存在着时尚潮流、个体嗜好、传媒炒作、时机选择、社会环境、文化差异、地域特色等多种不确定性因素,因而大大增加了创意产品的风险。(2)创意为王,具有文化精神特质。创造性是产业的生命线,创意产业的文化性、精神性、流动性、易逝性和组织结构与交易过程的复杂性,表明了创意产业必然超越过去时代的产业水平和产业模式,而在一个更高的层次上展开。(3)创意产品具有多样性和差异性。由于创意产业更多地具有文化艺术的特性,需要"波西米亚"式的艺术天才的灵感突发,因而其风格、基调、艺术特色更多地具有多样性与差异性。

魏鹏举(2008)从内生经济增长理论的视野分析了创意产业的八大特征,包括:(1)创意产业是一种内生型经济增长模式;(2)创意产业是一种附加价值高、资源节约型、环境友好型的新兴产业,具有规模收益递增的特征;(3)创意产业是一种以人为本的情智产业;(4)创意产业是科技创新与内容创新高度融合的产业;(5)创意产业是以文化或创意等无形资产为主的经济现象;(6)创意产业是一个收入弹性大的产业;(7)创意产业高度依赖全球化中的本土优势;(8)创意产业具有生态化的灵活就业特点。

张京成(2007)分别分析了创意产业的总体特点、商品特点、生产特点和从业者特点。总体特点包括:三位一体性,即创意产业集文化创意、科技创新和经济效益于一身,是三者相互交融的产物和共同发展的结果;横向跨越性,即创意产业具有空前的产业关联度,表现为极强的渗透性和整合性,在横向上广泛延伸,跨越了众多传统产业部门;高附加值性,由于创意产业依托于传统产业的创意环节,处于价值链高端,因此天生是一种高附加值产业;知识产权性,创意产业当中有形资产较少,其核心生产要素是信息、知识、文化和技术等无形资产,这就将其与知识产权紧密联系在一起。商品特点包括:(1)创意是创意商品的生命线。(2)创意产业的商品具有需求不确定性。(3)创意产业的商品能够把自身的价值放大为产业的价值。创意产业的生产特点包括:(1)生产过程日益数字化、复合化。只有多种技能的协同配合,才能把创意渗透进产业的生产过程,形成具有文化内涵、社会意义和象征价值的创意商品。(2)生产组织日益集群化、小型化、灵活化。创意产业已超越了设计师或艺术家的个体灵感迸发和单个企业的创意行为,它的发展越来越要求集体的互动和企业的地理集聚,形成集群化环境。(3)创意产业的生产管理日益信息化、网络化。创意产业需要利用信息化、网络化的手段,通过创意管理对创意加以整合和集成。这体现为包括制造产品的技术标准在内的被较大范围认同的经营规则和管理规则。创意产业的从业者特点包括群体特点、人力资本特点、人口特点。创意产业从业者的群体特点是其从业人员多属于知识型劳动者,其核心由"从事科学和工程学、建设与设计、教育、艺术、音乐和娱乐的人们"构成;创意产业从业者的人力资本特点是需具备多元技能,其职业能力既来自于个人经验积累,也来自于个人灵感的迸发;创意产业从业者的人口特征是整体以男性为主,但少数行业则由女性主导。

褚劲风(2005)把创意产业的特征概括为:文化的思想性和知识的技术性的有机融合;生产性服务业与消费性服务业的有力组合;产业组织区域集群化与企业组织小型化的有效结合。

综上所述,创意产业的特征可以分为本质特征和从属特征两个方面。创意产业的本质特征在于其创意性,即在产业发展过程中高度依赖人的创意和创造性,创意产品融入了明显的精神、文化因素,满足和迎合了消费的个性化趋势。从属特征与本质特征相对应,是为了充分实现和体现创意产业的本质特征而表现出来的外在特征,如商品的生产特点、价值增值性特点、从业者所具备的特点等。

## 1.2 创意产业发展的动因与条件

创意产业发展受到全球各国家和地区的普遍重视,而且一直保持着较快的增长速度。那么,创意产业发展的动因是什么?创意产业发展需要哪些条件?

### 1.2.1 创意产业的发展动因

创意产业的发展既有内部动因也有外部动因。消费的个性化趋势是创意产业发展的内部动因，而政府的有意推动则是创意产业发展的外部动因。

创意产业的发展适应了消费个性化的趋势。随着经济的发展和消费者收入水平的提高，消费需求总体上呈现出个性化、高级化的发展趋势。这种趋势表现为：消费者不仅仅满足于产品的使用价值，而更注重产品的观念价值，即蕴含于产品之中的精神文化因素。一般意义上说，产品的使用价值主要由科技创造而成，是商品的物质基础；而产品的观念价值因文化渗透而生，是附加的精神观念(厉无畏，2004)。创意本身的独特性及其中蕴含的精神文化因素，使得创意产品超越了使用价值这一单一维度，越来越凸显出其个性化特征，从而与消费个性化的趋势不谋而合。因此，由消费个性化趋势形成的巨大的消费需求，成为创意产业发展的客观基础。

政府的大力推动是创意产业发展的外在动因。创意产业在发达国家发展得最好。众所周知，由于生产成本等因素的影响，发达国家的制造业大部分已转移到了广大的发展中国家，由此造成了发达国家的产业空心化现象，并造成大量劳动者失业，这不仅是一个经济问题，更成为影响社会稳定的政治问题。能否解决这一问题，成为考验发达国家执政党执政水平的一个重要标尺，也直接决定着其执政地位是否稳固。顺应消费个性化趋势崭露出来的创意产业立即吸引了发达国家政府的眼球，英国率先制定了鼓励创意产业发展的若干政策，确立了创意产业在国民经济发展中的重要地位。这一政府行为引起其他国家的高度重视，刺激创意产业发展的热潮迅速蔓延并在全球扩展开来。因此，政府有意识的推动成为创意产业发展的重要外部动因。许多学者的研究表明，创意产业集聚地点偏好在大城市的废弃工业区。西方工业型大城市在传统制造业衰落后，留下了许多废弃厂房。Mommaas(2009)认为创意产业的集聚不仅有了新形式的文化基础设施的建设，同时还重新利用了废弃的厂房和仓库。Markusen 和 King (2003)试图对这一现象进行解释：旧厂区由于房租低廉，因此最初是贫困的创意产业工作者的集聚场所，逐步发展具有一定规模和影响力的艺术集聚地。当知名艺术家和大客户上门光顾后，这一地区逐渐转变为高端文化区，进而房租暴涨，逐步失去了对青年艺术家的吸引力，这一过程即文化创意集聚地的扩散与转移。凯夫斯（2004）认为，这种集聚地的扩散和转移既可能发生在不同城市之间，也可能发生在城市内部。由此也可以看出，创意产业的发展与传统制造业的兴衰具有密切的联系。另外，发达国家虽然面临制造业空心化的现实，但在制造业的高端环节，比如设计、营销等方面却一直掌握着绝对的控制权，并以此攫取高额利润。因此，创意产业中与传统产业紧密相关的一些具体产业，在发达国家本来就有很好的发展基础，当其被归类为“创意产业”并受到特别的重视时，人才的支持、高科技的融入、产业价值链的不断延伸、与传统产业更加紧密的结合等种种内外部支持使得创意产业得到了空前的发展。

### 1.2.2 创意产业发展的条件

考察全球创意产业的发展可以看出，创意产业发展在各个国家、地区之间是极不平衡的。在有些国家，比如美国，政府并没有刻意出台刺激创意产业发展的专门政策，但创意产业仍然十分发达。而在另外一些国家和地区，虽然政府出台了很多鼓励创意产业发展的优惠政策，但效果仍然不够明显。这种现象说明，创意产业发展有其内在的规律性，必须有适宜的环境和条件。图 1-1 显示了影响创意产生的相关因素。

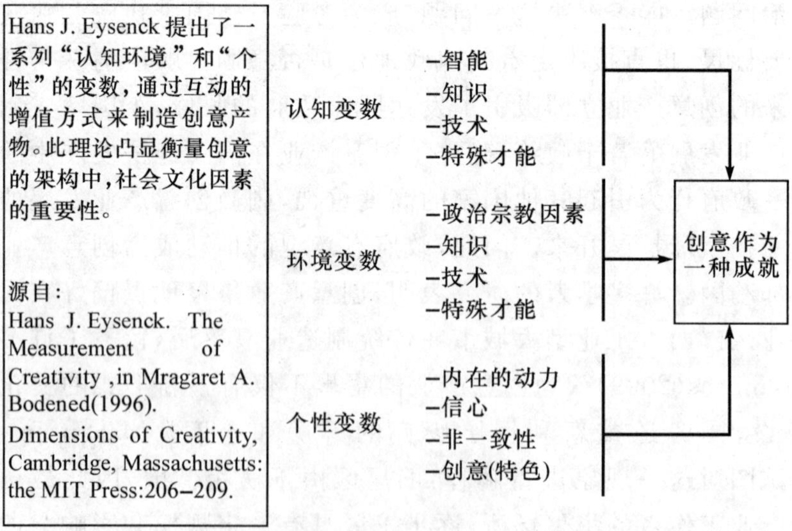


图 1-1 创意产生的影响因素

资料来源：香港特别行政区政府民政事务局：《创意指数研究》，2005。

创意的产生只是创意产业发展的初始条件，创意产业不仅需要创意，还需要一系列的外部条件支持才能形成“产业”，包括经济条件、文化条件、科技条件、人才条件等。

1. 经济发展水平

经济发展水平与创意产业发展水平正相关，一个国家、地区的经济越发达，创意产业相对越发达。消费的个性化水平与经济发展水平相关，经济越发达，消费者的个性化需求越明显。因此，经济发展水平越高，对个性化消费的需求问题相应提高，进而为创意产业发展提供了广阔的市场空间。另外，发达的经济往往与更加优质的硬件设施、公共服务紧密相关，因此可以为创意人才提供更为舒适的宜居环境，从而更加有利于创意人才的集聚，这也是促进创意产业发展的有利条件。

2. 文化发展水平

创意产业与文化紧密相关。一个国家或地区的文化氛围越浓厚，居民的文化素质越高，则其消费需求越趋向个性化。文化水平越高，从事创意产业的人越多，创意产业人才的社会地位更加受到认可进而为创意产业发展提供了良好的社会环境。文化发展水平和文化取向决定着一个国家或地区的社会价值。社会价值对个体创造力的影响主要体现在两个方面，即影响人们对创造力的理解和人们的创造性成就（W. H. Niu, R. J. Sternberg, 2001; 2003）。因此，当文化成为一个国家或地区社会生活的重要组成部分时，鼓励创意和创新并把文化融入到传统产品中，成为全社会普遍认可的社会价值，从而促进创意人才的成长和创意产业的发展。

3. 科技发展水平

创意产业往往与高科技紧密相连。科技的日新月异成为激发创意的沃土，而创意也成为促进科技发展的源头活水，二者相辅相成。科技不仅可以促进创意的产生，而且在创意的产业化阶段也发挥着重要作用，在把创意转化为创意产品、实现创意产品的规模化生产、创意产品的营销等方面均发挥着不可替代的作用。可以说，正是现代高科技与创意产业的高度融合，才使得创意产业成为备受关注的焦点，成为拉动经济增长的重要力量。

4. 创意人才

与任何其他产业一样，人才在创意产业发展中扮演着关键的角色。在一个创意人才聚集的国家或地区，创意产业很容易发展起来，而在一个创意人才匮乏的国家或地区，不论其他条件如何优良，创意产业都不可能成长和壮大。佛罗里达(2002)提出了创意阶层的概念，认为创意阶层是指所有从事需要创意的职业人，这一阶层包括科学技术和人文艺术的精英。按照佛罗里达的观点，所有能产生新观念、新技术和新创意内容的人都应该属于创意阶层。对于创意阶层培养所需要素，佛罗里达提出了"3T"模型，即创意人才(Talent)的培养、创意技术(Technology)的培育以及城市文化的包容(Tolerance)。配克(Peck，2005)在佛罗里达的基础上进一步强调了创意人才的重要性，认为在"3T"模型提出之前，技术和组织是城市发展的主要推动力，而现在则是人的力量，尤其是创意人才的推动，才是城市经济发展的主要推动力。蒋三庚等人(2009)在创意产业链分析的基础上，将创意人才分为创意的生产者、创意的策划者和创意成果的经营管理者三类。

5. 社会包容性

事实证明，在多样化观念、理念的相互碰撞下，创意更容易产生。因此，社会对不同人才、观念、习惯等的包容性越强，各种异质性因素在某个国家或地区越是集中，则创意更容易产生，创意产业更发达。西蒙顿发现，创意出现较多的地点与时代，具有四种特色："专心一致的活动、知识的感受力、多样化的人种，以及政治上的开放"(佛罗里达，2003:50)。在这四种特色之中，多样化的人种和政治上的开放两个因素均与社会包容性紧密相关。同时，与其他人、机构和社会结构的互动，对创意的产生扮演着重要的角色(香港特别行政区政府民政事务局，2005)。显然，这种互动的深度和密度也与社会的包容性密切相关。

上述各项条件相辅相成，共同影响创意产业的发展。如果一个国家或地区仅仅具备了其中一部分条件，而在其他条件上出现明显的弱势，则创意产业也难以得到很好的发展。这也是很多国家和地区在发展创意产业上做了很多努力，但创意产业发展并不理想的重要原因。

## 1.3 创意产业发展的历程

创意产业古已有之。在中国古代，经过工匠的艺术想象和创造烧制出来的瓷器早已享誉海内外，并带来可观的收益。英国在18世纪就已经开始实践创意产业。但长期以来，这种靠个人灵感产生的创意一直没有被看做产业，或者没有被系统地作为产业组织链条加以研究。这种状况一直持续到20世纪80年代。此时，伦敦、伯明翰、曼彻斯特、柏林等一些大城市从工业化时期向后工业时期的城市转型。它们面临的共同问题是，一些工业化时期的旧城区伴随着传统制造业的衰落而衰败，许多旧厂房、旧仓库、旧货栈出现了"空洞化"现象。因此，旧城改造与城市复兴成为这些城市发展的要求。1982年，著名经济学罗默(P. Romer)撰文指出，"新创意会衍生出无穷多的新产品、市场和财富创造的机会，所以创意才是推动一国经济增长的新动力"(琼斯，2002)。早在20世纪90年代，国外经济学者就意识到能源短缺将给人类发展带来的制约，并针对后工业社会的特点，努力寻找刺激经济发展的新动力源。创意产业应运而生并显示出强大的经济潜力。

20世纪90年代末以来，随着以技术、知识和文化为主的新经济的兴起，个性消费和服务经济凸现，服务业的发达程度成为衡量区域经济、社会发展现代化水平的重要标志。创意产业恰好符合了个性消费、服务经济的需求，并依托新技术、新业态、新方式提升内涵，渗透到各个领域，为社会提供附加值高、知识密集的生产性服务和消费性服务。创意产业对经济的发展作用越来越多地受到政府、企业、学者的关注。英国提出了"创意英国"和"伦敦梦"的发展蓝图，从而在世界范围内掀起了创意产业发展的浪潮。不少国家和地区把创意产业作为战略产业和支柱产业，并采取相应的政策措施和手段积极推动和扶持其发展。美国从硅谷到华尔街的流行语是"资本和技术主宰的时代已经过去，创意的时代已经来临"；日本宣称"独创力关系到国家兴亡"；韩国打出了"资源有限，创意无限"的标语；新加坡也以文艺复兴为宗旨提出了"文艺复兴城市"的战略目标，力争成为"新亚洲的创意中心"。

# 2 创意产业发展的国内外比较与借鉴

表 2-1 主要发达国家创意产业发展状况

| 国家/地区 | 概念 | 年份 | 增加值 | 占 GDP 比重 | 年均增长率创意产业/整体经济 | 就业规模(占就业总数比重) |
|---|---|---|---|---|---|---|
| 美国 | 版权产业 | 2005 | 13881.3 亿美元 | 11.12% | 7.66%/3.48% (2002—2005) | 1132.57 万 (8.49%) |
| 英国 | 创意产业 | 2005 | 608 亿英镑 | 7.3% | 6%/3% (1997—2005) | 190 万 |
| 加拿大 | 版权产业 | 2004 | 468 亿加元 | 4.5% | 5.7%/3.5% (1997—2004) | 87.4 万 (5.55%) |

资料来源:马春(2010)。

## 2.1 欧美国家创意产业发展的经验借鉴

### 2.1.1 英国

自 1997 年英国政府开始着力推动创意产业发展以来,英国创意产业发展迅速,已居全球之冠,并与金融业一起成为英国知识经济的两大支柱(梁燕君,2009)。10 年来,英国整体经济增长 70%,创意产业增长 93%,显示了英国经济从制造型向创意服务型的转变(门贵斌,2008)。创意产业不但是英国仅次于金融服务业的第二大产业,更是英国就业人员最多的产业。

2000年创意产业增加值已超过500亿英镑，占国内生产总值的7.9%，年增长率是其他产业的3倍，达到9%；提供岗位115万个，占总就业人数的4.1%。2002年，英创意产业增加值达809亿英镑，成为英国第二大产业(仅次于金融服务业)。2003年，英国首相战略小组指出，用就业和产出来衡量，伦敦创意产业对经济发展的重要性已经超过了金融业。2003年，英国创意产业就业人数已达190万人，位居各产业之首，创意产业已成为英国政府降低失业率的有效策略；2005年，英国共有12.1万家文化创意企业登记注册，约占企业总数的7.4%。因此，英国的创意产业在国际上具有标杆作用。英国创意产业的迅猛发展，使英国创造了许多世界级的品牌。英国的音乐产业占全球音乐产业的比例达15%，它的保留节目资源量仅次于美国。英国视频游戏的销售额占全球的16%。英国作曲家2004年获得艾美奖7个中的6个，动画片在托尼奖中也占有一席之地。许多享有国际盛誉的外国品牌如苹果的ipad，宝马的mini汽车的创意灵感都来自英国设计师。目前越来越多的跨国公司借助英国的专业设计，建立国际品牌打进消费市场。三星、诺基亚、雅马哈等知名企业均在英国创立了设计和研发中心，利用英国的设计人才，打造出符合欧洲和世界消费者口味的产品(梁燕君，2009)。创意产业的快速发展使得英国从事创意生产的人员急剧增加，从而形成了具有相当规模的创意阶层。2001年，英国的创意阶层已占劳动力人口的37.3%，高于同期美国的30%。在创意产业发达地区，创意阶层所占劳动力比例高达64.9%，而在创意产业落后地区，创意阶层仅占当地劳动力人口的24.1%(Clifton，2008)。

图2-1 灌木被修剪成披头士乐队形状，说明作为欧洲文化之都的英国利物浦，在灌木的修剪上也显示出浓厚的文化味道。

1. 政府的积极推动

在英国创意产业形成发展的过程中，政府通过一系列政策法规，致力于营造一个适宜产业发展和企业公平竞争的外部环境，为创意产业的兴起提供了良好的社会土壤。英国政府强调文化艺术产品面向大众，并为广大民众提供参与文化活动的机会，支持文化艺术门类的产业发展，经费主要拨向与公众文化生活密切相关的重点文化单位和艺术品种，保证文化艺术成为教育服务体系的组成部分(吴存东，2010)。英国的创意产业能达到全球领先的水平，与政府的积极推动和全力支持不无关系。英国是世界上第一个政策性推动创意产业发展的国家，目前已经形成了推动创意产业发展的完整政策体系。布莱尔1997年当选英国首相后，提出“新英国”的构想以改变英国传统的老工业帝国的形象。他上任后所做的第一件事，就是成立“创意产业特别工作组”，并亲自担任小组主席。他推行新文化政策，力促英国的著名博物馆免费开放，以增强艺术在国家生活中的地位与作用。

英国政府为促进创意产业的发展，采取了很多政策措施。首先，加强创意产业的基础研究，包括创意产业的出口政策与做法、创业产业的地区发展、创意产业产出、出口、就业统计数据、产业的发展现状等等。文化、媒体和体育大臣克里斯·史密斯以英国创意产业工作组为龙头，本着科学求实的精神，对英国创意产业的具体情况进行认真仔细的实际调查，包括创意产业的实际规模、就业状况、年营业额等，通过真实可靠的第一手数据为政府采取正确决策以及对创意产业实施科学管理提供实际依据(李淑芳，2010)。明确提出“创意产业”的概念并在全国大力普及和推广，规划创意产业蓝图，发掘文化对经济层面的影响力。这些研究为英国政府制定创意产业政策提供了完整的信息支持，从而保证了政府产业政策的有效性、连贯性和一致性。其次，在组织管理、人才培养、资金支持、生产经营等方面加强机制建设，从研发、制作、经销到出口，对创意公司的文化产品实施全方位和系统性的扶持。1998年，英国政府出台文件，通过出口推广、教育及技能培训、协助融资、税收减免及开放规划、保护知识产权和容许每个地区保留本地文化发展的自主权等政策，大力推动创意产业发展。另外，建议各地政府与民间通力合作，以伙伴的关系推动产业发展(赵友宝，2007)。

培育创意环境，培养创意人才。英国于2008年2月发布《新经济下创意英国的新人才》战略报告，提出要激发每个人的创意才能，缔造一流的创意企业，培养一流的创意人才，并提出26条详细行动计划和相应目标。其中包括：花费2500万英镑，实施“发现你的才能”项目，为儿童和年轻人提供每周5小时的文化教育活动；为14～25岁的个人进行创意技能培训，计划到2013年培养出5000个学员；技术战略部提供1000万英镑，支持创意产业研究和发展，启动创意产业的知识转换网络，及时把新技术转化为各个产业的经济价值。积极实施“创意合作关系计划”，促使创意企业与学校建立互利合作关系；组建“企业家及经营管理能力工作团体”，帮助大学生开发其经营管理能力，适应创意企业的需要（刘平，2009）。

英国把创意产业看作经济中心，认为创意产业形成的最重要来源是创造性人才。因此，在2006年2月，任命7名新的专家去引领创意经济的发展，使英国成为世界创意俱乐部；主导“创意经济计划”，其目的是创造最好的框架来支持创新、增长和生产率；也带领公众投资的企业，使其成为先锋项目。这个计划关注7个关键领域：(1)技能教育：更好地培育创造性思维，为创意产业的产生创造条件；(2)竞争和知识产权：创造世界一流的商业竞争环境；(3)技术：抓住现今网络化和数字化技术的机会；(4)商业支持和财政支持：帮助培育新的商业，使其繁荣与增长，并给予足够的财政支持；(5)多样性：减少对有创新能力的创造者的障碍；(6)基础设施：利用独特性构建创意产业；(7)论证：明确创意产业对经济的重要性（张雅丽，2010）。

2. 加强知识产权保护

英国政府制定了一套完整的文化产业政策，出台了一系列相关的法律法规，从法律和制度方面提供强有力的保障。例如，1993年颁布《彩票法》，1996年颁布新的《广播电视法》，以及《著作权法》、《电影法》和《英国艺术组织的戏剧政策》，等等，从而在制度上确保了文化市场的健康持续繁荣（李淑芳，2010）。近年来，英国在知识产权保护中还出现了一些新趋势，比如，鼓励降低知识价格水平以提高信息流动量，促进技术和应用的结合以达到知识的总收入最大化。

3. 重视教育

重视教育，是英国创意健康发展的重要因素（梁燕君，2009）。英国文化、媒体和体育部推动成立的创意产业高等教育论坛,将高校和业界聚集到一起,充分利用资源为业界培养创新型人才。同时根据业界需求,高校也增设了与创意产业接轨的新课程。例如,英国产业技能委员会曾在高校为电影、电视和多媒体行业举办为期3年的人才再造工程,提供了上百种课程,使影视业66%和多媒体行业24%的员工达到研究生水平,有效地提高了这些行业的创新潜能。英国政府还出资支持一些专业的机构或协会,如艺术委员会,让这些协会来支持大众的艺术教育。在英国艺术委员会的常规资助机构中,有90%以上的机构都有艺术教育的功能,33万青年人被纳入创意合作伙伴计划中,大约有3000个学校在音乐、舞蹈、戏剧、艺术和设计等学科设置了艺术学分。为了方便大众的学习,英国政府还资助成立了"人民网络"计划(People's Network),在该计划的帮助下,公共图书馆开通了互联网终端(张雅丽,2010)。

4. 融资支持

融资支持,是英国创意产业可持续发展的另一保证(梁燕君,2009)。英国创意产业的快速发展,除了英国具有国际水平的创新能力,还源于英国政府及时帮助创意产业解决了最初的融资困难。英国文化、媒体、体育部出版了相关手册,指导投身创意产业的企业或个人从金融机构、政府部门获得投资援助。更重要的是,英国政府与行业共同推出了众多的基金,建立了政府、银行和行业基金与创意产业之间紧密的融资网络,为英国创意产业的发展奠定了资金基础。2006年英国政府发表的报告显示,英国创意产业融资渠道主要有两种:一是公共资金;二是私人投资。公共资金主要来源于国家科学与艺术基金会、英国电影协会、艺术协会和高校孵化基金;还有贸工部在地区发展局下建立的创意产业特殊基金、西北地区发展基金及伦敦种子基金、西北地区种子基金、早期成长风险基金等;政府设立的高科技基金和苏格兰企业发展基金也为创意产业提供融资。此外,英国的创意产业还可以申请欧盟的发展基金。在政府融资支持下,英国私人资金也为创意产业发展提供了重要资金来源,使银行贷款和私人基金成为英国创意产业融资的主要渠道之一。英国政府为了给那些有创新能力的个人或从业者的发展提供资金,出版了《融资一点通》手册,公布了《创意产业资金地图》,指导相关企业从政府部门或金融机构获得资金上的支持,例如，为小型音乐从业者提供被称之为Music Money Map的资金提供者联络方式。同时，提供了各种各样的融资渠道，如有政府拨款、准政府组织资助、基金会资助等。最值得提倡的是，英国还采取了国家彩票基金投资创意产业的新模式，即以法规的形式将国家彩票的部分收入投资文化设施的建设，支持优秀艺术门类的发展和人才的培养。在1995年到1999年间，超过1000个艺术项目从“彩票基金”中获得了10亿英镑以上的资助。仅彩票收入一项，一年就可以为文化艺术事业筹集到赞助费6亿多英镑，极大地弥补了政府文化投资的不足，兴建了一批文化设施，支持了优秀的文化人才的培养。例如，伦敦泰特现代创意馆、Rich Mix两个项目以及英国科学、技术及艺术基金会的资金主要来自于彩票。“政府陪同资助”是英国所特有的发展创意产业的融资模式，即如果企业决定投资某一创意产业，政府将陪同企业一起资助该项活动，为这项活动的质量和成功打上“双保险”。政府为鼓励企业多次投资，还采用了一定的激励方式。当企业第一次资助时，政府“陪同”资助的资金比例是1∶1，但当企业再次资助时，政府将扩大出资比例，对企业多出上次出资额的部分实行1∶2的资助比例。这种方式为企业提供了更丰厚的资金支持，提高了企业从事创意产业的积极性，扩大文化活动的规模、质量和影响，同时政府角色的介入，也使得广告效应自然增倍(张瑾，2010)。英国政府采用减免税政策吸引社会资本进入创意产业。一是对中小创意企业和个人给予税收优惠政策，包括免征所得税、营业税等。二是设立“激励企业资助艺术计划”，其中规定企业或私人对艺术活动的捐赠则可以享受相应的免税优惠。协助企业融资。英国文化、媒体与体育部专门出版了“银行经营手册”，提供各地可供给创意产业者资金的机构联络方式，指导相关企业和个人如何从金融机构或政府部门获得投资援助。同时，有关部门组织专案研究、研讨会及区域财务论坛，为创意产业与投资者有效对接提供信息交流平台(徐明亮，2011)。

### 5. 注重开发国际市场

英国政府特别注意创意产业对国际市场的开拓(梁燕君，2009)。1998年，英国政府成立了创意产业输出顾问团，为创意产业提供产品出口方面的咨询建议，努力协调不同部门创意产业的出口活动。这不仅加强了创意产业与政府的合作，还促进了金融机构与国会对创意产业的了解，为创意产业提供了海外发展的必要援助。积极探索国际交流与合作(李雪玲，2009)。英国致力于寻求国与国之间的合作与交流。英国政府认为本着平等互利的原则，加强英国与其他国家在创意产业领域的合作，促进不同国家创意产业从业者之间的交流，消除国与国之间的贸易壁垒，产生互补的效果，有利于本国创意产业的发展。

### 2.1.2 美国

美国是全球创意产业最发达的国家，从1996年开始，创意产业已经超过航空、重化工及汽车等传统领域，成为最大的出口产业。近年来，版权产业在美国发展迅速，在国民经济中的作用举足轻重。在美国，创意产业由以艺术为中心的创意产业和以创意为中心的版权产业共同构成。因此，美国的创意产业主要由六大行业组成，分别是文化艺术业、音乐唱片业、出版业、影视业、传媒业、网络服务业。据统计，1997年美国版权产业净产值为3484亿美元，占美国国内生产总值的4.3%。1977—1997年，美国核心版权产业的国内生产总值平均年增长率达6.3%，而同期美国国民生产总值年增长率为2.7%。在这20年间，美国版权产业就业人口翻了一番，达380万人，占美国就业人口总数的2.9%，平均年增长率达4.8%，而同期美国就业人口平均年增长率为1.6%。在文化艺术业方面，据统计，美国非经营性文化艺术产业每年直接或间接拉动的经济效益为369亿美元，提供130万个就业机会。在音乐唱片业方面，2000年美国占全球音乐唱片市场份额的37%，达143亿美元。由美国公司生产的音乐唱片占世界音乐唱片消费总量的60%，年出口高达600亿美元。在出版业方面，2004年，美国图书销量为22.95亿册，图书品种近17.5万种，收入达286亿美元。在影视业方面，全球影院85%的片源来自美国好莱坞。美国影片产量虽然只占世界影片产量的6%～7%，却占据全球影院总放映时间的50%以上。2004年，美国电影票房总收入高达94亿美元，创造了美国电影票房收入的新纪录。在传媒业方面，美国传媒业控制世界75%的电视节目和66%的广播节目的生产与制作。每年向国外发行电视节目总量达30余万小时。在纸媒体这一传统领域，美国也占优势。目前，各种报纸总数达9000种，以34种语言印制发行的外文报纸200余种，其报刊发行总量居全球首位。在网络服务业方面，2000年美国仅广告营业总额就高达82亿美元(吴昌南，2006)。据《美国经济中的版权产业:2004年报告》提供的数据,1997—2002年,美国核心版权产业增速是3.15%,超过同期美国2.4%的GDP年均增长率。2002年美国核心版权产业的增加值达到6262亿美元,占GDP的5.98%;总体版权产业增加值为12540亿美元,约占美国GDP的11.97%。在当前美国贸易赤字继续扩大的情况下,美国版权业作为美国出口最重要的部分,在出口和海外销售上持续快速增长。2002年,尽管遭遇到盗版和全球整体经济衰退等状况,美国核心版权产业中四个部分的海外销售和出口仍然增长了1.1%,达到892.6亿美元(喻翠玲,2009)。在就业方面,2002年核心版权产业就业人数有548.4万人,占美国就业总人数的4.02%。同年,全部版权产业雇佣了1147.6万人,占美国就业总人数的8.41%。美国全部版权产业的就业规模直逼美国保健与社会救助业(从业人数1530万人)、制造业(美国21个制造产业的就业人数为1450万人)(李俊江,2008)。

美国发展创意产业,一方面,重视技术变化及国际市场的竞争趋势;另一方面,尤其注重对创意产业核心版权的保护(赵友宝,2007)。其具体政策如下。

1. 充分利用高科技成果

美国的文化产品多以高科技为载体和内容,这大大提高了产品附加值,从而创造出全新的生活理念,并刺激新的文化需求的产生。科技含量高,是美国创意产业的一个杀手锏。以影视业为例,每一项对影视产业的创制与传播可能产生影响的科技成果,几乎都会同步运用于电影电视之中。在大众传媒领域,如印刷复制、录音录像、电子排版、网络传输、数字化、地球通信卫星等高新技术的广泛应用,使美国创意产业具备了向全世界扩展的“桥梁”和“利器”(张志宏,2002)。在图书和唱片业,利用因特网技术开发的网上售书等业务,极大地促进了其销量的增长。

2. 高度市场化运作

美国的影视、图书出版,以及音乐唱片业,已建成庞大的全球销售网络,并控制了许多国家的销售网和众多电影院、出版机构及连锁店。在经济全球化的发展进程中,美国众多的跨国文化企业采取全球化战略,从资金、技术、信息等要素的全球自由流动中获取高额垄断利润,扩张海外销售市场，占据国际竞争的有利地位，其影响力日益增大。作为市场化程度最高的国家之一，美国的创意产品完全按照市场规模运作，因而可以充分实现其潜在的市场价值。其中，积极精确的营销政策就是一个重要方面。以美国电影业为例，好莱坞的电影营销并不仅仅就是简单的广告宣传投入而已，其中包含市场调研、媒体广告和效果跟踪三个有机组成部分。从前期目标市场的获得、分析、定位，到后期对投入的追踪调查、总结分析，每一个步骤都不曾忽略。产业化、市场化动作使得创意产品可以实现赢利模式的多元化，从而可以深度挖掘一切可创造利润的资源，即以创意产业发展的多元化，同时带动相关产业的发展。如美国现代电影产业都在努力扩展、延长市场链条，形成多元化、多层次的盈利模式，努力摆脱单纯依靠国内票房收入的模式(张雅丽，2010)。

3. 面向全球市场的产业发展理念

美国政府利用其强大的国际政治经济优势支持其文化商品占领国际市场，并致力于在 WTO 框架下推动包括文化商品在内的贸易和投资领域的自由化。一方面，美国政府充分利用其国际政治经济优势来支持美国的文化商品占领国际市场:在文化产品制作中立足于全球市场需求并引领潮流，牢牢把握海外销售市场，美国的电影市场占有率高达 80%；借助贸易自由化潮流，美国创意产业已经取得了向全球输出的主导权，且正在从资金、技术、信息等要素的全球自由流动中受益，特别是在资本方面具有压倒性优势；输出美国的文化价值观，并通过影响人们的观念来进一步培育消费市场，成为了美国发展文化产业的法则。另一方面，拥有丰富的人才是美国能够在文化产业领先的另一个重要原因。美国充分吸纳世界丰富的文化资源和各国大量优秀艺术人才。仅 1990—1991 的两年间，独联体各国的文化界人士移居美国的就有 3 万之众，其中著名人士达 1500 人。这些移民对美国文化艺术各个方面的发展都作出了重大贡献(赵友宝，2007)。

4. 投融资主体多元化

美国政府通过国家艺术、人文基金会和博物馆学会等面向所有符合政策导向的团体进行大规模资助(投资)。美国政府每年对创意产业的投入达到了政府财政支出的 12%，主要扶持事关国家安全、公益性强、依靠纯市场力量不能得到充分扶持和发展的创意产业。如博物馆、美术馆、图书馆等公益性文化设施、社区文化活动以及文化艺术教育普及活动等。1965年,美国通过了《国家艺术及人文事业基金法》,并据此创立了国家艺术基金会与国家人文基金会,以致力于推动艺术与人文事业的发展。美国联邦政府不仅为创意产业的相关部门提供直接资助,还以税收优惠方式提供财政支持。早在1917年美国联邦税法就明文规定对非营利性文化团体和机构免征所得税,并减免资助者的税额。美国对非营利性的文化艺术团体和公共电台、电视台免征所得税,并减免为其赞助的个人和公司的税额,以鼓励对创意产业的捐赠。同时,联邦政府在政策上采取了"杠杆方式",以"资金匹配"来要求和鼓励多方主体对文化产业进行投资,使得投资主体呈现多元化的局面,地方政府、企业、文化团体、外商投资、私人捐赠都已成为文化产业发展的重要资金来源。文化艺术团体吸收包括来自于各大公司、基金会和个人的捐助,其数额远远高于各级政府的资助。如全美剧院、音乐厅、博物馆、历史遗迹的保护、维修和保护,得到来自于公司、基金会和个人的捐助,其数额远远高于各级政府的资助。以2003年为例,美国对"艺术、文化、人文"类的捐款约122亿美元,人均捐款约42美元。美国竞争性的创意产业依赖于跨国公司的投资,而这些跨国公司的大部分又都不以美国为主体。如好莱坞最具实力的电影制片厂之中,哥伦比亚三星是日本的Sony公司控股,福克斯则是澳大利亚的新闻集团控股。在流行音乐产业部门更是如此,在美国市场上获取利润的是日本的Sony、荷兰的Polygram、德国的BMG、英国的Thorn-EMI公司等。在金融业发达的美国,创意产业金融服务早已超越版权质押贷款模式,利用版权证券化为电影业服务。如花旗银行先后以福克斯的两部《千禧年》、环球的两部《银河》、迪斯尼的《星座》等五部影片的未来收入为基础资产提供了近42亿美元的证券化交易(徐明亮,2011)。一些有实力的文化产业集团如ABC、CBS等,背后都有金融大财团的支持。

### 5. 加强知识产权保护

美国是世界上对知识产权保护最严密的国家之一,这为促进美国的创意产业发展起到了保驾护航的作用。具体体现在以下几个方面:(1)重视版权保护。政府机构中设置版权办公室、美国贸易代表署、商务部国际贸易局和科技局、版权税审查庭、海关等相关的行政部门。除此之外，随着版权产业发展的需要，美国政府还成立了一些直属政府部门的工作小组，加强版权的监督与保护。如克林顿政府的“美国国家信息基础设施顾问委员会”、“信息政策委员会”等(李俊江，2008)。(2)加强版权立法。美国建立了比较完善的知识产权法律体系。《国家艺术及人文事业基金法》、《专利法》、《商标法》、《版权法》、《反不正当竞争法》为美国文化产业的崛起和发展奠定了重要基础。为了适应数字化时代对美国版权产业发展的要求，美国1998年10月通过了《跨世纪数字版权法》。该法针对数字技术和网络环境的特点，对美国版权法做了重要的补充和修订，为大众和版权产业界提供了数字化版权保护。美国近年来不断修改版权法，推出了包括数据库保护在内的众多立法议案，不断完善版权保护制度，为版权产业的繁荣提供法律保障。(3)推动版权保护国际合作。在美国版权产业界的积极推动下，美国开始积极加入国际版权保护体系，不断推动国际版权保护加强合作，为美国版权产品和版权产业在海外提供了更好的保护。美国经过多年的努力，终于在1989年加入《伯尔尼公约》，为版权在海外提供了双边的保护。此外美国还积极推动建立与国际贸易相关的新型国际版权关贸总协定乌拉圭回合谈判的机会，最终形成了TRIPS协议，不仅提高了国际知识产权的保护水平，而且建立了有效的法律实施机制和争端解决机制(林拓，2004)。

## 2.2 亚洲国家创意产业发展的经验借鉴

### 2.2.1 日本

日本是亚洲创意产业发展最为发达的国家。日本的电影与音乐创收分别列世界第二位，电子游戏软件的产值居世界第一。近年来，日本的创意产业一直处于上升趋势，2002年日本创意生产总值为129861亿日元，到2003年上升到130952亿日元，2004年上升幅度更为明显，产值达到133362亿日元，占当年国内生产总值507万亿日元的2.6%。根据日本《数字内容产业白皮书2005》的统计，目前全球创意产业的生产总值为125万亿日元，其中美国为55万亿日元，占44%；欧盟、中东地区41万亿日元，占33%；亚洲地区25万亿日元，占20%。亚洲国家中日本贡献最大，约为13万亿日元，占亚洲地区总产值的一半以上（胡珊，2008）。2005年，日本创意产业的三大支柱产业（动漫产业、游戏产业、数字内容产业）共实现产值近5万亿日元，占创意产业的比重超过1/3，其中数字内容产业高达3.5万亿日元，动漫产业约为7000亿日元。根据日本经济产业省商务情报政策局的数据显示，日本的创意产业在2006年时达到一个顶峰时期，当年市场规模达到13.989万亿日元，2006年之后有小幅减少，2008年较2007年减少了2.5%，为13.828万亿日元（林乃森，2011）。其规模仅次于美国，位居世界第二。

1. 政府积极支持

在日本政府部门中，经产省和文部省都具有文化的管理职能，各负其责，以相关法令为依据，向企业提出劝告、建议、指导等行政裁决方式，使企业接受政府的意图并付诸实践。日本于1990年成立了由专家学者和艺术权威组成的文化政策促进会。1995年7月，日本文化厅长官的咨询机构"文化政策促进会议"提交了《新的文化立国目标——当前振兴文化的重点和对策》的报告，提出"文化立国"的初步战略构想。1996年，文化厅正式提出《21世纪文化立国方案》，标志着日本"文化立国"的战略正式启动。2001年发布《东京观光产业振兴计划》，2003年制定了观光立国战略，把发展创意产业放在了国家的战略高度给予重视。2001年，日本政府全力打造知识产权立国战略，明确提出10年内把日本建成世界第一知识产权大国。日本政府制定了具有较强灵活性的"政府指导体制"，通过设立战略会议、恳谈会、幕僚会议、审议会等形式，研究商讨发展创意产业的具体对策，避免采取强硬的法律约束，使政府和企业之间建立互相信任的关系。2002年，小泉政府针对数字内容产业提出施政方案，于是关于创意产业发展的产业政策便陆续出台，如2002年《知识产权基本法》，2003年《电子日本重点计划》，2004年《内容产业振兴政策》等。政府通过提供各种信息、制定相关扶持政策来引导和协助企业的发展，扮演企业的领航员、仲裁者、银行家及保护人的角色，给创意产业注入了巨大的活力（胡珊，2008）。同时，日本几乎每个行业都有自律性的组织或机构的社团法人，负责制定行业规则，维护会员的合法权益，同时进行行业统计，被视为政府职能的延伸。

2. 保护传统文化营造文化氛围

为了促进创意产业的发展，日本政府规定：政府应大力支持地方的文化活动和创意活动，包括重新挖掘、振兴具有地方特色的文化遗产、民间艺术和传统工艺等，对具有地方特色的文化艺术和创意文化提供资助，中央政府与地方联手举办全国规模的文化节等。为支援地方传统文化的传承事业，文化厅实施了"家乡文化再兴事业"，以此作为地方传统文化继承与发展的主要计划。通过"地域艺术文化活性化事业"，搞活文化遗产、风土人情的保护，在发展植根于当地有特色的地方艺术文化的同时，综合性地支援地方文化活动的开展。推进青少年体验文化艺术活动，让青少年直接接触真正的文化艺术，参与创作活动，获得更多的感动体验，感受丰富的人性。为了振兴美术馆、历史博物馆，文化厅实施了美术品登陆制度并提高国民艺术欣赏兴趣。该制度是基于1998年12月实施的《促进美术馆公开美术品的法律》，登录全国个人及法人所有的优秀美术品，并在美术馆公开，为国民提供更好的美术鉴赏机会（王淑芳，2008）。

3. 创业产业发展与城市特色相结合

日本在发展创意产业的同时，十分注重将其与城市文化特色发展相结合。在日本的东京、神户以及名古屋等主要城市，当地政府提出了一系列文化创意发展与城市特色发展相结合的发展计划。东京是日本创意产业发展的主要集聚地，其产值大约占全国的60%以上。而仙台作为日本电影产业的主要生产基地，提出了要依靠电影产业的特色搞好创意产业集群。又如名古屋，其紧邻丰田汽车公司本部所在地丰田市。丰田市聚集了很多汽车设计及零部件供应商和销售商。所以该市提出以建设汽车产业为中心发展创意产业。将创意产业的发展与创意城市建设相结合并以城市特色和优势产业为核心形成产业集聚，是日本发展创意产业的一个亮点（汪曼，2010）。

4. 完善法律法规

近年来，日本政府先后制定了一系列完善的法律法规，为创意产业有序健康发展提供良好的环境。1970年颁布的《著作权法》至今已修改达20余次。2001年,政府为了引导公民公正合法使用文化创意成果,有效维护著作者的权利,对该法进行了修改并更名为《著作权管理法》。同年,日本国会提出了《振兴文化艺术基本法》,其内容明确涉及电影、漫画以及动画的知识产权问题,使日本的文化艺术在法律上得到正式保护。2003—2008年,"知识财产战略本部"连续制定了6年的《知识财产推进计划》,都专门用一章的篇幅阐述充分发挥内容产业作用、建设文化创意国家的政策措施。战略本部2003年制定了《e-Janpan重点计划》,2004年制定了《关于促进创造、保护及应用文化产业的法律案》(即《内容促进法》)以及《文化产品创造、保护及活用促进基本法》,该法规定了国家、地方政府、公共团体都有义务积极推动扶持创意产业的发展。经济产业省于2004年制定了专门的《内容产业企业振兴政策:软实力时代的国家战略》,2007年出台《内容产业振兴政策》,提出今后日本的内容产业要积极开展国际业务,广泛集聚世界各地人才,扩大融资渠道并实施融资国际化,加强技术革新与合作,积极应对知识产权全球化,要充分利用IT扩大市场规模。

5. 投资主体多元化

日本政府对文化事业的投资逐年增加,1990年文化厅的预算为432亿日元,1997年达到828亿日元,约为1990年的2倍。虽受财政结构改革和财政困难的影响,2002年文化产业预算仍达982亿日元,比2001年度增加76亿日元,占日本财政总预算的0.12%,与1992的496亿日元预算相比,日本政府10年间的文化预算增长近1倍。特别是2004年《文化产品创造、保护及活用促进基本法》颁布后,政府对于文化艺术领域的财政预算更是大幅度增长。文化事业的预算主要用于促进文化艺术创作、合理利用和继承传统文化及文物、为振兴文化而整顿基础设施、推动国际文化交流顺利进行等。

日本政府不仅在资金上大力支持创意产业的发展,同时也鼓励多元投资机制,支持非文化企业和境外资金投入创意产业。1990年,为充实艺术创作活动,对舞台艺术、电影等进行重点支援,培养世界水平的艺术家和艺术团体,日本先后成立了"振兴文化艺术基金"和"企业艺术文化后援协议会",用来支援各种艺术文化活动,基金由政府和民间共同出资,其中政府出资500亿日元，占81.7%，民间赞助112亿日元，占18.3%，此后每年筹集到的追加资金在14亿日元左右。此外，还利用基金成立了特殊法人日本艺术文化振兴会，进行基金的管理、利用，并设立国立剧场、新国立剧场，管理其运营。在日本创意产业的壮大过程中，民间企业投资的作用越来越明显，其所出资比例逐年增大。在日本，许多大型文化活动大多依赖企业、公司的投资与赞助。由于企业赞助文化活动不仅可以根据数额免除相应税款，而且是提高企业知名度、展示自身良好形象的重要途径，几乎所有的日本一流大型企业都以各种形式支持、参与文化活动，许多大型文化活动的举办多依赖于企业的投资与赞助。如日本电视台播放的动画节目，其播出费用一般由赞助商提供。目前，民间企业投资已成为日本创意产业发展壮大的主要资金来源(徐明亮，2011)。

日本在投融资、保险、税制方面加大对企业的支持力度，以投融资、参股、参与经营等多种形式支持中小企业创业、经营。在保险方面，对出口内容产品签订知识产权转让合同后，由于战争、买方企业倒闭、外汇汇款限制等原因而导致的不能回收货款进行广泛补偿；在税收方面，规定中小企业进行设备投资时，其购买设备经费可减免7%的税额或特别冲抵30%。日本的文化产业不是由政府“包办”的，文化产业项目都进入市场操作。即使是个性化的文化活动，日本也依靠市场化运作。在日本，各大报社都设有专门从事文化活动的部门和中心，其文化中心经常邀请大学教授和专家学者举办讲座。讲座面向普通百姓，收费很低，内容涉及高雅表演艺术、美术、书法、摄影等，很受大众欢迎(喻翠玲，2009)。

6. 重视培养创意人才

日本很重视创意产业人才的培养。日本知识产权战略本部于2005年6月公布的《知识产权推进计划2005》中指出，创意人才的培养是一项很重要的课题。近年来，各大学府和职业学校都开始开设有关创意产业的专门学科。以游戏产业为例，日本有200所大学设有游戏(开发、设计、管理、运营)专业。此外，日本政府还举办各种评奖活动，奖励和表彰创意人才。2001年12月日本文化厅等部门参与协办了“第五届日本文化厅媒体艺术节”。由“知识财富战略本部”设立的“文化产业调查会”于2004年提出了《文化产业的商务振兴政策——软件力量时代的国家战略》，其中就提到了表彰积极创意人才，开展具有社会导向意义的商务活动和奖励创意产业的先进者。这些公开的评奖活动大大调动了创意工作者的积极性，推动了创意产业的发展。文化厅自2002年起，作为新的"文化艺术创作计划"的第一环，开始派遣年轻艺术家去海外留学，支持其在国内进行研究，为其提供发展的机会，让艺术大师给予个人特别指导等，不断培养年轻艺术家。

7. 积极开拓国际市场

日本经产省与文部省联手促成建立了民间的"内容产品海外流通促进机构"，拨专款支持该机构在海外市场开展文化贸易与维权活动。在《创意产业振兴政策——软实力时代的国家战略》中提出，日本政府、在外公使馆、日本贸易振兴协会(JETRO)和各国际交流基金都应承担对外开拓市场的任务；通过举办东京国际电影节来扩大对外影响力；在各类国际交流中强化日本创意产业的形象；同时，也加强在各个渠道对盗版产品的取缔活动(林乃森，2011)，从而在积极开拓国际市场的同时，加强海外知识产权保护。日本自2004年起完善了东京内容产品国际交易市场(TIFFCOM)，目标是使其成为亚洲最大的国际市场，以支持日本的内容产业进行海外扩张。据统计，世界上的动画作品60%是日本制作，美国是日本动画片最大的海外市场，日本动画片在美国的市场收入超过50亿美元。2003年，销往美国的日本动漫片以及相关产品的总收入为43.59亿美元，是日本出口到美国的钢铁总收入的4倍。日本以培育核心产品产业链拓展海外市场，已形成由动漫、卡通图书和影像制品以及由文具、玩具、游戏、软件和服装等衍生品所组成的完整产业链。很多动画片在推出之前，衍生产品已经上市，以音乐剧、动漫而衍生出来的产品，像 Hello Kitty、网球王子、机器猫、樱桃小丸子等形象被制作成玩具、文具或印在生活用品及各种服装上，深受日本及各国少年儿童喜爱。自2000年以来，其衍生产品在国内市场的规模，一直保持在1兆6000亿至1兆7000亿日元左右(刘平，2009)。动漫等产品进入欧美市场初期，免费提供电视台播出，受到认可后相关产品被竞相购买。

### 2.2.2 新加坡

新加坡位于马来半岛的最南端，面积682.7平方公里，总人口460多万。尽管是亚洲很小的一个国家，但其本土的设计师与创意产品，却在世界上享誉盛名。他们的广告设计、平面设计、动画、时装、美食也被业内人士称好。如今的新加坡已成为亚洲创意枢纽，大大提升了城市的创新能力。据2002年的统计，新加坡创意产业增加值占GDP的2.8%～3.2%，共有7.2万人在8000个企业中为创意产业服务。整个著作权产业占GDP的比例从1986年的2.0%提高到了2000年的2.8%，就业人数也以超出经济发展的速度增长，从1986年的3.07万增加到2000的7.22万，年均综合增长率达到6.3%，而总体就业的年均综合增长率为3.8%（门贵斌，2008）。根据2005年瑞士洛桑管理学院发表的全球竞争力报告，新加坡的全球竞争力排名第三。可以说，到目前为止新加坡已经树立起"新亚洲创意中心"的声誉。新加坡在创意产业的策划与实施上，展现了自己立足于东南亚，又努力作为东方与西方、传统与现代文化的交汇点的发展特色，并根据自身的特点发展了各具特色的创意产业，展示了新加坡在创意产业中的亮点，产生了巨大的经济效益。新加坡的创意产业已走在世界前列，成为发展创意产业的典范国家，充当了亚洲地区创意产业的领头羊角色（万里程，2006）。

1. 政府积极推动

面对土地紧缺，高度依赖外贸等发展瓶颈问题，新加坡政府选择了创新之路。2000年，新加坡政府制定了新世纪文化发展战略《文艺复兴城市》，提出政府在5年内增拨5000万新元投资文化艺术的发展，推动新加坡迈向"文艺复兴"城市。海滨艺术中心、新加坡美术馆、亚洲文明博物馆、新加坡艺术之家等建筑的定位，作为具有独特个性的新加坡的标志性建筑，成为展现新加坡和世界交流的大舞台。在《文化复兴城市》中又提出了发展文化六大策略，如培养欣赏与从事文化艺术的庞大群体、培养主干艺术公司、肯定与培育本地人才、提供良好的基础设施、进军国际舞台、发展文化艺术的"文艺复兴"经济等，对新加坡文化的发展将起到强大的推动作用。新加坡制定了《创意新加坡》计划，将创意产业作为21世纪的战略产业，通过创意产业与传统制造业并举来提升城市创新能力，全力打造创新型城市，努力使新加坡成为"新亚洲创意中心"。2002年新加坡政府成立了创意工作小组（Creative Industries Working Group），专门分析创意产业现状、确定发展战略和政府对策。2002 年 9 月 25 日，工作小组公布了第一份报告，即《创意产业发展策略》。该报告提出新加坡创意产业的发展目标是：经过 10 年的发展使创意产业占 GDP 的比例翻一番，从 2000 年的 3% 提高到 2012 年的 6%，解决新加坡 5%～7%的就业人口，树立起“新亚洲创意中心”的美誉。该策略提出以三个重心来发展新加坡的创意产业的政策框架：“文艺复兴城市 2.0”、“设计新加坡”、“媒体 2.1”。“文艺复兴城市 2.0”延伸了 2000 年文艺复兴城市规划，建议政府集中资源以发展文化艺术基础建设，借此培养创意人才与观众，将新加坡建成一个在艺术和文化方面具有高度创新和兼具多项才能的国际化都市。“设计新加坡”的概念是以设计能力来增加新加坡的国家与企业竞争力，由不同层面的设计增加新加坡的艺术价值，这个规划包括协助企业将设计视为一种工具来规划商业策略，以刺激创新与经济成长。“媒体 211”试图在新加坡形成一股活络的媒体生态，以建设新加坡成为全球性的媒体城市。鼓励通过实验与创新来发展高附加值的媒体研发与制作，同时定位新加坡为媒体的交易中心，以各种优惠方案吸引媒体资本进驻新加坡。新加坡创意产业发展策略，焦点集中在艺术、设计、软件、广告、建筑、室内、产品、媒体等领域，旨在追求卓越水平、推广艺术文化、与世界沟通、提倡艺术的全面支持。

2. 城市建设注重规划与创意

新加坡政府在独立以后城市建设的 40 年中，始终精心制定城市建设规划，最终形成了战略性的概念规划和实施性的开发指导规划两个规划层次，为新加坡创意城市的建设奠定了坚实的基础(王克婴，2009)。

早在建国初期，新加坡政府就聘请权威专家着力编制概念性发展规划。1971 年新加坡编制了第一个概念性规划，这是一个环状(ring plan)的总体发展方案，环上是快速交通体系和高速公路，周边分布着以居住和轻工业为主的新型城镇；环的核心是水源的生态保护区，禁止任何开发活动；南海岸是城市中心，西部裕廊工业区集中一般工业；岛的东端是国际机场。这个方案是根据国家地理四面环海、形状近乎椭圆的岛型特征设计而成。为适应城市发展的动态需要，概念性规划每 10 年作一次相应修改。1991 年，新加坡考虑未来数 10 年社会经济文化发展的需要，在 30 年前确定的概念规划基础上加以修改，形成了 2000 年、2010 年和人口达到 400 万时的 X

年三个阶段的总体发展框架，重新制定了将新加坡建设成一个具有国际水准城市的经济和社会发展目标。

与概念性规划仅仅规划城市发展远景不同，之后的开发指导规划是一个实施性的具体规划，它在国家发展总体方案的概念性规划的前提下制定一个个具体地区的规划前景。根据开发指导规划，新加坡被划为五个规划区域，五个规划区域下再细分为55个规划分区。到1997年年底，每一个分区都制定了开发指导规划。开发指导规划的核心是区域土地利用和交通规划、环境改善、历史文化保护和旧区改造。与宏观性和概念性的规划相比，开发指导规划具有实际的操作性，甚至规定了一个地区开发建设的具体时间，因此成为开发控制的法定依据。

3. 重视创意人才的教育和培养

新加坡在培养创意产业人才上作了很大的投入，重视创意产业的软环境建设和软力量培育。新加坡着力营造健康向上的人文环境、廉洁高效的治理环境、透明公正的法制环境、规范诚信的市场环境、安定团结的社会环境、绿化洁净的生活环境、逐步开放的国际环境、整体优化的人口环境，以充分培育和发挥本土的文化力、科技力、管理力、制度力、秩序力、开放力、凝聚力、人才力等软竞争力(万里程，2006)。

在本土创意人才的培养方面，新加坡从教育入手，全国分为基础义务教育、职业培训和职业教育与精英教育。精英教育指政府花巨资设立奖学金培养精英，每年选送大量最优秀的学生到欧美、澳大利亚和日本的一流大学学习，把他们培养成国家发展所需要的企业家和政府公务员，以及其他科研和教学人员，其中就包括国家建设需要的创意人才。此外，新加坡极为重视国外创意人才的引进。调查结果显示，1991—2000年，智力型和技能型移民对新加坡经济增长贡献率高达37%。以研发领域为例，2002年全国共有2万名研发人员，其中外来人才高达78%。目前新加坡人力资源管理部门已在海外设立了九个“联系新加坡”的机构，作为吸引和引进海外专业人才的“桥头堡”。同时政府和企业还积极采取吸引高端人才战略，在全球范围内聘请领军人才到新加坡工作。在高等教育方面，实行各大学每年必须要招收20%的外国留学生政策。现在，新加坡的高校中，每四个学生中就有一个外国人，体现了新加坡人开放的胸怀与气度，也为经济发展聚集了大量优秀人才(王克婴,2009)。

新加坡政府与国际顶尖学术和研究机构进行广泛合作,设立"艺术、设计和媒体"大学课程以及媒体实验室,建立自己的创意智囊团。如与伦敦皇家艺术学院(Royal College of Art)、赫尔辛基艺术设计大学(University of Art and Design)及洛杉矶巴沙迪那艺术中心(Pasedena Art Centre)等合作,在新加坡国立大学设立以研究为主的艺术、设计和媒体大学课程;与美国麻省理工学院媒体实验室(MIT Media Lab)等世界著名媒体研究机构合作,设立媒体实验室,就创新应用等一系列问题一起开展研究,培养通晓多门学科的一流研究人才。目前,新加坡一些理工学院纷纷开设影视动画课程,一些大学也设立了音乐学院和人文学院。2007年,政府还将投资8000万新币(约合4亿人民币)开办国家级的艺术学校,培养年龄为13~18岁的有艺术才华的青少年(周海龙,2009)。

4. 充分整合多元文化资源

新加坡是一个有着200多个民族的国家,有华人、马来人、印度人和其他种族后裔。在新加坡400万人口中,华人约占76.8%,马来人占13.9%,而印度人只占7.7%。不同的民族、不同的历史文化,经过创造性的融合后最终造就了独特的新加坡文化。新加坡文化基础是儒家文化,但精神却是西方文化,具有现代化的韵味。同时由于新加坡是个城市国家,它的文化属于典型的城市文化,融合中西方文化的精髓,具有很强的包容性,各民族和谐共处,这点对于新加坡成功走上繁荣、安定的道路是相当重要的。新加坡充分整合多元文化资源,发展特色文化,利用特色文化催生特色产业。这体现了新加坡在吸纳现代文化理念上有很强的接受力和包容力(万里程,2006)。在新加坡,人们能看到不同民族多样化的历史文化遗迹和谐共存。如樟宜国际机场候机楼和植物园门口的叠石、圣淘沙的"鱼尾狮"塔代表着新加坡本岛文化与本地特色,而至今仍然保存着当年华人生活原貌的唐人街则代表着华人文化,另外还有代表马来西亚文化的马来村、代表印度文化的印度街与象征西方文化的西乐索堡炮台,等等。多样性的文化遗迹,无疑彰显出新加坡城市文化的多元性与包容性的特点。新加坡文化的包容性,比较典型地体现在新加坡人宽容的文化精神和生活态度上。由于民族的多样性,新加坡的宗教信仰也依民族区分而不同,华人信奉佛教,马来人和巴基斯坦族信奉伊斯兰教,印度族信奉印度教,还有道教、天主教、基督教等有数十种之多,几乎世界上所有主要的宗教都可以在新加坡找到信奉者。各种宗教在新加坡都有自己独立的生存空间,回教堂圆顶建筑、哥特式教堂尖顶建筑以及中国寺庙等宗教建筑在新加坡都可以看到。民众与教众的宽容,使新加坡因宗教信仰不同而产生的暴力流血冲突几乎闻所未闻。同时,新加坡人的宽容还体现在乐于接纳各种各样中西兼容的生活方式。以美食为例,新加坡是一个美食之都。在这里,有来自中国、印度、马来西亚等诸多国家的饮食文化,如新加坡的"海南鸡饭",是20世纪二三十年代由中国海南移民带到新加坡的,更有广东风味的潮州粥和潮州茶;而"沙爹"据说是由传统的马来串烧羊肉、牛肉和鸡肉合成;"印度抛饼"是新加坡人早餐与夜宵的最爱;"咖喱鱼头"更是印度特色与中国特色的结合。诸多的美食不仅常见于各种高档酒楼,也普遍地存在于街头小贩的路边摊(王克婴,2009)。

5. 给予创意企业融资支持

但发展创意产业并不仅仅限于技术行业,因此在新加坡,只要有好的生意点子和增长潜能,从事非技术行业的起步企业也可以从生产力、标准与创新局申请到不超过30万新加坡元的资助。要想获得这种资助,企业必须符合以下条件:创新和知识产权含量高、长远的增长和盈利潜能佳,以及具备在国内市场上扩展并走向国际化的潜力。从2001年年底开始,约150家创意起步公司获得了被称为"种子基金"的"起步企业计划"的支持,因为有了基金的支持,新加坡的商业培育中心逐渐增加,如今已达95家。这些培育中心协助培育了约1000家企业(张亮,2006)。

### 2.2.3 韩国

韩国国土面积9.96万平方公里,人口4882万,从20世纪60年代初人均GDP不到100美元,到2007年人均GDP达到20000美元,仅用了不到50年的时间。韩国经济规模总量居世界第11位,已成功实现由制造国家向设计创新国家的转型。以《大长今》为代表的韩国影视剧在世界范围特别是大中华文化圈掀起一波又一波的韩流,韩国通过文化立国即"韩流"的效应及感染力,使韩国影视剧、音乐、动画片、数字在线游戏等风靡东南亚国家。由“韩流”引发的韩国饮食、服装与装饰、美容、观光热迅速升温，形成了文化产业同其他产业共存、共融和衍生的互动共赢的产业链，为韩国带来了丰厚的利润，成为韩国经济增长的又一亮点。2003 年，韩国影视、音乐、手机及电子游戏 4 个产业都有增长，出口额首次超过钢铁。据统计，2004 年韩国的文化产品已占据世界市场 3.5%的份额，成为世界第五大创意产业强国（李雪玲，2010）。韩国 2005 年游戏产业市场规模达到 43 亿美元，其中网络游戏已经成为游戏市场的主导，占整个市场的 62%；手机游戏持续快速发展，增长率达 45%（张红漫，2007）。据预测，2007 年韩国文化产品的出口额将达到 100 亿美元，占世界文化市场 5%的份额（Darrin，2007）。毫无疑问，韩国已跻身创意产业大国之列。

1. 政府积极推动

1986 年，韩国在第六个经济发展五年计划中提出“文化的发展与国家的发展同步化”这一重要的政策目标，为“文化立国”战略的提出奠定了基础。1990 年，政府颁布《文化发展十年规划》，提出“文化要面向全体国民”的政策理念。1993 年，政府出台的《文化繁荣五年计划》将文化产业的开发作为重要目标之一。1997 年，亚洲金融风暴使韩国政府意识到，创意产业是 21 世纪最重要的产业之一，并迅速将其纳入政府主持发展计划，逐年增加文化经费预算，大力支持创意产业的发展。韩国 1998 年提出“设计韩国”战略，并正式提出“文化立国”的战略，将文化产业作为 21 世纪发展国家经济的战略性支柱产业予以大力推进，并提出“韩国文化世界化”的口号，从国家意志高度明确发展创意产业的方向，尤其注重对电子游戏、音乐及电子网络等新兴产业的支持。

早在 1990 年，韩国政府就设立了“文化产业局”，后政府把文化创意、观光事务等机构合并成立了“文化观光部”，主管文化产业。韩国还设立了文化产业振兴委员会、文化产业振兴院，分别履行制定国家文化产业政策方向和发展计划、文化产业具体扶持工作的职能。“文化产业振兴院”协助将创意文化内容衍生成文化产品，协助发展国际营销策略，进行产业中长期计划的研究，与其他单位发展策略联盟的伙伴关系。韩国设立了游戏综合支援中心、游戏技术开发支援中心、游戏技术开发中心、卡通形象文化产业协会、卡通形象产业协会，分别主管政策和规划、游戏产业园区建设和管理、游戏产业技术开发、创作及市场开发。这些机构的建立，有利于文化产业跨部门、跨地区的合作，形成了国家整体促进文化产业发展的管理机制(吴绍阶，2008)。设立一系列的产业振兴部门，如成立游戏产业振兴中心，以壮大游戏软件产业；通过IT业振兴院，壮大数字内容与软件；经由文化产业振兴院，扶持动画、音乐、卡通等。为了游戏产业持续健康发展，韩国还强化和完善相关规章制度，具体包括：对从事游戏产业的高科技人才免除两年的兵役；完善游戏产业各行业代码制；对游戏企业实行各种税制优惠政策，减少甚至免除游戏企业的税收(喻翠玲，2009)。

建立政策法律支撑机制。韩国先后出台了《创新企业培育特别法》、《文化产业振兴基本法》、《文化产业促进法》、《文化产业发展五年计划》、《文化产业前景21》、《文化产业发展推进计划》、《影像振兴基本法》、《著作权法》，制定了开拓国际市场、开展跨国生产合作、建立区域前沿据点、加强流通现代化建设等政策，对以资讯技术与文化创作相结合为特点的电子游戏、音乐及电子网络等新兴产业进行倾斜支持，大力推进文化、娱乐及内容产业的发展(吴绍阶，2008)。同时，韩国还制定了与特定领域相关的政策法令，如制订电子游戏产业的相关政策法令，修改与之相关的声音、录像、电子游戏产品的法令。

2. 加大投融资及公共基础设施支持

韩国十分注重文化建设以弘扬传统民族文化精神。政府在政策和财政预算上支持文化建设，文化部门获得的可支配预算通常占全部预算的5%左右，仅次于国防和教育的开支。即使在受金融风暴影响其他投入减少的情况下，文化产业的投入仍有所增加。文化产业预算占文化事业总预算的比例由1998年的3.5%增长到2003年的17.9%。为推动包括中小企业在内的创新企业的发展，在税收上对创新企业实行两年内免除各种税务调查和75%不动产取得税，5年内免除财产税和综合土地税，6年内免除50%所得税(吴绍阶，2008)。韩国政府还采取一系列措施，多渠道筹措文化产业发展资金，按照“集中与选择”的原则，有目的、有重点地实施资金支持，在经费上确保文化产业的发展。同时，韩国还设立多种专项基金，扶持相关文化产业的发展(王如忠，2006)。近年来韩国政府文化产业预算逐年递增。1997年，韩国创意产业预算额不足1000万元，占国家财政预算的比重仅0.02%,2003年增加到1.58亿美元,占国家财政预算的比重增长到0.17%,为文化产业振兴提供了必要的财政支撑。2002年利用国家预算拨款、投资组合、专项基金为创意产业提供资金5000亿韩元,其中包括对文化创作投入的1700亿,支持基础设施建设投入1870亿,营销和出口、人才培养的资金共1430亿韩元(张瑾,2010)。韩国有关部门设立多项专项基金,扶持相关产业发展。如文艺振兴基金、文化产业振兴基金、信息化促进基金、广播发展基金、电影振兴基金、出版基金等。其资金来自政府拨款、公司、基金会和个人的商业性赞助和公益性的捐助。韩国文化产业振兴院运作"文化产业专门投资组合",这是以动员社会资金为主,官民共同合作的投融资运作方式。在2000年至2001年的两年间,文化产业振兴院先后组建并运作"投资组合"17项,共融资2073亿韩元(政府350亿韩元,民资1723亿韩元)。计划以后每年通过"投资组合"至少融资1000亿韩元。韩国银行业贯彻政府产业政策,按市场化原则择优向创意产业提供金融服务。韩国2007年修订《进出口银行法》,扩大了韩国进出口银行的融资支持范围,将文化内容产业列入其融资支持对象。韩国进出口银行从2008年起5年内安排4000亿韩元对文化、软件出口提供贷款扶持(徐明亮,2011)。韩国政府还斥巨资支持企业参加在中、美、日、德、法等国举办的文化产品展销活动。

除资金支持外,韩国政府还为创意产业发展提供公共基础设施,以降低创意产业创业者的成本。如提供(租)廉价设备给业者,从业者只要负担非常低廉的费用即可使用此中心的设备,从而提高民间从业者的研发能力。如1999年韩国文化观光部成立游戏推广中心,提供游戏产业所需的一切援助,从业者只负担低廉的费用。投入公共硬件基础(如宽带),以加快软件内容的开发及其推向市场的时间,拓展商机。前总统金大中曾提出Cyber Korea 21的口号。宽频是韩国政府力主发展的战略型产业,早于1993年即开放固网宽频硬件系统的架设,使得软件内容的开发可以很快地占有市场,得到广大商机(赵友宝,2007;李俊江,2008)。

### 3. 构筑集约化生产经营机制

建立园区,促进集约化生产经营。《韩国文化产业振兴基本法》规定,文化产业园区是产、学、研联姻,是进行创意产业研究开发、技术训练、信息交流、生产制作的“集合体”。从2001年至2008年期间,全国共建10多个文化产业园区,10个传统文化产业园区,2个综合文化产业园区,形成全国创意产业链,旨在优化资源组合,发展集约经营,形成规模优势,提升研发生产能力和创意产业的整体实力(钟德友,2010)。

建立“共同制作室”,催生集约化研究与开发。由文化产业振兴院投资32亿韩元建立的“共同制作室”,已于2002年10月挂牌,为热心文化产业并具有一定技术的中小企业提供长期、系统的扶持。通过公平竞争,获准使用共同制作室的企业或个人,可得到从产品的开发、制作到所需资金和人力等多方面的支持。文化观光部计划注入450亿韩元,在2005年前建成占地面积约1.7万平方米的“数字化广播共同制作室”,使其成为具有制作、流通、培训功能的“自给自足型”数字化广播产业生产中心(钟德友,2010)。

4. 重视教育和人才培养

早在20世纪70年代,韩国就制定了“教育立国、科技兴邦”的发展战略,在其经济现代化过程中始终坚持“以教育为本”的原则。为提高全社会人口的文化科学素质,政府一直实行教育“高投资”政策(王淑芳,2008)。韩国政府的教育投资是世界上最高的国家之一,其教育投资一般占政府整个预算的1/5以上。从20世纪60年代起,韩国便开始大幅度增加教育投资,教育经费支出占国民生产总值从50年代的5.1%上升到60年代的8.8%。据世界银行资料显示,1972年韩国教育经费占政府开支的15.9%,1985年增加到18.4%(宋魁,2005)。由于韩国的公共教育经费仅占所需教育经费的1/3,为了解决教育经费的不足,从1969年起,韩国曾三次引进6900万美元的贷款用作教育经费开支。为了增加教育经费,韩国政府还于1980年12月1日通过了《教育税法》,以法律形式保障了教育经费的来源。韩国政府即使在财政困难的情况下,仍然对教育坚持大量投资。1979—1991年,韩国教育经费平均每年增加22.6%,韩国的文教预算占政府预算的支出比率,1989年为21.1%,1990年为22.3%,仅次于国防经费的预算(30.4%),居第二位(宋魁,2005)。

在人才培养上,韩国有一整套较为可行的措施。既抓像安在旭、李英爱等国际著名影视明星的重点培养,又抓复合型人才的培养,尤其强调艺术学科的实用性教育。建立专门人才数据库,实行文化产业教育机构认证制。积极同外国的人才进行交流与合作,造就具有世界水平的各类文化人才。在韩国,不论是政府还是企业都十分重视人才,仅三星电子一家企业就拥有3.9万名研发人员,1.9万名博士和硕士(吴绍阶,2008)。2000—2005年,韩国共投入2000多亿韩元,培养文化产业复合型人才,重点抓住电影、卡通、游戏、广播、影像等产业高级人才的培养。韩国文化振兴院还建立文化产业专门人才库和"文化产业人才培养委员会",负责文化产业人才培养计划的制定、协调等,设立"教育机构认证委员会",对文化产业教育机构实行认证制,对优秀者给予奖励和提供资金支持。此外,韩国还通过设立相关高等院校和专业、加强职业培训、增加与外国的人才交流与合作等多重形式加快创意人才培养的步伐(王如忠,2006)。以游戏产业为例,韩国很多大学开设了游戏专业课程,涵盖游戏内容情节设计、图像声音处理、软件编程等各游戏生产环节,并设立了相关的短期教育课程和远程网络教育课程。韩国还建立了游戏学术学会,游戏产业人才流动机制(喻翠玲,2009)。韩国有288所大学或学院设有相关专业,其中政府指定赞助的大学及研究院游戏专业就有106个。韩国在1999—2000年遇到第二次经济危机时,正是创意产业的高速发展拯救了韩国经济,而其游戏业在短短几年中之所以获得高速发展,与其丰富的人力资源的强大支持是分不开的(张红漫,2007)。

5. 加强国际市场开拓

韩国制定了海外目标市场拓展战略,为促进创意产业国际化,制定"瞄准国际市场,以中国和日本为重点的东亚作为登陆世界市场舞台的台阶"的基本战略。韩国对此采取的主要措施是针对亚洲、美洲等地区的区域差异,开发针对性产品挖掘品牌对韩国形象和韩国文化产业的市场效应;在文化出口地区建立"前沿据点";通过前沿据点进行区域市场调查、研发和宣传,积极开展跨国合作,集中资金支持重点出口项目。例如,韩国设有六家有线电视和卫星广播专业游戏频道,政府积极推动多个城市举办游戏展览会和游戏比赛,组织游戏企业产品参加美国、英国、日本国际游戏展览会。韩国政府还效仿美国、日本,用发行游戏专题邮票等方式来告诉全世界,游戏是现代的文化范畴,并为其辉煌引以为荣(喻翠玲,2009)。

### 2.2.4 中国香港地区

《基线研究报告》指出，2001年香港创意产业为本地经济带来了461.01亿港元的收益，占整体本地生产总值的3.8%；其中32.1%属于内容生产业、26.8%为生产输出业、41%为再生产及分销业。香港2002年创意产业机构数达30838个，就业人数达到170011人，占总就业人数的5.3%。创意产业产值达港币298.5亿，占生产总值的2.5%。1996—2002年，香港创意产业就业人数年均增长1.8%，而同期总就业人数的增长率仅为0.8%，创意产业就业人数占总就业人数的比重由1996年的5%上升到2002年的5.3%(熊凌，2004)。创意产业2000年出口总值100亿港元，占香港服务出口总额31%，约占香港本地产值的2%。到了2008年，全港创意企业达到3.2万家，从业人员17万，产值600亿，占本地生产总值4%，已超过香港传统四大主导产业之一的旅游业(李海元，2009)。

香港创意产业的发展经验可以归纳为以下几个方面。

1. 健全的自由市场体制

截至2011年，香港已连续17年被美国传统基金会评为具有世界上最自由的经济体系的城市。连续多年称雄，是因为香港拥有健全的市场经济制度，税赋简、税率低，商业规管简单高效，劳工市场高度灵活，政府监管有效，司法独立权威等。香港政府信奉自由经济，以市场为主导，政府只承担监管和推动市场角色，不与民争利。多年来，香港政府的公共财政理念为“审慎理财、量入为出、简单而低生产率制，以及‘市场主导、政府促进’的方针”，尽量避免对市场进行直接干预。在香港，企业可以自由经营、自由贸易，无关税及配额，对外来投资和对外投资亦无限制。香港一年约有70个重点展览项目，其中大约三分之一的参展商来自海外及内地，堪称亚洲博览会之都。同时，香港实行独立税收制度和低税政策，无外汇管制，港币可以自由兑换，政府对银行业的监管较松，资金流动和进出十分自由。香港已成为美元和欧元的亚洲实时结算中心，以及人民币最大境外流通中心。正因为香港具有健全的自由市场体制，使文化创意企业具备较强的适应性和灵活性，能够随国际政治、经济形势的变化，做出快速的经济结构调整和转变(王鹏，2007)。

### 2. 政府的着力推动

虽然香港奉行自由市场机制，但政府并不是无所作为。在遵循市场机制为创意产业发展提供良好公共服务的同时，香港政府也采取了一些措施推进创意产业的发展。近5年来，香港有计划地持续推进创意产业。2007年10月，香港特区行政长官曾荫权在2007至2008年度施政报告中指出，未来5年香港的创意产业需要加快发展，让香港成为“创意之都”。香港“设计营商周2008”活动中，香港特区行政长官曾荫权在开幕式上表示，香港特区政府将为设计行业提供多项协助，通过保护知识产权与培训年轻设计师，协助设计业的发展，包括设立创意工业办公室，推动本地创意产业发展，使香港发展成为亚洲文化艺术中心（田雨，2008）。在推出总值超过700亿港元的刺激经济增长政策后，2009年4月23日，特区新财年预算案通过，宣布成立“创意智优计划”为创意经济“救市”，支出3亿港元刺激、提振和尽快恢复香港创意的活力。早前设立的3亿港元的香港电影发展基金，至今已批出11个电影资助。2005年10月在石硖尾建立创意艺术中心，2007年成立香港电影发展局。2009年4月，香港经济机遇委员会集中研究香港的中长期经济机遇，将创意产业列为重点发展的六项支柱产业之一（李海元，2009）。成立了香港科学园和数码港，在特区100多亿港元支持下，两座科学城培育了100多家经营创意产业的公司，一批科技、数码娱乐和设计公司人才已经在市场成功立足。除了文化氛围和理念、人才储备支撑，香港回归祖国以来，与内地联系日益密切，为创意经济成长提供了大市场。为了支持中小企业发展，香港成立了贸易发展局，办了许多亏钱的展览。很多中小企业的第一张订单，就是由此类展览中得到。贸发局是一个推广全球贸易的公营机构，为香港制造商、贸易商及服务出口商服务，特别针对香港贸易的主要动力——中小企业，举办各种推广活动，包括香港珠宝展、香港礼品展、香港玩具展及香港电子展等。基于“为民争利”原则，如果某个展览民间已经办得很成熟，政府将不再举办竞争性展会（李杨，2010）。2001年，香港成立了设计中心，由政府拨款运营，作为一个公共团体、公共平台，通过相关的教育活动，增加设计师在创业、品牌创造、推广、传讯、财务管理方面的知识，提升他们创造品牌的能力。每年12月举办“设计营商周”，邀请一个设计业发达的国家以伙伴身份参加，同时，一些企业领袖、设计大量也会分享他们的心得和经验。每年6月，举办“设计创商机”活动。2004年6月，香港又启动了一项高达25亿元的“设计智优计划”。

3. 市民社会主导管理的文化创意市场

香港实行市民自治，在经济层面，就是自由经济、草根奋斗。支撑香港经济的中小企业，就是一群狮子山下的“蚂蚁雄兵”，而法制文明则维持了自由经济的健康轨迹。政府虽有大比例经费资助公共服务，但总是通过市民社会来协助管理。香港的市民社会，大多接受政府资助和委托任务，与政府形成伙伴合作关系，政府则负责提供相关资源、监督场所运作及专业咨询等。此外，香港各行各业中大部分都有自己的商会、联会、行会或协会等，主要职责为协助会员争取业界的利益，协调会员之间的各种关系等。这些行业组织包括香港广告商会、香港时装设计师协会、香港建筑师协会、香港设计师协会、香港电影制作行政人员协会、香港唱片商会、香港作曲家及作词家协会、香港出版总会、香港讯息科技协进会等。

4. 创意人才的引进和培养

积极有效地吸引、培养创意人才机制。香港在吸引创意人才方面极具竞争优势，创意人才汇集。在“输入内地人才计划”下，香港过去三年已成功吸纳超过万名内地人才。对于人才引进，香港一向秉持自由开放的态度，各类人才可以根据行业变化的需要，自由申请工作签证或以其他身份来港发展及定居。因此，在创意产业的很多方面，香港都拥有众多高水平的专业及管理人才。不同国家、文化背景出身的人才汇聚在香港，不断产生交流及碰撞出创意的火花，增加了香港企业的创意与活力。目前，香港的文化创意人才，普遍具备企业经营技巧，而且有长期的国际合作经验，精通国际融资、成本控制、人才搜罗与市场开拓等技能，为香港创意产业的不断发展奠定了强有力的人力基础（王鹏，2007）。

在教育投资方面，积极开发本地人才资源，香港8所本地大学以及香港演艺学院都提供一定数量的学士学位课程，香港职业培训委员会、香港生产力促进局（HKPC）以及继续教育学院则负责副学士学位、文凭和证书课程，使学生具备专门技术和职业从业资格。以香港城市大学为例，该校率先成立创意媒体学院，提供了数码艺术、写作技巧、公关广告、媒体制作等学位课程，致力培养学生的创意能力，独立思维及艺术运作能力。学生熟悉媒体业内的商业运作环境，也可大致掌握到市场对创意产品的需求（杨微，2009）。香港理工大学的设计学院，提供设计、多媒体及创意课程。

5. 公正的司法制度和法治精神

香港是法制社会，其独立的司法制度，保证了法律面前人人平等以及创意产业发展的法律环境。香港除了外交事务、国防及中国宪法外，终审法院是其他一切事务的最终裁决机关。于 1985 年成立的香港国际仲裁中心，如今已是全球主要仲裁地之一。香港有着完善的法律体系来保障多方面的知识产权，范围包括商标、专利、外观设计、版权、集成电脑的布图设计（拓扑图）及植物品种保护，可以保护知识产权及创意的原创性和独特性不被复制，从而保证个人创造力价值的充分实现。香港在商业、金融、船务及建筑等方面的专长，能为仲裁提供经验丰富的各行各业专家，包括会计师、律师、建筑师、工程师、银行家等。香港在 20 世纪 70 年代初期就已通过《防止贿赂条例》、《廉政公署条例》，建立起有效的肃贪倡廉的执法制度。公正的司法制度和法治精神，以及完善的知识产权保护法律体系，确保从事创意产业的企业和个人无须顾虑隐蔽不清的交易成本，实现在商业上的公平竞争（王鹏，2007）。

## 2.3 宁波与杭州、上海、北京、深圳等国内十大典型城市创意产业发展的比较

### 2.3.1 相关城市创意产业发展状况

1. 北京

2009 年，北京创意产业实现增加值 1497.7 亿元，占 GDP 比重为 12.6%，现价增速达 11.2%，提前实现了“十一五”规划中确定的创意产业增加值占 GDP 比重超 12%的目标。据北京市统计局初步测算，2010 年北京市创意产业实现增加值 1692.2 亿元，按现价计算，比上年同期增长

13.6%，占全市 GDP 比重为 12.3%（徐文营，2011）。2004 至 2008 年，北京市创意产业分别实现增加值 613.6 亿元、700.4 亿元、812 亿元、992.6 亿元、1346.4 亿元，分别占当年 GDP 的 10.1%、10.2%、10.3%、10.6%、12.1%，比重逐年提高（张京成，2010）。2004—2010 年，北京市创意产业增加值及其占 GDP 的比重见图 2-2。

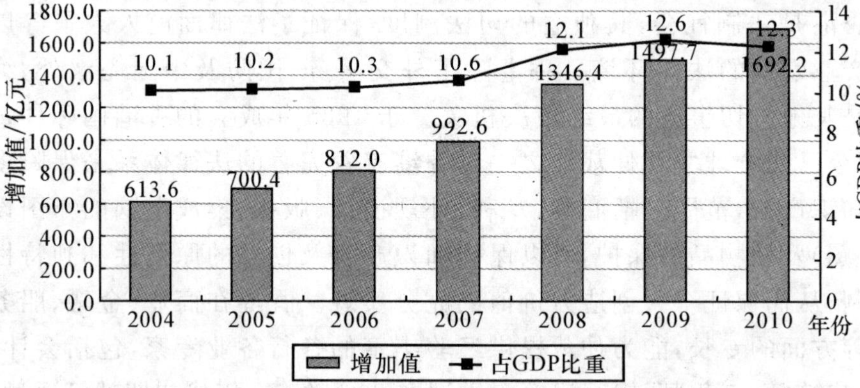

图 2-2　2004—2010 年北京市创意产业发展状况

北京地区电影票房从 2006 年的 2.9 亿元、2007 年的 3.65 亿元、2008 年的 5.25 亿元，再到 2009 年的 8.1 亿元，连续四年激增。2009 年北京地区票房占全国票房总量的 13%，连续第三年居全国城市票房榜首。2009 年 1—11 月，北京地区新闻出版行业收入总额达 441.46 亿元，同比增长 5.5%；利润总额 24.03 亿元，同比增长 2.5%。与此同时，数字出版等新兴业态迅猛发展。截至 2009 年年底，北京地区共有经批准的互联网出版机构 55 家，占全国的 25%，涉足互联网出版的经营机构 4630 家左右，占全国的 21%。网络游戏出版和手机出版已成为北京数字出版产业的支柱（张京成，2010）。

北京产业基地、产业集群、产业街区和创意新村集群式发展的格局已基本确立，涵盖九大行业，汇集上万家企业，集聚区的影响快速提升。宋庄、798 等集聚区已经成为强化北京文化中心地位的重要支撑。据统计，2010 年上半年，全市集聚区新增各类文化企业 227 家，收入同比增长了 24.4%，高出全市创意产业总增长率 4.3 个百分点，完成各类政府投资 25 亿元，吸引带动社会投资 20 亿元，预计集聚区 2010 年投资总额将超过 50 亿元（窦新颖，2010）。

早在 2005 年年底，北京市委就做出大力发展创意产业的重大战略决策，先后出台了《北京市促进创意产业发展的若干政策》等相关扶持政策，设立了创意产业发展专项资金，每年安排5亿元面向社会支持创意产业发展。5年来北京市累计安排创意产业发展专项资金25亿元，支持重点项目近600个，有效发挥了专项资金的示范和引领作用(徐文营，2011)。

为支持动漫产业和网络游戏产业发展，北京市出台了《北京市关于支持影视动画产业发展的实施办法(试行)》及《北京市关于支持网络游戏产业发展的实施办法(试行)》，制定了鼓励动画产业及网络游戏产业的具体政策。在支持动漫产业发展方面，在北京辖区立项具有自主知识产权的影视动画片，在中央电视台播出的每分钟奖励500元，收视率在该频道年度排名前10位的追加奖励每分钟2000元；排名11～20名的追加奖励每分钟1500元。在国内院线上映的动画电影，提供200万元以内的奖励；每年奖励10部优秀手机动画作品，短线产品奖励5000元。在支持网络游戏发展方面，北京对辖区内自主研发的原创网络游戏产业择优给予100万～200万元的前期资助，自主研发游戏引擎并利用该引擎制作大型网络游戏5款以上的，一次性给予200万元资助。

北京加速构建“十二五”创意产业版图，其“十二五”创意产业布局见图2-3。

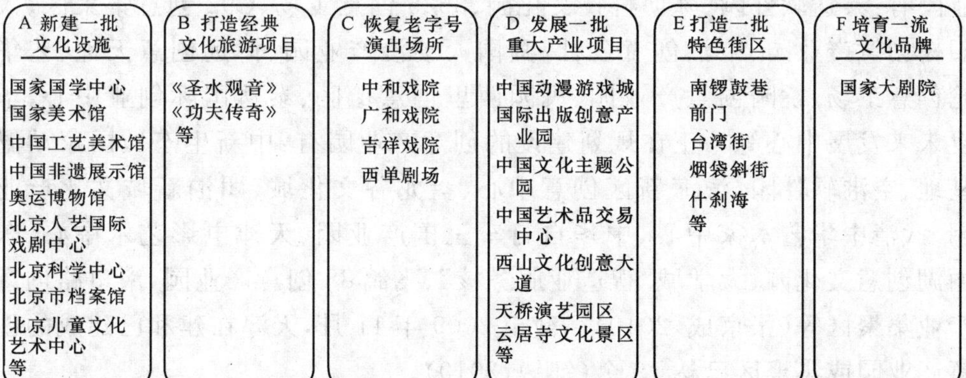


图2-3 北京市“十二五”创意产业布局

资料来源：刘妮丽：《北京加速构建“十二五”创意产业版图》，《北京商报》2010年12月13日，第C08版。

## 2. 天津

2004年以来，天津创意产业增加值保持了16%以上的增速，超过全市

GDP的增长速度,2008年创意产业实现增加值290亿元以上,占全市GDP的比重约4.5%。按现价计算,2008年比2004年增长53.8%,平均每年以24%的速度递增,增幅是全国平均速度,同时也高于天津市GDP增长速度(张京成,2010;崔立勇,2009)。目前已形成了以动漫游戏、科学研究、技术开发、工业设计、建筑景观设计、软件开发服务、网络服务、咨询策划、文化传媒、影视制作和时尚消费为产业主体,具备一定产业规模的创意产业体系,产业门类比较齐全,拥有近20个不同类型产业形态的园区(张京成,2010)。截至2009年11月,天津创意产业共有注册单位1.1万个,从业人员23万人,资产总额达1100亿元,涉及研发设计创意、建筑设计创意、咨询策划创意、文化传媒创意和时尚消费创意等创意产业的主要领域(邹锐,2010)。

创意产业园蓬勃兴起。天津市借助优越的政策、坚实的经济基础、雄厚的文化底蕴、丰富的建筑资源、独特的地缘优势和较强的人才优势,组建了一批有特色的创意创业园。目前天津市已经授牌的创意产业园有华苑软件园、天津动漫创意产业基地、凌奥创意产业园、意库创意产业园、六号院创意产业园、辰赫创意产业园、北新创意产业园。正在运营发展中的产业园有:泰达软件园、陈塘科技文化园、3526创意工场、C92创意集聚区、太阳树创意产业园、中汇创意公社、画国人动漫产业园、博远创意天地、艺华轮创意工场、桥园创意产业园、民园西里创意街区、泰达国际创业中心、华夏未来发展中心等。正在规划建设的创意产业园有:中新生态城国家动温基地、空港软件园、滨海新区创意中心、盘龙谷文化城、团泊新城文化产业园、武清中华艺术家中心、中华自行车王国产业园、天津电影艺术中心、东丽湖创意文化园、大学城"智造业服务核"、飞鸽88创意产业园、南口路创意产业集聚区等(张京成,2010)。截至2009年11月,天津在建和已建成的创意产业园或集聚区已达19个(邹锐,2010)。

表 2-1 天津市创意产业园一览

| 产业园名称 | 建筑面积(万平方米) | 主营定位 |
| --- | --- | --- |
| 国家动漫产业综合示范园 | 62 | 创意策划、研发与孵化、综合服务、动漫人才培育和动漫主题公园 |
| 北新创意产业园 | 0.7 | 影视动漫制作为主 |
| 辰赫创意产业园 | 1 | 创意设计、高新技术服务 |
| 陈塘科技文化园 | 450 | 商务类 |
| 六号院创意产业园 | 1 | 工业设计、艺术创作、动漫制作 |
| 凌奥创意产业园 | 12 | 动漫制作、设计类 |
| 盘龙谷文化城 | 8 | 观礼剧院、艺术馆、艺术中心、传媒总部 |
| 3526 创意工场 | 3.1 | 人才培养、工业设计、工业制作、动漫设计 |
| 天津动漫创意产业基地 | 19 | 公共技术、创意研发、动漫设计 |
| 太阳树创意产业园 | 2 | 节能与新能源 |
| 武清中华艺术家中心 | 60 | 艺术公园、工作室、开发中心、文化风情街、博览馆、商业街 |
| 意库创意产业园 | 2.5 | 城市空间设计 |

资料来源:薛歌、曹福爽、王立山:《创意产业促天津服务业发展进入领跑时代》,《中国经济导报》2009 年 7 月 18 日,第 C02 版。

从研发设计方面来看,天津市具有较强的研发设计能力。天津市拥有 5 个国家级重点实验室、25 个部委级重点实验室、2 个国家工程实验室、25 个国家工程技术研究中心、19 个国家级企业技术中心、6 个国家级科技企业孵化器、3 个国家级生产力促进中心,与中科院共建研发机构 18 个,重点成果转移、转化与产业化机构(基地)120 余个。天津有高等院校 42 家,建筑设计院所 45 家,工业设计院所上百家,这些研发设计单位成果累累(张京成,2010)。

3. 上海

2004—2009 年,上海市分别实现创意产业增加值 493.1 亿元、549.4 亿元、674.59 亿元、857.81 亿元、1048.75 亿元、1148.98 亿元,占 GDP 的比重分别为 6.1%、6.0%、6.55%、7.0%、7.66%、7.71%,呈现出持续增长的势头。2009 年,研发设计、建筑设计、文化传媒、咨询策划、时尚消费的产业规模分别达到了566.91亿元、157.69亿元、54.56亿元、290.72亿元、79.11亿元(梁新华,2010)。2010年上海创意产业增加值占全市生产总值的比重已达到约9.6%。上海创意产业"十二五"时期发展目标是:到2015年,创意产业增加值力争占全市生产总值的比重的12%左右(姜小玲,2011)。

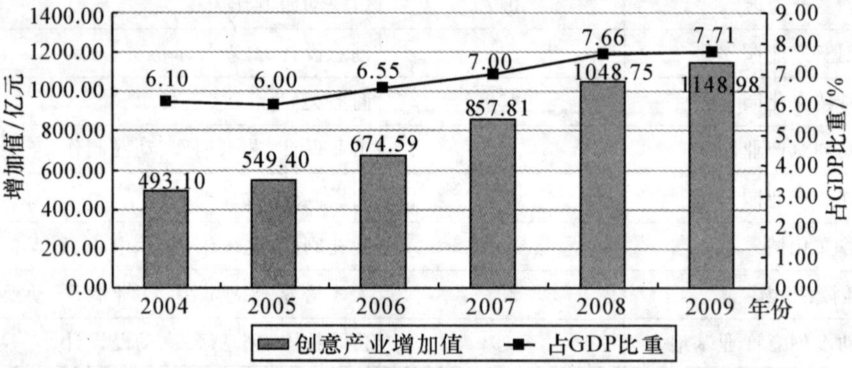


图 2-4 2004—2009年上海市创意产业发展状况

资料来源:梁新华:《上海创意产业"十二五"发展研究:创意思路和产业新政》,《上海经济研究》2010年第12期,第116—124页。

2010年2月,上海成功加入全球"创意城市网络",被联合国教科文组织授予"设计之都"的称号。"上海国际创意产业活动周"已连续成功举办6届,国际知名度与影响力不断提升(姜小玲,2011)。

上海网络文化服务业在全国保持了领先优势,文化服务营业收入为全国城市第一位,2008年实现增加值107.8亿元,同比增加27%。上海在新媒体业态方面,也不断加大开发力度,特别是在互联网游戏领域、互联网视听领域、电子商务领域,其中上海网络游戏占全国营业收入50%以上(张京成,2010)。

创意产业集聚区不断优化提升。以园区的形式形成集聚化发展,是上海创意产业发展的重要特征。截至2008年年底,上海共拥有市级授牌创意产业集聚区达80家,成了目前全球范围内创意产业集聚区数量最多的城市(张京成,2010)。至2009年底,80家创意产业集聚区建筑总面积达268万平方米,入驻企业6110家,从业人员11.47万人,营业收入422.2亿元,累计吸引百亿元社会资本参与创意产业园区建设。按照规划,到2010年底,上海创意产业园区将突破100个(王道军,2010)。上海创意产业园区的空间布局已逐步形成集聚特色:一是黄浦江和苏州河沿岸的创意产业集聚带初具雏形。其中,黄浦江沿岸创意产业带以举办世博会为契机,依托沿岸老厂房资源和世博会场馆建设，以发展研发设计、会展、广告、时尚消费设计为重点，苏州河沿岸创意产业带充分利用苏州河沿岸的老厂房、老仓库，重点发展建筑设计、动漫游戏、媒体、广告设计。二是形成了一批在国内外具有一定知名度的特色创意产业园区。如田子坊、M50、创意仓库等现代设计和视觉艺术创意的创作、展示中心。他们代表着上海创意产业集聚区的实力和水平，也是上海创意产业集聚区的发展方向。三是各区县发展创意产业的重点和特色也逐步形成(梁新华，2010)。

近年来，上海发展创意产业的相关政策见表 2-2。

**表 2-2 上海市创意产业相关促进政策**

| 年份 | 方向指引性表述或颁布的政策措施 |
|---|---|
| 2006 | • 胡锦涛总书记对上海提出“四个率先”要求<br>• 上海“十一五”规划原则中再次明确：“优先发展现代服务业”、“注重发展知识经济”<br>• 正式发布《上海城市创意指数》指标体系 |
| 2007 | • 上海市委书记习近平提出“大力发展现代服务业”，明确指出“创意产业”作为重点发展的四大现代服务业之一 |
| 2008 | •《国务院办公厅关于加快发展服务业若干政策措施的实施意见》<br>•《国务院办公厅关于印发文化体制改革中经营性文化事业单位转制为企业和支持文化企业发展两个规定的通知》<br>•《上海市人民政府办公厅关于转发市经委、市发展改革委制定的〈上海产业发展重点支持目录〉的通知》<br>•《上海市人民政府办公厅关于转发市财政局等五部门关于推进经济发展方式转变和产业结构调整若干政策意见的通知》<br>•《上海市创意产业导向资金管理暂行办法》<br>•《上海市加快创意产业发展的指导意见》<br>•《上海市创意产业集聚区认定管理办法》(试行)<br>•《上海市文化产业投资指导目录》 |
| 2009 | •《文化产业振兴规划》<br>• 上海《关于加快本市文化产业发展的若干意见》 |
| 2010 | • 胡锦涛总书记指出“创意产业蕴藏着巨大发展潜力，要真正把创意产业打造成上海经济发展的新亮点” |

资料来源：梁新华：《上海创意产业“十二五”发展研究：创意思路和产业新政》，《上海经济研究》2010 年第 12 期，第 116—124 页。

在上海“十二五”时期产业发展规划中，创意产业成为上海未来五年中新的支柱产业，确立了以“创意设计”为主的创意产业发展重点，集中资源，重点扶持和鼓励设计产业，包括与产业研发相关、建筑相关、消费相关、咨询策划相关的创意设计。同时，创意设计的产业体系建设将与上海经济发展方式、调整产业结构紧密结合(马文刚,2011)。

**附:上海主要创意产业园区一览**

田子坊:位于泰康路210弄的田子坊,是上海市建立最早、最具影响力、知名度最高的创意产业基地之一。

8号桥:位于建国中路8—10号的8号桥,香港著名导演吴思远的影视工作室、负责中法文化年“F2004艺术展”的Emotion设计室等8个国家和地区的60多家设计、创意和时尚类企业在此落户。

时尚园:位于天山路1718号的时尚园,目前已汇集数十家在中国具有一定影响力的服装服饰和时尚设计研究开发企业。

M50:位于莫干山路50号的M50,目前汇集了包括夏邦杰、阮仪三等设计大师工作室和来自15个国家和80余家创意设计公司及产品展示厅,是上海最具品位、规模和影响力的时尚创意地标。

创意仓库:位于苏州河北岸光复路181号的创意仓库,原先是四行仓库,已进驻十几家创意设计公司,其中大部分是有境外背景的创意工作室,以城市规划、建筑设计、环境艺术为主。

设计工厂:位于虹漕南路9号的设计工厂,由上海师范大学美术学院设计改造为集产、学、研为一体的创意产业人才培训基地。

海上海:位于杨浦区大连路和飞虹路交界处的海上海。主要是以创意设计为主的现代服务业集聚区,主要入驻从事创意设计的工作室、画廊等,涵盖设计、影视、动漫、广告及IT等13个行业。

周家桥:位于万航渡路2453号的周家桥,是一座创意产业园区,又叫周家桥“创意之门”,在一期7000平方米的空间内,已融汇了设计、摄影、广告、多媒体、会展等35家创意产业公司。

昂立设计创意园:位于四平路1188号的昂立设计创意园,已形成了建筑设计和工业设计两大门类的企业集群,目前较具规模的设计企业共有36家。

传媒文化园:位于昌平路990—1000号的传媒文化园,现有入驻企业21家,为以广告设计、网络媒体、动漫制作、电视创作、摄影等传媒产业为特色的创意产业园区。

资料来源:马文刚:《笑对“七年之痒”,上海创意产业全新启航》,《上海信息化》,第23—25页。

4. 南京

2004年以来,在南京市经济连续保持年均15%增速的基础上,南京文化产业的增速始终高于全市GDP的增速。文化产业增加值由2004年的58.63亿元增加到2008年的132.16亿元,年均增幅约20%,占GDP的比重由2.84%增加到3.5%。根据大文化产业的统计,增加旅游、教育、体育等内容,2008年创意产业增加值为361.16亿元,占GDP比重为9.56%,成为南京市支柱产业之一。2009年上半年南京文化产业增加值为68.56亿元,占GDP的比例为3.59%。2009年10月,在北京举行的“创意中国和谐世界”文化产业国际论坛上,南京市被评为“中国文化产业创意城市示范奖”，中共南京市委宣传部获得“中国文化产业创新机构推动奖”称号（张京成，2010）。

2009年1—9月，南京市实现软件业务收入444.85亿元，总量继续在全国同类城市中名列前茅，同比增长50.02%，位列全国同类城市第一。南京软件大道2009年累计实现销售收入65亿元，同比增加11亿元，增幅为20%；实现税收9.17亿元，同比增加3.1亿元，增幅高达51%。截至2009年，南京全市软件企业已累计突破1400家，6家企业入围中国软件业务收入百强；11家企业入选国家重点软件企业名单，这11家企业2009年缴纳地方税收2.60亿元，占整个行业入库地方税收的79.51%；上市企业增加至15家，经认定的软件企业增至773家，继续保持全省领先地位。全市累计39个软件产品被中国软件行业协会评为中国优秀软件产品，位列全国第二。2009年10月，国家工业和信息化部正式批复，南京成为全国首个“中国软件名城”创建试点城市，这意味着南京已成为“中国软件名城”建设的领跑者（张京成，2010）。

截至2009年年底，南京市动漫企业发展至68家，比2006年增长3倍；从业人员发展到4000多人，比2006年增长4倍；全市生产具有自主知识产权的原创影视动画片22部，动漫产量达由2006年的1000分钟提高到2009年的8019分钟，总产值达到4.17亿元，位居全国10个主要城市第6位；动漫及其衍生行业全年入库各项税收4529万元，同比增长156%（张京成，2010；孟繁丽，2011）。

2009年全市共举办各类会议（论坛）、节庆、展览10700多个，同比增长30.5%；展览活动总面积超过160万平方米，同比增长37%，直接拉动相关行业收入200多亿元，同比增长31%；实现相关税收超3亿元，保持了30%以上的增幅，重点文化产业品牌会展成果丰硕。从2006年开始，南京市连续4年成功举办的中国南京文化产业交易会，共有来自世界各地200多个城市、近5000家参展商、4万种文化产品展示交易；现场交易金额突破4亿元，意向交易额达25亿元。共推出306个招商项目，融资总额达1180亿元，现场签约52个项目，签约总额达86亿元（张京成，2010）。

2006年以来，南京市推进创意产业发展的主要举措见表2-3。

表 2-3 南京市推进创意产业发展的主要举措

| 时间 | 事　　件 |
|---|---|
| 2006 年 7 月 | 召开加快文化产业发展工作会议并出台了《中共南京市委、南京市政府关于加强加快发展南京文化产业的意见》等促进文化产业发展的一揽子意见 |
| 2006 年 8 月 | 南京市经委、市文化产业领导小组办公室《关于加快推进文化产业园建设的政策意见》,南京市人民政府《关于加快文化产业发展若干经济政策的意见》 |
| 2006 年 9 月 | 召开第二届世界历史文化名城博览会,期间首次举办了中国南京文化产业交易会,《南京市创意产业"十一五"发展规划纲要》出台 |
| 2006 年 11 月 | 南京市广播电视局《关于鼓励和扶持动漫产业发展的政策意见(试行)》 |
| 2006 年 12 月 | 南京市加快文化产业发展工作会议,《南京市文化产业发展专项资金管理暂行办法》 |
| 2007 年 1 月 | 由政府机关、文化创意企业和高校科研机构组成的南京创意产业协会成立 |
| 2008 年 5 月 | 南京市政府印发《南京市进一步推进软件产业发展的若干政策意见》 |
| 2009 年 1 月 | 南京市人民政府办公厅转发市广电局《关于鼓励和扶持动漫产业发展的政策意见(修订稿)》 |

资料来源:黄瑶、林东东:《南京创意产业发展现状与对策研究》,《产业与科技论坛》2010 年第 2 期。

5. 杭州

近三年来,杭州市创意产业以年均不低于 15%的增幅快速发展,对城市经济的贡献稳步提升,对社会的贡献不断增长,特别是在吸纳就业、提升城市竞争力上的功能日益显现。2009 年,创意产业全年实现增加值 642.43 亿元,增长 15.0%,高于全市 GDP 增速 5 个百分点,增加值占全市 GDP 的比重达 12.6%。2009 年 1—3 季度,杭州创意产业核心层八大重点行业实现增加值 252.18 亿元,比上年同期增长 17.9%,占全市创意产业比重达 61.0%。从八大重点行业总量规模上看,教育培训业、信息服务业和设计服务业分别实现增加值 63.38 亿元、63.25 亿元和 55.39 亿元,继续位居前三位;从八大重点行业增速看,信息服务业、文化休闲旅游业和文化会展业以 41.2%、19.3%和 19.1%的增幅排名前三(张京成,2010)。

2010 年第一季度,全市限额以上创意产业企事业单位共实现收入 410.71 亿元,同比增长 20.86%;从业人员达 41.71 万人,同比增长 5.53%;限额以上企业实现利润 13.37 亿元,同比增长 118.2%。

动漫游戏业发展态势良好。杭州已拥有 5 个国家级动漫基地,135 家动漫企业，从业人员1万余人。2009年，动漫企业营业收入共计4.38亿元，比2008年增长19.6%，利润总额达8163万元人民币；共生产原创动画片35部、1477集、27409分钟，产量超过广州、长沙、深圳等城市，占全国总量的16%，首次跃居全国各大城市第一；获得国家广电总局推荐的优秀动画片共8部，占全国优秀动画片总数的24%，推荐数量同样位居全国各大城市第一位。动画片《郑和下西洋》获得全国"五个一"工程奖（张京成，2010；柴国荣，2010）。为支持创意产业发展，2005年，杭州在全国率先出台了《关于鼓励和扶持动漫游戏产业发展的若干意见》，每年安排5000万元专项资金投放动漫游戏产业，用于重点项目扶持、贴息和奖励。从2010年起，该专项资金将达到每年7000万元（柴国荣，2010）。

2009年，我国前十大动漫城市的动漫产量见表2-4。

**表2-4　2009年国内前十大动漫城市**

| 排序 | 城市 | 部数 | 分钟数 |
|---|---|---|---|
| 1 | 杭州 | 35 | 27409 |
| 2 | 无锡 | 26 | 19214 |
| 3 | 广州 | 26 | 16445 |
| 4 | 长沙 | 18 | 13063 |
| 5 | 沈阳 | 13 | 10366 |
| 6 | 苏州 | 13 | 9801 |
| 7 | 北京 | 13 | 9357 |
| 8 | 南京 | 22 | 8019 |
| 9 | 深圳 | 14 | 7042 |
| 10 | 重庆 | 12 | 5267 |

资料来源：孟繁丽：《创意产业带动城市软实力——以南京创意产业为例》，《中国社会科学报》2011年1月11日，第017版。

创意产业园区快速发展。据统计，截至2009年年底，杭州十大园区规划建筑面积达275.62万平方米，建成面积达67.24万平方米，已使用面积达41.23万平方米，集聚企业837家，实现营业收入33.56亿元，就业人数达15032人。在新兴园区建设方面，截至2009年底，全市新兴园区规划建筑面积104.92万平方米，建成面积49.06万平方米，已使用面积37.98万平方米，集聚企业1201家，实现营业收入9.48亿元，就业人数达13120人（张京成，2010）。

创意产业品牌化发展，是杭州创意产业发展的一大特点。目前，杭州拥有5个国家级动画基地、5家国家文化产业示范基地，国家级动画产业基地总数居全国第一位；中国电子商务之都、中国动漫之都、中国女装之都、东方休闲之都、江南艺术品交易中心等行业品牌进一步打响。2009年11月，在"中国创意产业年度高峰会"上，杭州市创意产业办公室获"2009中国创意产业推动奖"，之江文化创意园、白马湖生态创意城获"2009中国最佳创意产业园区奖"，西湖创意市集获"2009中国最具创意产品（服务）奖"等。在2009年度中国游戏行业年会上，杭州市被评为"2009年度支持中国动漫游戏产业发展——模范政府"、市节展办被评为"2009年度中国动漫游戏行业——全国促进产业发展先进单位"；西湖数字娱乐产业园成功申办国家级科技企业孵化器，并获得了"2009年度中国动漫游戏行业——全国优秀高新技术产业园区"称号（张京成，2010）。

6. 深圳

深圳是我国第一个加入联合国教科文组织创意城市网络的城市，2008年被联合国教科文组织授予"创意之都"的称号。经过20多年的探索，深圳形成了"文化＋旅游"、"文化＋科技"以及"文化＋金融"三大发展路径。

2008年，深圳市实现文化产业增加值约550亿元，占全市GDP的比重达到7%，位居全国各城市之首，文化产业增长速度高出全市经济平均增速3.5个百分点。2008年深圳有形文化产品出口总额为137.7亿美元，增长率为28.7%以上，增幅大大高于全市外贸出口的增长水平，与国内其他地方的外贸逆差相比，文化产品的贸易顺差大幅超出。全市创意产业园区和基地总数已达54个，其中华侨城、大芬村、雅昌企业集团、深圳古玩城、腾讯集团等5家企业和园区先后被评为国家级文化产业示范基地。作为推动中国文化产品和服务出口的重要平台，中国（深圳）国际文化产业博览交易会已在深圳成功举办五届。2009年第五届文博会成交额877亿元，比上一届增加175亿元，其中文化产品和服务出口交易额达到130亿元。它不仅为中国创意产业发展搭建了一个展示、交易、信息平台，而且使大量投资资金、文化产业项目、信息、技术和人才在这里汇聚，有力地推动了区域创意产业的发展(张京成,2010)。

深圳是国内第一个获得"设计之都"称号的城市。目前,深圳共有6万多名设计师和6000多家较有实力的设计企业,涵盖平面设计、工业设计、建筑设计、动漫设计、软件设计等10多个领域。2008年深圳创意设计业总产值约245亿,增速达16.7%,高于全市GDP增速4.6个百分点。深圳创意设计在全国保持领先优势,多个门类的设计占据着全国大部分市场份额,工业设计屡获国内大奖;鸟巢、国家大剧院等设计塑造了室内设计的经典;深圳的平面设计师更是几乎获得过世界上所有顶级设计赛事和国际展览的奖项。深圳拥有田面设计之都产业园、OCT-LOFT华侨城创意文化园、深圳F518时尚创意园、南海意库等10多个创意设计集聚区,为园区内的设计师和企业提供版权交易和投资咨询等高附加值服务(张京成,2010)。

《深圳市国民经济和社会发展第十二个五年规划纲要(草案)》明确提出,到2015年,深圳创意产业规模超过2500亿元。

### 2.3.2 宁波市创意产业发展情况

1. 创意产业发展现状

按照国家统计局公布的《文化及相关产业分类》口径,2009年,宁波文化产业增加值增长到141.8亿元,比2005年的90.8亿元增长了56.2%。包括动漫、游戏、创意设计等行业在内的新兴文化产业在整个文化产业增加值中的占比逐年上升,从2006年的10.2%增长到2010年的17.9%。

创意产业集群化、园区化发展。在全市首个LOFT创意园区——新芝8号创意园的带动下,宁波已建成包括新芝8号创意园、和丰创意广场、创意1956、国家动漫游戏原创产业基地、象山影视文化产业园等在内的创意产业基地园区和区域性特色文化产业群22个,推动着文化产业向集约化、基地化、规模化方向发展。其中,鄞州区已建成总建筑面积约2万平方米的国家级动漫游戏原创产业基地,其动漫人才培训中心可同时容纳200人进行培训,水木、天维、宣逸、卡酷等多家知名动漫游戏企业已经入驻,制作的多部优秀原创动漫作品和游戏在国内外有了一定的影响力和竞争力。宁波大学科技园区动漫基地集研发办公、创业设计和创业孵化于一体,自2009年3月正式运营以来,已先后承接动漫影视、电视栏目包装、企业产品宣传等项目20余个，2010年初入选“国家级大学科技园”。在新芝8号创意园，2009年入驻的14家文化创意及设计类企业完成营业额7233万元，税收846万元，土地单位面积产出和人均产出分别达到927万元/亩和40万元/人。和丰创意广场即将正式开园并已荣获多项殊荣：被国家科技部认定为“国家现代服务业创意设计产业化基地”，被宁波市政府认定为“宁波市市级现代服务业产业基地”和“宁波江东留学人员创业园”等。园区目前已吸引世界著名的荷兰INDES设计公司、韩国KODFA设计协会、英国JMDA公司、美国李奥贝纳广告公司等8个国家的60多家企业入驻，签约率达到47%。针对宁波城市经济结构转型要求，结合设计创意企业个性需求，园区正积极打造长三角一流的线上线下工业设计与创意产业交易平台、知识产权保护中心等六大平台，成为宁波实现由“制造名城”向“设计名城”转变的重要基地。溪口文化旅游产业园区被评为国家5A级景区，已成为宁波文化和旅游紧密结合的典范，溪口也作为亚洲唯一小城入选上海世博会“城市未来馆”。象山影视文化产业园主打影视文化和旅游牌，以影视为品牌带动旅游，同时促进影视投资等产业链的延伸，已成为“长三角双休日旅游休闲热点景区”和“全国影视拍摄基地”。象山影视城作为宁波唯一的影视基地，已获得国家3A级旅游景区、中国魅力景区、中国最具发展潜力影视拍摄基地、中国十大影视基地、全国指定影视拍摄基地等诸多荣誉，通过相继拍摄的《神雕侠侣》、《碧血剑》、《水浒》、《西游记》、《赵氏孤儿》等100余部影视作品，让国内外观众了解了素有“东方不老岛、海上仙子国”美誉的象山。象山传统的海防海港文化和渔文化，如船模、晒盐技艺、提线木偶、根雕等在影视城内一一得到展示。影视城2011年一季度旅游门票的收入也比上年同期翻了一番。

动漫、游戏产业发展较快。2008年10月国家级动漫游戏原创产业基地落户宁波，宁波动漫企业在国家广电总局登记备案的动漫作品达到3万多分钟，名列全省第二位，全国第八位。目前全市登记注册的动漫、游戏企业有40余家，其中注册资金1000万元以上的有15家，企业注册资金总额达到2亿元，水木动画、宣逸网游、卡酷动画、民和动画等一批有实力、成长性较好的动漫游戏企业相继涌现。2009年宁波水木动画设计有限公司年产动漫突破1万分钟，位居全省第二，原创动漫作品《中华五千年》和《十万个为什么》荣获省“五个一工程”奖，已在北美最大的中文电视台——麒麟卫视播出，并被东南亚600多所华文学校作为教材使用，公司还被评为国家文化出口重点企业。宁波卡酷动画制作有限公司动漫产量已高达2872分钟，是宁波首家以推广本土文化为主要特色的原创动画制作公司。从远古的河姆渡开始，宁波民间故事、传说、小英雄故事、四明游击队抗日事迹等宁波特色文化，在他们的“麦圈可可”系列、《红色通道》、《来发讲啥西》、《狮球的传说》、《孔雀西南飞》等作品中得到了生动的展示。公司甚至还首开越剧动漫先河，把当代宁波青年扎根西南支教的故事搬上屏幕。浙江普达海控股集团与央视动画联袂打造的励志动画片《小牛向前冲》，已在央视一套“大风车”栏目播出。天维文化创作的动画作品《漫画英语》也在央视新科动漫频道播出，全年的播放量达到3650分钟。盛光天翼自主开发的网络游戏《天翼决》，在国内网游产品中列综合排名第十位，已成功出口韩国、日本和北美市场。稻草家族动画影视携手中国电影集团公司、中国儿童电影制片厂联合出品的《海底淘法》，成为国内首部面向少儿的公益性普法教育动画电影。宁波民和文化传媒与中国科学院自动化研究所合作制作的104集大型3D动画影视剧《少年阿凡提》，在第50届“法国安纳西国际动画电影节”亮相后，受到极大关注。

依托雄厚的制造业基础，延伸动漫产业链。动漫与文具、服装、玩具等传统制造产业的有机结合，既为宁波动漫产业的衍生产品开发奠定了良好的基础，也成为提升宁波产业结构的重要契机。比如，随着《小牛向前冲》的热播，系列图书和音像产品已陆续问世，“小牛”产业链逐步形成，观众不仅可以在商场超市购买上述产品，还能通过普达海网络商城进行相关产品的在线选购。而卡酷动画的代表动画形象“麦圈可可”深得青少年喜爱，其光碟、图书、玩具、文具等系列衍生产品的开发也已全面启动，市场反应热烈。

2. 宁波的创意产业发展扶持政策

《宁波市“十二五”时期文化发展规划》指出，“十二五”期间，宁波将深入实施文化发展“1235”工程，其中将投资316.63亿元用于30个重点文化项目建设。“1235”工程是指，着力打造宁波文化广场等10个文化发展集聚区、培育“宁波网络文化节”等20个重点文化品牌、建设宁波迪士尼动漫园等30个重点文化项目、扶持50家重点文化企业。整个工程的实施将大力推进宁波文化产业价值链的培育、延伸和整合、集聚，形成文化产业集群发展；将形成一批具有宁波特色的文化品牌，进一步扩大宁波城市影响力；能够积极实施项目带动战略，充分发挥重点园区、项目、品牌、企业的示范、引领核辐射作用；同时做大做强宁波文化领域的龙头和骨干企业，加快推进宁波文化产业转型升级。

加大创意产业的金融支持力度。为进一步加大金融支持文化产业的力度，促进文化产业与金融业对接，推动全市文化产业跨越发展，宁波市委宣传部、市金融办、人民银行宁波市中心支行等八部局联合发布了《关于金融支持文化产业发展繁荣的实施意见》，明确了金融支持文化产业的重点方向和领域。根据《意见》要求，宁波市各金融机构将根据文化产业发展特点和宁波实际，推动金融业和文化产业的全面对接；加强对优势文化行业和重点文化企业的支持，引导金融机构对符合产业政策导向的文化企业，列入国家、省、市《文化出口重点企业名录》的文化企业，文化产业示范基地，市重点文化企业的发展及优势骨干文化企业的兼并重组优先给予金融支持；加强对重点文化项目的支持，引导金融机构对符合宁波市《文化产业投资指导目录》导向，特别是“十二五”时期省、市文化发展规划的文化建设项目优先给予金融支持，引导金融机构通过银团贷款等方式对融资规模较大的项目提供金融支持；加强对文化产业核心领域的支持，对影视、出版、演艺等领域具有较强产品研发、生产、服务和出口能力的内容服务商提供各类融资服务；加强对成长型中小文化企业的支持，引导和支持金融机构创新经营模式和金融产品。针对宁波市文化产业中小企业众多的特点，各金融机构还将积极开展各种金融服务与产品创新，在中小企业信贷支持和直接融资方面力争有所突破。同时，金融机构将大力支持有条件的文化企业改制上市，引导优势骨干文化企业提升资本经营意识，加快推进上市步伐；支持文化企业通过债券市场融资。根据规划，“十二五”期间，宁波市将积极推动文化产业成为国民经济支柱性产业，文化产业增加值占全市地区生产总值的比重在5%以上，居民文化娱乐消费占消费支出的比重达6%。

宁波市设立了文化产业发展专项资金。安排3000万元文化产业发展专项资金以贴息、补助、奖励、政府采购等办法，“十一五”期间共扶持49个文化产业项目，表彰20个市级文化产业示范基地，有效地促进了文化产业的快速发展。

3. 与相关城市的比较

虽然宁波市创意产业发展势头良好，但与很多城市相比，宁波创意产业发展还存在很大差距。表 2-5 显示了 2008 年宁波与北京、上海、杭州、深圳等城市的创意产业发展主要指标比较情况。

**表 2-5 2008 年宁波市创意产业主要指标与相关城市比较**

| | 单位数（万个） | 从业人员（万人） | 增加值（亿元） | 占 GDP 比重（%） |
|---|---|---|---|---|
| 北京市 | 5 | 100 | 1125.0 | 11.0 |
| 上海市 | 3 | 95 | 857.8 | 7.0 |
| 杭州市 | 6.5 | 30 | 579.8 | 12.1 |
| 深圳市 | 1 | 25 | 550.0 | 12.0 |
| 宁波市 | 2 | 24 | 136.53 | 3.4 |

资料来源：周鹏（2010）。

可以看出，宁波在各主要指标上基本都处于末位，不仅发展总量偏小，而且创意产业增加值占 GDP 的比重也明显落后于其他各城市。

宁波市创意产业发展还存在一些比较突出的问题。在体制上，条块分割、多头管理、职能不清、缺乏统一协调、配套政策不完善的情况依然存在，县（市、区）的积极性没有调动起来；主导产业单一，只有文具用品业、民办博物馆业领先全国，其他形成优势的文化产业较少，文化产业发展总体水平规模偏小，核心层、相关层没有上市公司，对 GDP 的贡献不足。文化产业结构不尽合理，文化产业链不够完善，上游原创严重不足，中游生产环节集约化程度不高，下游营销能力不强，特别是代表新兴文化的外围层所占比重超过 60%，代表传统文化的核心层比重较低，文化产业的核心竞争力缺乏。

# 3 宁波创意产业发展现状与问题研究

## 3.1 宁波创意产业发展现状

### 3.1.1 宁波市创意产业总体发展概况

宁波作为港口型工贸城市和长三角地区南翼的中心城市，是中国东南重要交通枢纽。近年来，宁波在经济、社会、文化等方面得到长足发展。经济方面，2010年宁波全市GDP超5000亿元，人均GDP在2008年首次突破10000美元，经济走在全国前列；社会方面，全民各尽所能，秉着“书藏古今，港通天下”的目标，营造了和谐的生活氛围；文化方面，宁波是全国文化历史名城，深厚的文化积淀和优秀的文化传统，是宁波发展创意产业所独有的宝贵财富和比较优势。根据国际经验，地区人均GDP超过5000美元以后，创意经济将作为拉动经济增长的主要力量。宁波市的经济水平、文化背景等方面已经满足了创意产业的发展条件，创意需求不断放大，创意氛围不断优化。按照国家统计局公布的《文化及相关产业分类》口径，至2008年年底，宁波市共有文化产业经营单位2.11万家，比上年增长11%；完成总产出546.5亿元，增长6.7%；实现增加值136.33亿元，比上年增长2.5%，占全市GDP的3.4%；年末文化产业从业人员24.01万人，增长

4.2%,占第二、三产业从业人员的比重为6.3%,同比提高0.1个百分点。虽然受全球金融危机的影响,近两年宁波市文化产业增加值有所放缓,但影视动漫、创意设计、剧院演出等核心行业逆势上扬。2008年,全市直接从事文化活动的“文化服务”实现增加值49.31亿元,比上年增长12.4%。

1. 宁波市创意产业发展迅速

近年来,宁波市创意产业发展得到了市政府的高度重视和积极推动,通过工业布局调整,优化产业结构,推进自主创新,发展都市经济,有效地培育和促进了创意产业的兴起,一批创意产业企业及按创意产业运营的企业和机构正在出现,创意产业成为宁波市经济创新发展的重要内容和产业形态之一。2006年,宁波市创意产业实现增加值113.9亿元,同比增长25.5%,创意产业增加值占全市GDP的比重达4%,比2005年提高了0.5个百分点。宁波市积极为创意产业集聚构建平台,2007年首届宁波创意论坛暨宁波创意产业基地推介会的举行,标志着宁波市创意产业基地建设已进入高峰期。

2. 建成一批创意产业园区

依托工业遗存、历史文化建筑、楼宇建筑等各种载体资源,宁波已经创建了一批较为成熟的创意产业园区(基地)(如表3-1所示)。全市首个LOFT创意园区——新芝8号创意园,诠释创意产业高地的市工业设计与创意街区、首个由民营企业开发的创意园区——三厂时尚创意街区等一批创意产业园区已经初具规模,并吸引了相关创意企业和人才入驻。其中鄞州区动漫游戏原创产业基地被列为国家动画生产基地。2010年华特迪士尼动漫基地落户宁波,作为世界著名的动漫影视企业,迪士尼公司为宁波创意产业注入了新的动力,并带动着北仑数字科技园、创e慧谷、和丰创意广场、创意128等创意产业园区朝着科学的方向发展。这些园区承载着一种新型经济——创意经济,这些创意园区涉及工业设计、软件开发、时尚设计、广告传媒等众多创意领域,这些园区的成立为宁波市创意产业的发展提供了良好载体。

表 3-1 宁波市创意产业园区分布情况

| 县区 | 园区个数 | 园区名城 |
| --- | --- | --- |
| 江北区 | 6 | 创意 1956 产业园、1842 外滩、财富创意港、慈城天工之城、宁波大学科技产业园 |
| 江东区 | 4 | 和丰创意广场、甬江东岸创意产业基地、228 创意园、江东三厂时尚创意街区 |
| 海曙区 | 1 | 新芝 8 号 |
| 鄞州区 | 2 | 128 创意园、东方爱城——梁祝爱情产业园 |
| 镇海区 | 1 | 大学科技园创意产业基地——创 e 慧谷 |
| 象山县 | 1 | 象山影视基地 |

资料来源：邓罗飞、阳周:《宁波市创意产业空间布局研究》,《城市》2009 年第 12 期。

### 3.1.2 代表性行业

1. 动漫产业

随着网络和数字技术的发展,动漫产业,作为一种文化创新产业,是指以"创意"为核心,以动画、漫画为表现形式,包含动漫图书、报刊、电影、电视、音像制品、舞台剧和基于现代信息传播技术手段的动漫直接产品的开发、生产、出版、播出、演出和销售,以及与动漫形象有关的服装、玩具、电子游戏等衍生产品的生产和经营的产业,被视为 21 世纪创意经济中最有希望的朝阳产业。动漫产业具有当今知识经济的全部特征,具有完整的产业链,其产品本身具有巨大的市场,它的衍生产品市场巨大。其中周边产品产生的利润占整个产业利润的 70%～80%。专家分析,未来 3～5 年,全国数字媒体产业直接收入将达 800 亿元,衍生产业将突破 5000 亿元,这将是动漫产业发展的黄金时期。

在宁波,创意产业增加值由 2004 年的 73.85 亿元增至 2009 年的 133 亿元,5 年间增长 80.1%。截至 2009 年年底,宁波已有动漫、游戏、影视等企业 40 多家,其中注册资本在 1000 万元以上的就有 15 家,其中鄞州区动漫游戏原创产业基地被国家工信部正式授予为国家动漫原创产业基地称号。中国动漫的"宁波板块"已经在悄然崛起。

在原创动画方面,据国家广电总局统计,2010 年宁波市动画片创作生产数量以 9573 分钟位，列全国第七。宁波水木动画设计有限公司还位列我国原创动画片制作生产十大机构，众多动漫企业还包括水木动画、渲染影视、宣逸网络、卡酷动画等一批注册资金 1000 万元以上的国内外知名动漫企，形成了集动漫创意、设计、后期制作、发行等一条龙的动漫产业链。目前，国际传媒娱乐和动漫影视界的巨头——华特迪士尼公司正式投入运营；宁波莱比特动漫公司制作的 52 集三维动画剧《三字经里的故事》，在中央电视台少儿频道播出，这也是宁波市首部在央视少儿频道播出的动画片；当前大热的动画电影《肩上蝶》也属“宁波制造”。

在游戏研发方面，由浙江宣逸网络科技有限公司打造的第一款游戏产品“帝国重生”已经给公司带来了 500 万元的收益，并成功打入日本、韩国、欧美等市场，并获得了中国游戏产业界至尊大奖——“金凤凰奖”之 2010 年度中国民族游戏海外拓展奖。目前，“帝国重生”的国内玩家已经超过了 300 多万，日本也有超过 10 万的注册玩家。

动漫服务外包产业也在宁波市风生水起，动漫产业链正日臻成熟。地处北仑区的宁波渲染影视动漫有限公司，不仅承接了中央电视台的动漫情景剧《宠物医院》续集的特效制作等外包项目，而且与上海美术电影制片厂签订了合作协议，联合制作新版《黑猫警长》。宁波市动漫产业崛起的同时，还结合了本地产业发展衍生品市场。据有关部门测算，动漫产业与衍生产业间的产值比例保守估计为 1∶3。目前中国动漫产业每年的市场空间有 200 多亿元，而由此带动的图书、音像、玩具、服饰、游戏等动漫衍生产品的市场空间将无法估量。正是顺应这一思路，宁波市动漫企业结合本地及周边的产业经济状况来打造具有宁波本地特色的创意产业链。如宁波水木动画有限公司与大冬瓜玩具公司签订了合作协议，双方将拍摄投资额达 1000 万元的《冬瓜英语总动员》。水木动画还与文具制造商广博集团签订了长期合作协议。宁波文具、玩具、服装等行业的强大实力，将给宁波动漫产业带来不可估量的衍生产品收入。

2. 软件业发展现状

目前，国内城市正面临新型产业结构调整，而软件及服务外包，作为现代服务业，正越来越受到国内各大城市的高度重视。宁波市的软件外包产业依托周边高校的智力支持以及宁波大学科技园创意产业基地的落户，在跻身软件公司“国家队”的中软公司等一批软件开发企业的迅速入驻的推动下，宁波软件产业的实力达到了前所未有的提升。2007 年，宁波全市软件收入达到 36.1 亿元，比 2006 年增长了 44.4%，远远高出全省 16%和全国 22%的增长速度，占全省总量的比重由上年的 8%提高到 10.2%，占宁波市 GDP 的比重有上年的 0.87%提高到 1.05%。到 2010 年，宁波市软件行业的产值已达 102.7 亿元，软件产业以年增幅超过 40%的速度增长，实现产值规模翻两番，软件产业发展势头良好。

2007 年，宁波市发布出台了《关于进一步加快软件产业发展的意见》，明确了软件产业发展方向，提出了发展目标，完善了产业政策，为宁波软件业的发展指明了方向，同时也成为宁波软件业起飞的一个标志。2007 年年底开园的宁波软件园，经过几年的发展已经初具规模。2010 年园区企业总量已达 173 家，总产值达到 13.65 亿元。其中，主营业务收入超过 1000 万元的企业 17 家，1 亿元以上的 2 家。而作为宁波软件园重点集聚区之一，宁波大学园区所在地鄞州区也抓住了这一千载难逢的历史机遇，集聚优质资源、打造高端平台，软件开发、电子商务、系统集成和动漫游戏产业从无到有，再到集群发展。如今，以鄞州新城区为核心的集聚区，集聚了软件、信息服务企业超 350 家，注册资金在千万元以上的有 54 家。针对全市来说，从 2007 年起，近 600 家软件与信息服务企业入驻，其中注册资金 1000 万元以上企业超过 100 家，东海蓝帆、宁波理工监测、萨基姆（宁波）公司等 3 家软件企业软件销售额超过 1 亿元，成为软件产业发展的主要推动力，更加凸显出了宁波软件业发展的良好的成长环境和区位优势。

3. 旅游业发展现状

宁波市作为全国历史文化名城和首批全国优秀旅游城市，是长江三角洲旅游最为发达的城市之一。根据福布斯 2008 年发布的《中国最适合发展旅游业的城市》报告，宁波位列中国最适合发展旅游业城市中的第七名，这充分表明了宁波发展旅游业的巨大潜力和优势。

随着杭州湾跨海大桥的建成通车以及上海世博会的成功召开，宁波旅游业发展势头迅猛，并已经形成“政府主导、合力兴游”促发展的良好格局。作为宁波市的支柱产业，宁波市旅游业产值占宁波市 GDP 总量的 11.4%，占第三产业增加值的 28.14%，并且逐年提升。

截至2007年，宁波市拥有15家4A级景区，旅游景区等级较高，高等级景区数量在全省名列前茅。溪口—雪窦山风景区为国家级风景区，天童森林公园为国家森林公园，浙江第一大湖东钱湖为省级风景名胜区，宁波还有天童寺、阿育王寺和雪窦寺等著名寺庙。中国古代建筑的杰作保国寺、古代水利建筑它山堰、宁海的南溪温泉、余姚的四明湖旅游度假区、象山的石浦渔港，为众多中外旅游者所向往。2007年宁波市旅游景区接待总量增长迅速，为2209.48万人次，达到历史最高值，同比增长25.58%。2007年宁波市接待入境旅游者68.92万人次，同比增长26.84%；旅游外汇收入4.3亿美元，同比增长27.4%；接待国内旅游者3074万人次，同比增长14.5%；国内旅游收入348.2亿元，同比增长20.2%；旅游总收入380.2亿元，同比增长20.3%。宁波市旅游经济呈现出持续稳定快速发展的良好态势。2008年，宁波市共接待入境旅游者78.73万人次，同比增长14.23%；旅游外汇收入4.9亿美元，同比增长13.75%。接待国内游客3465万人次，同比增长12.7%；国内旅游收入415.9亿元，同比增长19.4%，实现旅游总收入450.2亿元，同比增长18.4%。

**表3-2 宁波市旅游业对经济总量的贡献** （单位：亿元人民币）

| 年份 | GDP | 国内收入 | 国内收入贡献 | 外汇收入 | 外汇收入贡献 |
|---|---|---|---|---|---|
| 2005 | 2449.30 | 238.40 | 9.73% | 16.95 | 0.69% |
| 2006 | 2874.44 | 289.60 | 10.03% | 23.64 | 0.80% |
| 2007 | 3435.00 | 348.20 | 10.14% | 29.39 | 0.86% |
| 2008 | 3964.05 | 415.90 | 10.49% | 32.13 | 0.81% |

资料来源：袁平：《宁波市旅游产业对社会经济发展的影响分析》，《中外企业家》2009年第12期。

目前，宁波市已经进入了发展旅游业的黄金时期，作为未来国际港口城市的宁波，一定会在不远的将来建成长三角重要的旅游目的地和全国一流的旅游经济强市。

4. 会展业发展现状

宁波拥有发展会展业得天独厚的优势，优越的区位条件。首先是港口优势，宁波港口资源非常丰富，2006年宁波港货物吞吐量达到3.1亿吨，居世界第4位、大陆第2位;集装箱吞吐量706万标箱,居世界第13位、大陆第4位。而对现代会展经济发展来说,港口优势的作用已经越来越明显,而宁波也正在以港口建设作为优先发展的重点,大力发展以港口为平台、进出口贸易为核心的现代服务业,为会展产业的发展助力。第二是产业优势,宁波拥有坚实的产业基础,化工、钢铁、能源、造纸以及修造船五大临港工业发达,并且还拥有具有优势的传统产业,如纺织服装业、装备制造业、电子信息业、精细化工与生物制药业、文具业等等。高度发达的产业基础为宁波会展业的发展提供了一个颇具优势的支撑平台,结合本地特色所打造的品牌展览会,实现了宁波会展业的新跨越。第三是市场优势,宁波作为典型的外向型港口城市,民营经济的发展蔚为壮观,是其经济的一大特点。长三角是世界制造业中心之一,身居其中的宁波能促使其吸引更多的国内外客商,形成强有力的买方市场。买方卖方市场的形成,是构建会展市场的最佳途径。第四是服务优势。会展业的发展是一个系统工程,它需要举各方之力而为之,需要协调各部门之间的关系,需要与服务企业之间形成良性的联动,包括健全公共政策、加强会展联动、开展评优奖励、完善协调机制、扩大公共宣传、提供保障服务、为会展主体创造平等竞争的良好环境等,用优质服务来培育品牌展会,吸引大型展会落户,吸引更多的客商。

2006年,全市举办各类会议展览活动148个,比上年增长74%。其中举办展会80余个,增长71%;展览面积80万平方米,增长33%;标准摊位1000个以上的展会18个,同比增加一倍。招商引展成果也逐步显现,其中第五届中国国际日用消费品博览会成交额就达9.1亿美元;在第八届投资贸易洽谈会中,共签约项目172个,协议利用外资31.2亿美元。“十一五”期间基本建成“中国会展名城”和“长三角南翼会展之都”。宁波目前每年举办展会100多个,其中2000个展位规模以上的展会有3个,分别是服装博览会、日用消费品博览会和住宅用品博览会。在《关于加快宁波会展业发展的若干意见》的指导下,宁波正重点推进会展经济的发展,力争把宁波打造成仅次于北京、上海和广州之后的“中国会展第四城”。

会展业作为新兴的行业,对宁波经济的发展具有很大的促进作用。展会汇集的参展商和来宾,刺激了宁波通信、交通、宾馆、餐饮等相关行业的发展。同时,通过展会又将参展企业和城市形象等展示给国内外的来宾,吸引更多的投资者来宁波进行投资，宁波的企业也通过展会了解信息，拓展市场，开阔视野，推销产品，引进技术，树立品牌形象，对城市的文化建设起到了很大的作用。

### 3.1.3 宁波创意产业的发展历程

2007 年 5 月，宁波市创意产业协会正式成立，这为宁波创意产业的发展提供了一个良好的交流平台。宁波创意产业企业通过该平台，可以进行充分的交流与合作，利用协会整合的资源，不断提升企业的竞争力，并促进宁波创意产业的发展和升级。在此之前，宁波市创意产业各个产业的门类也以各自不同的方式快速发展。1997 年，宁波举办了第一届宁波国际服装服饰博览会，依托宁波发达的服装制造业，展会得到了国内外的众多企业参展，到会 241 家展商，其中境外 108 家，450 个展位，累计成交 32.2 亿人民币。到第十四届宁波国际服装服饰博览会，展会共有展位 2200 个，分设名品馆、OEM 馆（贴牌加工服装）、品牌加盟馆、面辅料/服装机械馆、国际馆等展馆，展品涵盖服装服饰、服装机械、面辅料、服装 CAD 等上中下游产业链，来自海内外的近 400 家企业参展。展会始终围绕"拓市场、增实效、求合作、谋发展"的主题，通过举办服装服饰展示、经销商对接大会、国际买家订货会、流行趋势发布、时尚走秀等系列专业活动，吹响宁波服装产业转型升级的号角。2007 年，宁波举行了第一届国际动漫展，这也意味着宁波已经着手开始建设动漫大市，之后又举行了创意动漫产业博览会，为动漫创意产业的发展增添了新的推动力。2007 年，宁波市人民政府提出了《关于加快推进宁波市工业设计与创意街区建设的实施意见》，旨在推动宁波工业设计与创意产业街区的发展，随后又建立了宁波市工业设计与创意产业街区，又名和丰创意产业园，并投入使用，吸引了众多的工业设计企业和创意企业进驻园区，为创意企业的发展提供了优良的基础设施和创作环境，有力地推动了宁波创意产业的发展，使其不断向成熟产业迈进。

从宁波创意产业的发展历程我们可以看到，宁波创意产业的发展经历了先各自发展、后整体规划的发展阶段。党委、政府对创意产业重要性的认识也随着创意产业的壮大逐渐加深，支持力度也越来越大，经过几年的努力，宁波市创意产业已经成为宁波的重要产业之一。

### 3.1.4 宁波创意产业的特点

1. 政府高度重视创意产业

宁波创意产业的持续快速发展，首先得益于宁波各级政府的重视、支持、引导和推动。地方政府的推动作用主要体现在以下几方面：一是制定产业发展战略。地方政府把创意产业纳入“十一五”时期发展规划，明确提出将创意产业放在经济社会的突出位置加以优先发展，并针对“制造强”而“设计弱”的宁波创意产业实际，找准产业发展方向，明确以创意设计、动漫为重点创意产业发展领域。二是加大产业扶持力度。地方政府利用资金、税收等经济杠杆，制定多种优惠政策和奖励措施促进创意产业发展。近年来，宁波市政府先后出台了《关于推进文化产业发展的若干意见》、《关于推进我市工业设计与创意街区建设的若干意见》等政策，并设立了创意产业发展专项资金，共安排600多万元，通过贴息、补贴、奖励、政府采购等方式，旨在鼓励创意企业的发展，积极帮助企业拓展创意项目，进一步完善科技基础条件平台和科技创新平台，帮助企业建立研发中心，拥有自身的核心技术，特别是鼓励优先发展创意、软件、动漫平台等新型现代服务业。并通过市文艺精品工程专项资金共60万元，支持4件动漫影视作品的创作。2008年和2010年先后开展了两批市文化示范基地评选认定，鼓励创意园区做大做强，推出更加有特色有创意的作品。在融资方面，根据《支持宁波文化产业振兴全面战略合作协议》，中国银行、招商银行分别向本市文化企业提供不低于20亿元人民币等值外汇的信贷资金支持。同时政府还设立了创意街区专项扶持资金，对创意产业实施税费优惠。例如，镇海区在鼓励扶持创意企业重点领域中对从事研发设计、软件开发，以及经认定的文化旅游、时尚消费、咨询策划等创意产业的企业(机构)，三年内按其当年对地方财政贡献额的50%给予奖励。新办软件生产企业经认定后，自获利年度起享受企业所得税“两免三减半”的优惠政策。三是提供良好的服务与引导。建立由市委、市政府领导的全市创意产业发展协调机构，全面指导创意产业发展；成立创意产业协会，加强行业自律和指导；设立创意产业职工培训基地，长期举办各类创意培训班。举办各种创意产业发展论坛和工业设计大赛，制造浓郁的创意氛围；行业主管部门为创意企业提供融资协助、科技信息检索和专利事务代理等服务。

2. 创意产业基地初具规模

文化创意园区是创意产业研究开发、技术训练、信息交流、生产制作的"集合体",也是创意产业集群化发展的主要载体。为了优化资源组合,发展集约经营,形成规模优势,提升研发生产能力和创意产业的整体实力。随着宁波市创意产业的快速发展,创意产业园作为产业的主要载体依然呈现出一派欣欣向荣的景象,各种投资模式、不同产业主导和规模的创意产业园区纷纷出现,总体呈现"百花齐放"的发展格局。自 2005 年起,宁波市以及各县(市、区)政府安排一定财力,并联合社会相关力量,采取自上而下的方式先后建设了一批各具特色的文化创意园区。目前宁波市的创意产业街区不断发展,主要有鄞州区国家级动漫游戏原创产业基地,宁波市工业设计与创意街区、新芝 8 号创意园、创 e 慧谷、228 创意园、128 创新园等等。创意产业园区开发模式呈现多元化,包括地方政府主导、国有投资主体开发、文化创意企业主导开发、地产开发商投资开发等各种开发模式。如总投资 30 亿元、总建筑面积 34 万平方米的宁波和丰创意广场开创了国内由政府主导、国有资本全新打造的大规模、高水平工业设计与创意产业集聚区的先河。一些创意产业园区在较短时间内形成了集聚效应,如宁波软件园整合各县(市、区)分头建设软件园的资源,从 2 家软件孵化器发展到 1 个高新园核心集聚区和宁波国际软件园、鄞州区科技创业中心等 9 个特色集聚区,园区企业从 100 家增加到 600 多家。

在创意园区成长的阶段,宁波市创意园区能够将政府的政策推动和市场化的运作相结合,用市场化来推动创意产业的发展,用政府政策辅助和指导创意产业的进步。同时,创意园区还将高校优势和企业运作相结合,依靠高校提供的创意人才来为园区、创意企业增添源源不断的活力和推动力。

在英、美等发达国家,创意产业的产值每年以超过 12%以上的速度增长,已经成为国民经济发展的支柱产业。而在国内,北京、上海、深圳等 10 多个城市也已明确提出了要大力发展创意产业,并建设了若干个创意产业基地,并在国内的创意产业界有了一定的知名度。上海,2010 年创意产业产值高达 5499.03 多亿元。相比之下,宁波的创意产业发展仍还处于初步萌动状态。

宁波市在创意产业方面的发展由于受传统观念的影响,导致对创意产业的高附加值缺乏足够的认识,忽略了创意产业发展的独特性和紧迫性,没有及时赶上国内外发展的步伐。同时在现有的创意产业园中,大多数存在的企业缺乏明确的定位和规划,配套设施没有跟上,创意产业链得不到有效整合和延伸,其价值不能充分实现。

3. 建立多元化的投入机制

创意产业发展的关键之一是融资问题。针对创意产业融资难的现实,宁波地方政府、金融机构和创意企业各方通力合作,初步形成了地方政府、民间企业、金融机构和外商共同投入的机制。一是地方政府投入。政府投资方向侧重于文化基础设施建设领域,旨在为创意产业发展提供良好的外部环境。据统计,"十一五"期间,宁波市地方政府累计投入45亿元,建成大剧院、音乐厅和一批创意产业园区。同时设立多项专项基金,扶持相关产业的发展,如创意产业专项基金、软件产业发展专项资金、设计街区专项扶持资金等。未来五年,文化建设资金增速将不低于财政收入增速。二是民营企业投入。政府制定优惠政策鼓励民营企业介入创意产业领域,民间投资成为宁波创意产业发展壮大的主要资金来源。如,上市公司雅戈尔涉足宁波媒体业,宁波民和集团投资制作电视剧《春暖花开》、《大商无界》和大型动漫剧《少年阿凡提》及其衍生品开发,音王集团斥资4000万元收购英国的"录音大师"和"卡迪克"两大知名品牌等。三是银行信贷投入。在地方政府宣传、推动和引导下,宁波金融业看好创意产业前景,并以中国人民银行等九部门联合发布《关于金融支持文化产业振兴和发展繁荣的指导意见》为契机,投放信贷资金助推创意产业。如,中行向宁波书城授信2亿元,并在未来三年内向宁波文化产业领域提供不低于20亿元信贷额度,建行、工行、农行、交行四家银行向宁波和丰创意广场项目提供31.2亿元银团贷款授信额度。四是外商风险基金投入。地方政府组织创意企业积极向外推介项目,一些成长性文化创意企业获国外风投公司青睐并注资。如,浙江宣逸网络2008年年底从德国一家风投公司获得了1000万元风险投资资金,从而壮大了公司经济实力。

4. 着力引进知名创意机构和高端创意人才。

优秀的创意机构和高质量的创意人才是发展创意产业最核心的资源，但宁波本地的创意企业数量少，创意力量薄弱，创意人才匮乏。针对人才瓶颈，宁波有关部门除了通过院校、社会培训机构和创意大赛等各种方式，加速培育工业设计、时尚设计、视觉艺术、动漫、传媒等方面创意人才群体，加大引智力度，以市场和政策环境吸引国内外知名创意企业和高端创意人才入驻。截至2009年年底，宁波引进的动漫企业达到30多家，包括渲染影视、红蚂蚁、稻草家族、卡酷动画、水木动画、迪士尼等国内外知名动漫企业；在创意设计方面，成功引进了国内外知名设计机构诸如荷兰INDES设计公司、韩国设计产业协会、西安交通大学快速成型中心等。随着一大批国内外知名创意机构和高端创意人才的介入，宁波创意产业整体素质在一定程度上得到了提升。

宁波市政府同时积极鼓励有条件的高校开设工业设计创意等相关专业，加大创意人才的培养力度，鼓励国内外科研院校在创意街区开展实习、培训等相关活动，为创意产业的发展添加动力。如镇海区加大创意产业人才培养和引进力度；江东区鼓励拥有特殊才能和自主知识产权的创意人才，以知识产权、技术要素等作为股份参与到企业利润分配中去。

5. 积极推进对外文化合作交流。

开展对外文化合作交流活动，不仅能提升本地创意产业的知名度和影响力，拓展国际文化市场，而且能广泛引进外资、国外知名文化创意企业和国外先进文化发展成果及经验，为本地的创意产业注入活力。宁波充分利用独特的地缘优势和人文资源优势，积极实施“走出去”与“引进来”战略。自2006年起，宁波先后成功举办了数届甬港创意产业发展论坛、中国宁波国际工业设计博览会、宁波市工业设计创意产业香港推介会、第六届中国国际文化礼品博览会、新加坡宁波周工业设计与创意论坛、2009中国（宁波）创意产业发展论坛等活动，取得了一定成效。其中2006中国宁波国际工业设计博览会荣获中国创意产业年度大奖——中国创意产业十大潜力品牌。

### 3.1.5 宁波发展创意产业的优势

1. 厚实的经济基础

宁波市作为一个港口型工贸城市，2010年实现地区生产总值5125.8亿元，按可比价计算同比增长12.4%。其中，第一产业实现增加值218.4亿元，增长3.7%；第二产业实现增加值2848.2亿元，增长13.6%；第三产业实现增加值2059.2亿元，增长11.6%。同期宁波市按户籍人口计算的人均GDP已超过1万美元，已迈入“中上等”发达国家水平。以电子信息、医药、装备制造等产业为代表的工业经济继续蓬勃发展，先进制造业基地建设取得阶段性成效；以现代物流、电子商务、专业市场等为代表的现代服务业增长迅速，走在了全国的前列。发达的区域经济将为宁波市创意产业实现跨越式发展提供有力支持。

表3-3 浙江省、宁波市2000—2010年经济数据统计

| 浙江省2000—2010年经济数据统计 | | | | | | |
|---|---|---|---|---|---|---|
| 年份 | GDP(亿元) | 增幅(%) | 人均GDP(元) | 进出口总额(亿美元) | 增幅(%) | 顺差额 |
| 2000 | 6030 | 11.00 | 13400 | 278.3 | 52.10 | 110.5 |
| 2001 | 6700 | 11.11 | 14550 | 328.0 | 17.86 | 131.6 |
| 2002 | 7670 | 14.48 | 16570 | 420.0 | 28.05 | 169.0 |
| 2003 | 9200 | 19.95 | 19730 | 614.2 | 46.24 | 217.8 |
| 2004 | 11243 | 22.21 | 23942 | 852.3 | 38.77 | 310.9 |
| 2005 | 13365 | 18.87 | 27552 | 1074.0 | 26.01 | 462.0 |
| 2006 | 15649 | 17.09 | 31684 | 1391.5 | 29.56 | 626.5 |
| 2007 | 18638 | 19.10 | 37128 | 1768.4 | 27.08 | 797.6 |
| 2008 | 21486.92 | 15.29 | 42214 | 2111.5 | 19.40 | 974.3 |
| 2009 | 22990.35 | 7.00 | 44641 | 1877.3 | 11.09 | 782.9 |
| 2010 | 27169 | 18.10 | 51898 | 2534.7 | 35.00 | 1075.0 |

续表

宁波市 2000—2010 年经济数据统计

| 年份 | GDP(亿元) | 增幅(%) | 人均 GDP(元) | 进出口总额(亿美元) | 增幅(%) | 顺差额 |
|---|---|---|---|---|---|---|
| 2000 | 1144.57 | 12.43 | 21208 | 75.41 | 50.55 | 27.95 |
| 2001 | 1278.75 | 11.72 | 23587 | 88.92 | 17.92 | 35.98 |
| 2002 | 1453.34 | 13.65 | 26678 | 122.73 | 38.02 | 40.53 |
| 2003 | 1749.27 | 20.36 | 31943 | 188.10 | 53.26 | 53.38 |
| 2004 | 2109.45 | 20.59 | 38292 | 261.12 | 38.82 | 72.67 |
| 2005 | 2447.32 | 16.02 | 44120 | 334.94 | 28.27 | 109.72 |
| 2006 | 2874.42 | 17.45 | 51459 | 422.12 | 26.03 | 153.30 |
| 2007 | 3418.57 | 18.93 | 60774 | 564.99 | 33.85 | 200.11 |
| 2008 | 3946.52 | 15.44 | 69687 | 678.40 | 19.90 | 248.12 |
| 2009 | 4329.30 | 9.70 | 76012 | 680.13 | 0.26 | 164.89 |
| 2010 | 5125.80 | 18.40 | 77918 | 829.04 | 21.89 | 210.40 |

资料来源：浙江省统计年鉴、宁波市统计年鉴。

同时，宁波市形成了以国有、民营、合资、外资、港澳合资等五大所有制为主、共生共荣的经济结构。截至 2008 年年底，全市规模以上企业达到了 1.2 万家，工业经济持续保持大、中、小企业梯队成长。特别是专而精的中小制造企业众多，产品面广量大，140 多种产品制造规模居全国第一，许多产品在全球占有相当份额，有着产品研发和工业设计所需的深厚产业基础和独特的比较优势。宁波市合理的产业结构、实力雄厚的产业基础、发达的经济，都是宁波市创意产业发展不可或缺的土壤。宁波实力雄厚的经济基础，将为宁波创意企业的融资、采购、销售提供有力的支持，也一定会推动宁波创意产业的健康发展。

2. 民营资本丰富

宁波拥有众多的中小企业，这也将成为促进宁波创意产业发展的一个重要的因素。宁波市以民营经济为基础的经济结构调整、优化、提升，在很大程度上要依靠创意产业的发展。宁波市民营经济目前正处于由粗放型向集约型、由依附型向自主创新型加快转变提升的关键时期，民营企业寻求产业突破的内在冲动日趋强烈,必将促进民营资本成为宁波创意产业发展的主要驱动力。民营企业是创意产业的主要服务对象,它将会形成一个庞大的市场群。发达的民营经济为创意产业形成巨大的企业规模和市场规模奠定了基础。对于制造业领域的民营企业而言,其自身产品和经营发展已经到了品牌经营时代和附加值复合经营时代,需要新的产品开发模式和新的经营创造方式,这实际上也是宁波民营经济和传统制造业创新转型的方向。众多的民营企业不仅将成为创意产业的主体,加速创意产业的发展,同时也将成就创意产业的庞大市场。创意产业将会成为民营资本家的一个重要投资渠道,有利于民营资本在市场上快速流动,推动创意产业发展的同时,也将促进民营经济的转变和升级。

3. 区位优势及优良的基础设施

宁波市位于长江三角洲南翼,并为其重要的经济中心,区位优势明显,交通四通八达,在杭州湾大桥通车之后,与上海、杭州的交流更加密切,极大地促进了三地经济、文化和人员等的交流与合作。有利于宁波吸收和借鉴上海和杭州发展创意产业的经验,并发现其问题与不足,在发展本市的创意产业时,少走弯路,尽量不走弯路;同时,还可以吸纳优秀的创意产业人才来到宁波,为宁波的创意产业注入新鲜而有活力的血液,推动宁波创意产业向更高层次发展。同时,宁波众多创意产业园区的建设,为创意产业的发展提供了良好的基础设施和发展环境,使企业在浓郁的创意文化氛围中,不断地发展壮大。

4. 巨大的市场需求

创意产业既包括面向消费者的消费性服务业,也包括面向厂商的生产性服务业。一方面,随着宁波市经济水平的不断提高,人们对创意产品和创意文化的需求不断增多,消费意识和观念逐步发生转变,为创意产业的发展带来巨大潜力。市民文化水平的提高,也为创意产业发展提供了市场需求基础。另一方面,创意产业有相当一部分比重是为工业服务的第三产业,宁波制造业已经开始从单纯的加工制造进入复合运营和品牌创造阶段,创意设计、产品创造是不可或缺的助推器。宁波市传统制造业发达,企业众多,创意产业渗透面极大,市场十分广阔。就宁波市工业发展和制造业提升而言，创意产业的发展有利于区域经济竞争力的提高，有利于推动设计产业的发展，并在此基础上不断创新，产生更多的创造性品牌，最终实现传统制造业的更新和转型。

5. 社会文化优越

作为全国历史文化名城，宁波拥有浓厚的文化基础，具有鼓励创新、包容创意等优良的社会文化传统及高度开放的社会文化环境。近年来，更是通过开展服装节、动漫节、设计展及各种国际性的展览等活动，进行了充分的产业交流，并得到了海内外众多最新的创意理念的熏陶。宁波创意产业正在拥有更强大的包容性和创造性，创意产业正在日趋成熟和完善。

同时，宁波浓厚的文化底蕴更是培育出了一批又一批优秀的文化创意人才，并成为创意产业人才的成长沃土。宁波拥有多所高校，各大高校都为宁波培养出了众多高素质的人，为宁波输送了一批又一批创意人才。2009年，宁波高校在校人数达到135098人，这些毕业生为宁波创意产业的发展注入新的力量，成为宁波发展创意产业最扎实的基础平台。这也为营造优良创意环境、占领创意产业发展高端市场提供了强有力的支持。例如，创e慧谷坐落于宁波的大学科技园，周边聚集着宁波大学、浙江纺织服装职业技术学院和宁波工程学院等一批高等院校。充足的人才储备是创e慧谷的优势所在。

6. 强有力的政策保障

2009年7月22日，国务院通过了《文化产业振兴规划》，提出要加快发展文化创意、影视制作、出版发行、印刷复制、广告、演艺娱乐、文化会展、数字内容和动漫等重点文化产业，强调深化文化体制改革，降低准入门槛，积极吸收社会资本和外资进入政策允许的文化产业领域，参与国有文化企业股份制改造，形成以公有制为主体、多种所有制共同发展的文化产业格局，加大政府投入和税收、金融等政策支持，大力培养文化产业人才，完善法律体系，规范市场秩序，为文化产业发展提供强有力的保障。国家层面的重大产业规划将对宁波市创意产业形成巨大的政策支持和引导作用。

宁波市委、市政府在"十一五"时期针对宁波市发展提出了"中提升"发展战略规划。所谓"中提升"就是中心城区发展水平的提升，其核心在于提升中心城区的功能，其中经济功能的提升，一方面依赖传统制造业的产业升级，另一方面则要发展现代服务业。现代服务业中的创意产业在协调经济发展与环境资源保护上有独特优势，同时创意产业的集聚能够促进现代服务业的发展，完善服务门类，吸引高素质人才，塑造城市整体形象，凸显城市文化品位。

### 3.1.6 宁波创意产业发展的条件分析

发展创意产业需要怎样的条件？波特用不同国家产业成功的案例反复论证的“钻石理论”认为，产业的竞争有四个关键要素，即生产要素、需求条件、企业结构与同业竞争、相关产业与支持性产业，另外机会和政府两个要素属于辅助要素。其中，生产要素是指与生产方面有关的各种因素，可以分为初级生产要素包括自然资源、地理位置、简单劳动力、融资等和高级生产要素高级技术人才、科研等。初级生产要素在竞争中很容易失去竞争优势，而要保持生产要素竞争优势，必须创造高级生产要素。不利的生产要素反而可以激发创造出有利的生产要素。需求条件是指市场需求对产业发展的促进作用，一般国内市场的需求决定了产业发展的水平，如日本动漫的成就与日本人喜欢漫画有着直接的关系。企业结构与同业竞争则会使产业在区域或国际竞争中更具优势。相关产业与支持性产业则有助于产业链的拉伸以及产业集群的形成发展。系统中各要素相互作用而达到最利于一个国家或区域产业发展的状态。

波特认为产业的竞争优势来源于六个因素，也可以说六个因素是一个产业强大需要关注和发展的。针对一个国家的产业分析是如此，针对一个地区的某种产业发展分析亦是如此。因此，这里以此六个因素为基础来分析宁波发展创意产业所需具备的条件。

1. 生产要素

从初级生产要素来讲，宁波具有很好的优势，深厚的文化底蕴和丰富的文化资源是发展创意产业的基础。历史传说、文化古迹比比皆是，成为众多文化艺术、影视创作的生活来源。其次是地域优势，宁波处于经济发达的长三角区域，具备创意发展的先天优势。宁波的经济发展迅速，综合实力不断增强，具有发展新兴产业的经济基础。但就创意文化产业本身的发展来看，缺乏资金是现实情况。尤其缺乏把一个想法落实成一个创业计划的初始资金也就是天使投资。很多创意就永远只能是一个创意，无法变成产业。

宁波拥有众多文化研究机构，但宁波仍然缺乏创意产业专业人才，巨大的创意人才缺口以及人才结构性失调的问题严重制约创意产业的发展。缺人才就意味着缺技术和创意，因此，宁波创意产业的高级生产要素仍需加强。

2. 需求条件

宁波经济的发展和人民群众生活条件的改善，对创意产业的文化需求不断增强。这从宁波近年来文化艺术演出层出不穷、影视创作繁荣昌盛、会展会议接连不断的事实即可看到。而且宁波文化消费的主体多为高学历、高素质的群体，因此需求趋于挑剔，比如对音乐会、歌舞剧等高雅艺术有很高的兴趣，大型音乐会经常出现一票难求的场面。而对千篇一律的农家乐的兴趣锐减，大同小异的旅游模式已经使大家感受不到创意的乐趣。高层次的创意需求也为产业发展增加了动力，有利于实现宁波创意产业的跨越式发展。

3. 相关产业和支持产业

这是宁波创意产业链的薄弱环节。从创意的出现、开发到形成工业化产品以及销售、经营收入再到衍生产品的发展都需要很多上下产业的支持。而目前创意企业选择其他产业合作商时，要么是没有符合标准的，要么是盲目选择。比如工业设计在实现产业化的过程中经常面临没有真正能够实现产品创意的制造商，又如“蓝猫”动漫形象衍生品就需要很多制造企业的配合。蓝猫保健品的失败清楚地表明制造商的重要，如果再出现几个这样的问题，那么“蓝猫”形象必受重创。这些问题说明创意产业依然没有很好地融入城市的产业环境，还无法与其他产业形成很好的链接。

4. 企业战略、结构和竞争对手表现

企业是创意产业的主体，目前宁波的创意企业多为中小型企业，企业财富积累处于初期，急需资金和政策支持，但有很强的创新意识和研发能力,发展潜力巨大,市场前景良好。目前宁波创意企业的最大竞争对手是外国企业,激烈的竞争虽然给本土创意企业造成困扰,但同时也能使本土企业更好地与国际接轨。

5. 政府

发达国家的实践已经证明,政策对于文化产业的发展方向具有决定性作用。1998年韩国金大中总统提出"文化立国"并出台一系列政策,之后短短几年里,韩国创意产业迅猛发展,成为举世瞩目的文化产业强国。同年,英国首相布莱尔提出大力发展"创意产业",英国创意产业创造了诸多的就业机会。宁波市政府十分重视创意产业的发展,出台了一系列的政策和法规进行支持。但是,调查显示,行之有效的执行政策和体制还没有建立,很多措施尚未落实。另外,政府这只无形的手的作用未充分显现。意识不足,体制不顺、政策执行不力、基础设施建设不足、投融资体系不健全、法制环境尤其是知识产权保护体系还不完善,都是政府应该解决的问题。

6. 机遇

在波特的钻石理论中,"机遇"是产业竞争条件之一。他指出:"引发机会的事件很重要,因为它会打破原本的状态,提供新的竞争空间。这些新的事件使得原来的竞争者优势顿失,创造新的环境,凡是能取代旧势力、满足新需求的企业,就能获得现身的空间。"金融危机、金融市场汇率的波动、要素成本提高其实都是他提到的可以作为"机会"的情形,汇率波动和要素成本提高,已经使宁波"原来的竞争者优势顿失",而金融危机更是瞬间打破了宁波大多数企业旧有的经营模式。因此,只有变革创新,企业才能生存,才能发展,才能获得"现身的空间"。而宁波正是把握住这些"机会",使危机成为产业发展的契机。宁波面临经济结构转型,创意产业作为知识密集型产业自然成为扶植的主要产业。宁波良好的经济社会文化环境也为创意产业的发展提供了很好的机遇。宁波是外向型经济为主的城市,经济危机使国外市场极度萎缩,这对于宁波的出口加工制造业来讲无疑是一场灾难,宁波文化产业的出口加工企业也经历了一场优胜劣汰的角逐。文化产业中低端的文化产品制造业同样受到冲击,但是科技与文化结合紧密的高端创意产业却在危机中历练成长起来。一部分企业在危机中被自然淘汰,还有些企业则被迫转型升级,比如宁波动漫业,危机使国外订单减少,一些动漫企业不得不开始转向原创,而恰在此时,宁波市政府对动漫原创的优惠政策,对动漫原创起到了巨大的推动作用。在金融危机外部市场的推动和宁波市政府的拉动下,更多的宁波动漫走上了原创之路。

## 3.2 宁波创意产业发展的问题分析

### 3.2.1 创意企业规模较小,产业发展情况相对滞后

根据文化产业的规模经济理论,规模经济最核心的思想是在投入增加的同时,产出的增加比例超过投入增加的比例,单位产品的平均成本随产量的增加而降低,即规模收益递增;反之,产出增加的比例小于投入增加的比例,单位产品的平均成本随产量的增加而上升,即规模收益递减;如果投入与产出的比例保持不变,即规模收益不变。当规模收益递增时,才能称作规模经济。

规模经济与市场需求又有着密不可分的关系。任何产品的价值只有在市场上才能得到实现,即市场上对该种产品的需求,消费者愿花费金钱去购买该种商品,生产者才能从回收的资金中补偿成本并获得利润。所以,企业如想扩大规模,只有市场对该种商品存在较大需求的时候,规模经济才能够得以成立和实现。规模经济能否实现取决于产品的需求弹性,应该说规模经济与产品的需求弹性存在正相关关系,即产品的需求弹性越大,就越有可能从规模的扩张中获得规模经济效益;反之,产品的需求弹性越小,规模损失的可能性就越大。

宁波目前还没有实现规模经济,因为一些行业的投入过多,过于分散,单位的产量规模没有达到最低的经济规模,单位产品的成本过高,导致消费者的文化消费代价过大,消费者不愿花如此高的代价进行消费。同时,由于文化产品并没有跟上居民的文化消费需求,产业的发展水平较低,消费者消费的兴趣不大,又使得创意产业的规模不能很好地扩大。

据调查显示,我国注册资本在50万元以下的创意产业占94.34%,5000万元以上的企业仅占0.01%,注册资金在1亿元以上仅仅只有3家。

这表明我国的创意企业的发展规模普遍较小，创新能力不强。在这一环境下，宁波市创意企业的规模同样也相对偏小。在宁波有很多只有1～2名设计师所组成的小型的设计公司，这些公司主要只停留在造型设计的层次上，很难满足顾客的相关结构工程、生产制造上的服务。这一现象又使得像这样的小设计公司很难扩大规模，设计产品低端化，主要以跑量、薄利多销生存。

宁波的创意产业还属于兴起阶段，相对宁波的经济发展和创意需求来说，同样存在很大的差距。与创意产业发展较成熟的北京市来说，还有很大的差距，北京市创意产业的发展思路、发展经验都很值得宁波学习和借鉴。

### 3.2.2 产业链不完整、链化程度不高

产业发展的核心是形成产业链。产业聚集的目的就是把产业前期的研究开发、中期的生产制造、后期的市场营销及衍生产品的开发汇聚在一个比较集中的区域，打造完整的产业链条，发挥产业聚集效应，使整个行业都处于一个良性发展的轨道。创意产业对产业链有着很高的要求，创意产业园区在从形态制造到业态制造转型的过程中，需要升级提高，即从原先简单的粗放型的单纯招商、招租来获取利润的做法向在集聚区内形成产业链及实现技术、资金、市场客户、劳动力及信息资源共享的具备产业运行业态的集聚区过渡。

一方面，企业同构、过度竞争现象比较突出，上规模、跨行业、有较强带动力的龙头企业缺乏，具有影响力的文化创意品牌稀少，产业的组织化程度还比较低；另一方面，创意产业各部门之间以及创意产业与其他产业之间的协同联动效应还比较薄弱，产业链没能有效整合和延伸，创意产品的市场增值能力还不强。宁波创意产业因为规模普遍较小，所以存在产业链不完整、整合不力的问题，同质的产品进行价格战，优秀的企业反而就会被淘汰。企业间在开发、生产和营销等环节上缺乏密切的协同和合作，企业自身的产品和服务难以融入到客户企业的价值链运行当中，产品的有效差异性小，提高产业链的整体竞争能力差，所以就难有较高效益，企业的竞争力也就明显不足了。以新兴动漫产业的发展为例，这个领域的产业发展尚处于起步阶段，宁波还没有完全摆脱“漫画→读者”、“动画→投资”、“厂商

→购买少部分动漫形象→消费者”单项赢利模式,“衍生产品制造商→漫画→衍生产品制造商互动开发→动画制作→衍生产品→消费者”的产业链没有形成无缝对接。在创意产业园区内,不仅基础性相关产业与创意产业的关联性不强,而且创意产业内部各个具体产业之间关联性也不够,大小企业之间竞合关系没有真正建立。园区内地理上的靠近只是打造了一个集聚基础,并没有使创意产业集群产生规模效应。

从纵向看,尽管宁波创意产业增加值由2004年的73.85亿元增至2009年的133亿元,五年间增长80.1%,而占地区GDP的比重尚不足4%,说明宁波创意产业虽发展迅猛,但整体规模仍偏小,对拉动GDP增长的贡献有限;从横向看,无论是创意产业增加值还是其占GDP的比重,宁波与北京、上海、深圳等先进城市相比均存在很大差距。以2009年为例,创意产业增加值指标,北京1346.4亿元、杭州579.86亿元、深圳531.3亿元,而宁波只有133亿元,仅及上述三个城市平均值的八分之一;产业增加值占GDP比重指标,北京12.6%、上海7.7%、深圳6.48%,而宁波仅为3.16%,这也说明宁波创意产业具有很大的发展潜力。

### 3.2.3 创意企业之间存在恶性竞争

正如中国很多制造业之间面临的严峻竞争,宁波市的创意企业之间也存在着激烈的竞争,甚至可以说是恶性竞争。例如,在工业设计产业,由于工业设计本身的产值就小,许多企业刚刚起步或处在生存的边缘,而各公司又很少有信息的交流,创意产品的质量都比较低,企业之间就经常陷于恶性的价格战中。疲惫的价格战使得创意企业的发展潜力受到了影响,这反而给外地的设计创意企业提供了进入宁波市场的机会。宁波的创意企业之间的竞争在一定程度上又被加剧了。

这一现象主要存在于起步阶段的创意企业之间,公司的规模都比较小,效益并不高,各企业之间缺乏交流,这都是由于创意产业的市场不够规范所引起的。而政府有关的扶植政策,又使一些本该被淘汰的创意企业继续留在市场上,导致恶性竞争更加恶长,不利于较有实力的企业发展。

### 3.2.4 企业对创意产业的重视程度不够

虽然宁波市委、市政府提出建设“文化大市”的战略决策,但是仍然有很大一部分的人、一部分的企业并没有实际行动，这一战略在一定程度上只停留在表面上，并没有得到宁波市部分企业和人员的重视。这部分人和企业在不同程度上、不同层面上仍然存在“重其他产业轻文化产业”或者“重商轻文”等观念。

对于企业来说，宁波市超过二分之一的企业主要依靠模仿和改进产品来进行销售，而拥有产品自主开发能力的企业还不到四分之一。大量的产品都是靠通过贴牌来进行销售，企业也在贴牌生产中逐渐丧失设计能力，并进入了“引进—模仿—生产—再引进—再模仿”的怪圈中。同时创意产业本身的效益回收时间长的特点，企业要承担较大的风险，这也是一些企业不敢轻易投入资金、人员与时间的原因，导致创意产业的发展受到了阻碍。根据《宁波市工业设计状况与需求的调研分析报告》显示，在被调查的70多家企业中，年均投入在工业设计的资金在50万～100万之间的有17家，投资在10万～50万元之间的有22家，而在10万元以下的企业超过了30家。这些不够重视创意产业的企业家，对自己产品的创意成分要求不高、投入不多，不愿冒太大的风险，这也是宁波创意产业不能够得到突出发展，其他相关行业没有特别发展的原因之一。

### 3.2.5 创意产业存在体制性障碍

首先，创意产业在宁波还是一个幼稚产业，需要政府的积极引导和政策的强力扶持，需要社会形成合力。但现有的管理体制条块分割、多头管理、职能不清、缺乏统一协调，区域整合能力不强，政府对创意产业领域的管理通常被分割到文化局、广电局、旅游局、体育局、工商行政管理局、税务局等管理部门中，管理分散，行政效率不高，没有形成全面系统的文化产业发展的产业政策体系，在一定程度上不能对创意产业这个在宁波新兴的产业以合理的管理和控制，使政府管制陷入了困境。

其次，我国正处在计划经济向市场经济过渡的时期，现有的文化管理体制仍带有计划经济的痕迹，计划经济的阴影一直笼罩着创意产业，使得创意产业的发挥受到限制，背离了市场经济原则和运行规律。加之，政府行政手段具有具体性、直接性的特征，所以它在政府的宏观调控中应该使用作用较小、运用较少的手段。但是我国却恰恰相反，对创意产业的管理过多地采用了行政手段，这种行为忽视了市场机制、价值规律及法律手段在文化产业发展中的作用，造成文化企业的持续低效率、低效益以及资金和人才的极度浪费。虽然，宁波市政府对创意产业的发展十分强调，但是没有有效的管理，使得宁波创意产业和创意产业市场稍显混乱，企业很难得到有针对性的指导和有特色方向的发展。

最后，由于创意产业内商业诚信缺失和市场秩序混乱，出现了各种知识产权的侵权形式，如电脑软件与互动休闲娱乐、电影电视、音乐行业中遭受侵权最多的“盗版与非法下载”，时尚设计企业为“商标侵权”，手工艺行业中的“专利侵权”，广告、建筑设计行业中则存在严重的“剽窃、抄袭”和“强占作品”现象等，造成了盗版猖獗、创造自主知识产权的热情下降等一系列恶果，使我国创意产业的发展严重受挫。知识产权保护不力已经成为制约创意产业发展的一个重要因素。

### 3.2.6 缺乏专业人才

专业人才的缺乏是中国创意产业的一个通病。宁波当前创意产业的发展不仅需要富有创新精神，具有激情和活力的专业的创作人才，同时也需要既通晓创意产业又擅长经营管理的管理人才。一个创意企业只有拥有了这两种人才，才会使企业拥有长远的战略眼光和规划能力，才能具备合理规划和使用资源的能力，才能让企业拥有投资和风险管理的意识，使企业能够更好地取得经济效益，使企业朝着规模化方向发展，同时壮大宁波的创意产业规模。

从发达国家发展创意产业的经验来看，其创意产业的发展无不受到创意人才培养的巨大影响。仅以游戏产业为例，到 2003 年，美国设有游戏专业的大学就有 540 所，日本有 200 所，韩国有 288 所大学或学院设有游戏专业，其中政府赞助的大学及研究院的游戏专业就有 106 个。韩国高速发展的创意产业拯救了 1999—2000 年在韩国发生的金融危机，这与重视创意人才的培养是密不可分的。按照国家统计局《文化及相关产业分类》的口径，2006 年宁波市创意产业从业人员 22.7 万人，占全市从业人员的 5.3%，远远低于世界有名的创意之都水平。根据相关数据，“核心层”、“外围层”和“相关层”从业人员之比看，宁波与全国的平均水平相比，核心层从业人员比例远远低于全国平均水平。这也说明了宁波创意产业发展的不成熟及人才的极度缺乏。与北京、上海、深圳等国内创意产业领先城市相比，宁波创意人才匮乏现象较为突出，不仅创意人才总量偏小，在层次和结构上差距更是十分明显，尤其缺乏国际知名的设计师、艺术家等高端人才、数字与艺术的复合人才以及擅长经营管理的商业化运作人才。以工业设计为例，统计资料显示，上海涉及工业设计的企业达 4000 多家，专门的工业设计公司有上百家。而宁波方太、先锋、卓力、华裕等一批优质企业，每家企业仅有 3～6 名设计师，更多的设计项目委托外部设计企业完成。宁波本地工业设计企业也仅 10 余家，工业设计师队伍不超过 1000 人，导致宁波每年至少有 60 亿元左右的设计需求外流到上海、杭州等地。

另外，创意人才的匮乏也会间接导致国际上的文化渗透。由于缺少具有竞争力的原创作品，国外的作品充斥着人们的头脑，长此以往，会造成本土文化资源的浪费以及文化资源信息的流失，这极大地阻碍了创意产业这个新兴产业的全面快速发展。

虽然宁波也有众多高校，一些高校也设置了相关专业，但是培养一个高端创意人才需要很长的时间，创意类学科教师队伍缺乏高级从业经验，所以导致很多学生在学校里根本没有办法学到能应用到创意领域所具备的知识，同时各种培训机构鱼目混珠，往往看中短期效应，而忽视了高端人才的培养。

同时，专业设置与社会需求衔接不够使得创意设计人才、市场推广人才、产品商业运作人才十分稀缺，具备创新能力的复合型专业人才更为匮乏。根据教育部规定，高等院校是培养宽口径、重基础的动画艺术高级人才；而企业需要能够快速上手的生产适用型人员。企业普遍反映，不管是专科生、还是本科生、研究生，都要经过几个月的实际培训才能进行生产制作。教学中理论与实践的脱节也成为创意产业人才不足的一大原因。

### 3.2.7 创意园区建设与发展问题

在宁波市政府的鼓励和支持下，宁波市创意产业园区如雨后春笋般拔地而起，但同时重复建设、资源浪费等问题也在不断显现，出现了“泡沫化”现象。虽然，创意园区的建设为创意产业的发展提供了良好的发展空间，但由于在建设中不顾自身的特点，没有结合本地基础环境、资源情况，盲目地发展，造成了一些创意园区缺乏自身特色。这样不仅不能有效地促进创意产业的发展，更有可能会不利于创意产业的发展壮大。

在园区建设当中，主要存在创意产业集聚区建设缺乏特色、管理体制不顺、政府主导倾向严重、筛选准入机制不规范、聚集区内企业网络化联系缺乏、协同效应不明显等问题。这些问题的出现，首先，由于许多创意产业园区在建设前没有经过科学论证，未结合宁波地区的基本环境、人才等要素，不能很好地展现和发挥地区特点；其次，创意园区管理部门比较混乱，政府在规划建设创意产业园区时缺乏明确的定位，在招商中缺乏限制筛选，导致一些不具备集聚产业特色的企业为了获得政策上的优惠和支持而进驻园区；再次，由于园区内部管理水平较低，集聚区内文化创意企业各自为政，企业间的交流较少，出现了恶性竞争的现象。这些都是导致创意园区产生一系列问题的原因。

### 3.2.8 公共服务平台有待完善

从宁波创意产业的发展环境来看，还没有建立起比较完善的公共服务平台。虽然宁波已经建立了创意产业协会，但是并没有发挥其真正的作用，并没有给宁波创意企业带来较实际的帮助，服务平台有待建立并完善。宁波创意产业中中小企业居多，虽然他们有一定的发展潜力和技术基础，但是企业规模都很小，各种资源并不丰富，这就需要社会加以关注，需要激励，需要扶持，在资金、人才等方面提供支持。创意产业的市场也需要培育，所以需要社会的大力支持。

# 4 宁波创意产业运行效果的评价研究

## 4.1 国内外创意指数的比较研究

### 4.1.1 创意指数的内涵

在经济学和统计分析中，指数是一种表明社会经济现象变动程度的动态相对数，主要用于测定不能直接相加或不能直接对比的社会经济现象的综合变动程度，分析社会经济现象变动中各种因素变动的影响程度，研究社会经济现象变化发展的趋势。

知识经济和全球创意经济的发展需要新的经济评价指标，以综合衡量国家或地区创意经济对整个国民经济的影响。传统的衡量经济环境和发展的工具，如国民生产总值、年经济增长、外汇储备、失业率等已不能揭示目前创意经济发展所依赖的驱动力——知识、信息和创意等无形资产。在此背景下，许多学者致力于分析创意经济的内涵及运行机制，创意经济的要素构成和决定创意竞争力的因素等，研究建立一套适合国情的、综合性和可比性的创意城市评价指标体系，更好地评估各城市及地区的创意经济发展水平，推进创意经济的发展。

而创意指数是衡量创意产业竞争力的一种指数，用以度量一个国家、区域或城市创意产业的发展状况和决定创意产业增长的各种影响因素，评估创意产业的竞争力水平，并用于比较与邻近国家、区域或城市的文化创意活力。相比单纯的指数，利用创意指数可提供创意产业正确、科学的发展导向，突出创意产业的整合性和独特性特征，以动态发展视角和可测量、可量化比较的操作特征对一个国家、区域或城市的创意水平进行科学评估。

目前较成熟的创意指数有：联合国社会发展研究所和教科文组织的《针对文化和发展的全球性报告：建立文化数据和指数》(1997年)；贝克(Baeker)的《地区文化发展的衡量和指数》(2002年)；理查德·佛罗里达(Richard Florida)的《创意阶层的崛起》(The Rise of the Creative Class)及他与艾琳·泰内格莉(Irene Tinagli)合著的《创意时代的欧洲》(European the Creative Age)等。其中，理查德·佛罗里达(Richard Florida)和泰内格莉(Irene Tinagli)构建的"欧洲创意指数"(ECI)被国际尤其是亚洲国家普遍接受。香港和上海也推出了各自的创意指数，成为亚洲和国内的首创。

### 4.1.2 国外对创意指数的研究

1. 理查德·佛罗里达的"3Ts"评价指数

2003年，美国卡耐基大学教授、经济学家理查德·佛罗里达对美国的城市进行了创意评估与排名的研究，提出了美国创意评估体系的架构，即所谓的"3Ts"理论，以此来反映美国城市的创新能力。3Ts模型对经济发展的评估是通过一整套指数具体实现的，这些指数反映了高科技产业和创意阶层在地区的相对集中度，体现了地区的开放性和多样性。具体内容如下：

第一，技术指数包含了创新指数和高科技指数两项。创新指数选择了人均申请专利数作为衡量的标准；而高科技指数对地区与高科技相关产业的规模和集中度进行衡量，如软件业、电子业、生物医学产品和工程服务。

第二，人才指数是参照一个地区拥有学士以上学历人数占总人口的百分比来反映创意产业人力资源情况，包括从事与创意产业相关工作的人口数量。

第三，包容性指数是根据综合多样化指数，并参照同性恋指数、波希米亚指数和人口混杂指数而提出的。同性恋指数(Gay Index)是通过同性恋人口作为间接反映一个地区的开放性和包容性的依据；波希米亚指数(Bohemia Index)是指从事艺术创作的相对人口，作为该地区艺术财富创造者规模的直接依据；人口混杂指数是统计一个地区内外来人口的比重，反映了该地区对外来人员及移民的开放度。

佛罗里达运用"3Ts"理论，依据平权原则，对美国的城市进行了评估与排名的研究，前四名分别是旧金山、奥斯丁、圣地亚哥和波士顿。在研究中，他揭示了创意经济的崛起和创意阶层(Creative Class)的变化使1950—2000年美国社会发生的转型，指出一些地区创意阶层区域性集中的现象。他认为，创意阶层可能成为经济优胜者，促进高端就业和经济增长，从而进一步增强区域竞争优势。研究表明，在美国有创造力的人喜欢住在技术(Technology)、人的才能(Talent)和包容性(Tolerance)三个指标排名很高的城市。

2. 欧洲创意指数和全球创意指数

2004年，Florida与Irene Tinagli合作，将3Ts框架应用于欧洲，在《创意时代的欧洲》一书中对欧洲14个国家的创意经济发展要素与美国的情况做了比较，最后Florida在报告中对3Ts指标体系进行修订，建立了欧洲创意指数(European Creativity Index，简称ECI)，包括欧洲人才指数、欧洲技术指数、欧洲宽容度指数，其中欧洲宽容度指数的衡量基于Michgan大学的Ronald Inglehart组织的"世界价值调查(World Values Survey)"(1995—1998年，65个国家的数据)的价值观和态度的结果。在欧洲创意指数的研究基础上，Florida和Tinagli又建立了全球创意指数(GlobalCreativityIndex，简称GCI)，包括人才指数、技术指数和宽容度指数。该指数体系测算了45个国家包括绝大多数欧洲国家、经合组织成员国、主要的亚洲国家如中国及印度的创意指数。欧洲创意指数和全球创意指数共同点在于都是基于Florida的3Ts构建的指数。这两个指数都包括欧洲人才指数、欧洲科技指数和欧洲包容指数三部分。如表4-1所示。

表 4-1 欧洲/全球创意指数

| 一级指标 | 二级指标 | 衡量依据 |
| --- | --- | --- |
| 欧洲人才指数 | 创意阶层指数 | 创意产业从业人数占整个从业人数的百分比 |
| | 人力资本指数 | 25～64 岁人群中拥有学士或者以上学位的人数比例 |
| | 科技人才指数 | 每千名工人所拥有的从事研究性工作的科学家与工程师的数量 |
| 欧洲技术指数 | 创新指数 | 每百万人拥有的专利申请量 |
| | 高科技创新指数 | 每百万人拥有的在生物技术、信息技术、制药及航空等高科技领域的专利数 |
| | 研发指数 | 研发支出占 GDP 比重 |
| 欧洲宽容指数 | 态度指数 | 对少数族群持包容态度的人数占总人数的比例 |
| | 价值指数 | 一个国家将传统视为反现代或世俗价值观的程度(问卷调查,包括对上帝、宗教、民族、权威、家庭、妇女权利、离婚、堕胎等的态度) |
| | 自我表达指数 | 一个民族对个人权利和自我表达程度的重视程度(问卷调查,包括对自我表达、生活质量、民主、科技、休闲、环境、信任、政治异议、移民、同性恋等的态度) |

资料来源:Richard Florida,Irene Tinagli,2001。

Florida 和 Tinagli 通过比较美国与 14 个欧洲国家的创意关系,得出结论:瑞典是最有创意的国家,美国第二。欧洲创意指数的评估是在美国创意城市研究的基础上进行的,尽管采取的指标不尽相同,但得出的结论却是一致的,即一个国家的竞争力取决于其吸引、保留和发展创意人才的能力。

作为一项开创性的工程,欧洲创意指数无疑对研究创意生产力、经济增长和国家竞争力之间的动态关系贡献巨大,对全球创意比较研究也有着指导作用和深远意义。但不容置疑的是,"欧洲创意指数"的指标体系在中国的运用存在适用性的问题,因为"欧洲创意指数"是建立在美国创意产业发展背景之下,美国的创意产业主要是依托其高度发达的版权产业,这与我国规定以及各地正在实践的创意产业内涵有着显著的差异;其次,有些二级指标等细化指标明显不适合我国的国情,如衡量"包容性(Tolerance)"的"综合多样性指数",就选择了同性恋指数,这在目前的中国是无法被接受的。

3. Charles Landry《创意城市》中的创意指标

Landry 可以说是当代"创意城市"研究的代表性人物，其代表性著作《创意城市：都市创新的工具书》一书是关于创意城市理论研究的权威著作之一。Landry(2000)认为，创意城市的基础是建立在下列七大因素上：(1)人员品质；(2)意志与领导素质；(3)人力的多样性与各种人才的发展机会；(4)组织文化；(5)地方认同；(6)都市空间与设施；(7) 网络动力关系。他提出了城市活力与生命力两个重要概念。城市活力是城市天然的力量和源泉；生命力指的是长期的自足、永续性、适应能力和自我再生。

他认为创意城市的活力与生命力，可以根据九项指标来进行评估：关键大众、多样性、接触性、安全和保障、身份认同与差异、革新、联盟和综效、竞争力和组织能力，在此研究基础上，他提出了城市创新资源构成矩阵。它由硬件和软件两大类组成，并且每一类，他都采用客观指标或者主观描述的方法来介绍。

### 4.1.3 国内对创意指数的研究

1. 香港创意指数研究

2004 年，香港特区政府委托香港大学文化政策研究中心为香港创意指数设计框架，用以评估香港的创意产业竞争力，并比较香港与邻近区域如珠江三角洲和亚洲主要城市的创意活力，有关成果于 2005 年以《香港创意指数研究》为题发表。香港创意指数被称为"5C 模型"，"5C"代表 5 种要素，即创意的成果、结构制度资本、人力资本、社会资本和文化资本。其中，后四种资本形式是创意增长的决定因素，它们相互作用的累积效应则表现为"创意的成果"。该模型具体内容如下：

(1)创意的成果指数：创意产出不仅仅是以业绩指标(如 GDP 增值、贸易额等)来衡量的经济效益，还在老百姓之间产生了可以彼此分享和传达的创意成果。创意成果有"经济贡献"、"经济领域的创意活动"和"非经济收益"等指标。在该框架中所选择的指标涵盖了以下广泛的领域：一是创意产业的经济贡献；二是创意产业的就业人数规模；三是创意产业的交易额；四是中小型企业的企业精神；五是电子商务的经济贡献；六是商业领域的创造能力；七是与专利申请相关的创新活动；八是创意部门和文化艺术领域的创新活动（非经济指标）。

（2）结构或制度资本指数：结构或制度资本指数是指社会从事创意活动所需的基础设施和制度条件，它不仅为创意活动提供背景条件，也决定着其他资本形式的使用和分配环境。该指数界定了六种社会条件，即“法律制度”、“言论自由”、“国际上对于文化发展的投入”、“信息和交流技术的基础建设”、“社会和文化基础架构”和“企业精神和金融结构”。

（3）人力资本指数：把文化发展和研究支出、发展和研究人员数量以及高学历人口数量作为表现社区创意投资和人力资本发展程度的重要指标。此外，指数还另外增加了一些指标以反映“人力资本”的多个层面。其中之一是参加“终生学习”的工作人口的数量。这个指标给我们提供了全新的尺度来衡量工作人口为持续发展技能所进行的投资，同时还设置了一系列关于人口流动的指标，人力资本的流动性就是其中的一个方面。较高的人口流动性会促进文化交流、技能和知识的传播以及新概念的普及，有助于涌出更多更好的创意成果。

（4）社会资本指数：社会资本是指包含特定地方人群的社会网络。香港创意指数通过社会网络和社会参与形式等方面来衡量香港人的价值和规范，尤其收集、建立了以下几方面的数据和指数：一是概括性信任（Generalized Trust）；二是制度性信任（Institutional Trust）；三是互惠意识；四是功效意识；五是合作；六是对少数民族的态度；七是对新观念的支持度；八是自我表达；九是社会活动的参与度，包括志愿者工作、参与社会活动的障碍、俱乐部和组织成员以及社会人际接触强度等。这些结果不仅对建立具有香港特色的宽容指数有帮助，而且能够反映香港和国际竞争对手之间的情况。

（5）文化资本指数：香港创意指数的研究也利用了“文化资本”来反映更为具体的创意活动、日常文化以及艺术和创意的具体特点。该指数首先通过衡量文化领域中的公共支出和企业捐赠来检测公共部门、企业支持艺术和文化发展的资源；其次，因为目前尚无法掌握个人可处置的艺术和文化收入的情况，香港创意指数使用“家庭在选定的文化产品和服务领域的支出”作为替代品，来反映社区在艺术和文化上的投资；而对于文化规范和价值的衡量很大程度上取决于人们对于创意的态度以及对艺术、艺术教育和人权保护方面的重视程度。

香港创意指数不仅涵盖整个产业链以评估创意产业的经济贡献度，而且摒弃将创意产业视为一般产业的传统观念，设置了如法律制度、社会价值与规范、文化参与等一系列关乎社会基础与公众利益的指标，为其他国家或地区尤其亚洲创意产业的测评提供了一个较为科学全面的参考体系。

2. 上海创意指数研究

上海市创意经济中心于2006年7月，借鉴美国、欧洲及香港创意指数的成功经验和创意产业发展的特点，根据《上海创意产业发展重点指南》确定的创意产业内涵与分类，利用《上海统计年鉴》中的统计资料在中国内地首次建立了城市创意指数。其特点表现为三个方面：一是在指数框架结构上借鉴香港创意指数框架结构的核心理念，采用了类似香港5C创意指数模型的结构，使上海创意指数更具有国际化的价值。二是在统计指标上选取了影响上海创意产业发展因素作为评价指标。三是数据来源上取自政府统计部门，确保了数据的正确性，从而保证了上海创意指数的权威性和可靠性。上海创意指数不仅可以准确地动态反映上海创意产业发展的进程和不足，也能较好地实现上海创意指数与香港创意指数的比较。

上海创意指数的框架包含五个部分：一是产业规模。包括创意产业的增加值占全市的增加值的百分比和人均GDP两个指标。二是科技研发。共有6项指标，主要有研究与发展经费支出占GDP比重、每10万人发明专利数、每10万人专利申请量等。三是文化环境。包括9项指标，分别有公共图书馆每百万人拥有数、人均报纸数量、人均期刊数量、举办国际会展项目数量等。四是人力资源。由七项指标组成，有高等教育毛入学率、人均高等学校在学、因私入境人数、外省市来沪旅游人数等。五是社会环境。由全社会劳动生产率、社会安全指数、每千人国际互联网用户、宽带接入用户数等九项指标组成。

上海创意指数的各项权重由如下方法决定：对影响上海创意产业发展的五大因素，即产业规模、科技研发、文化环境、人力资源和社会环境，根据各个因素的重要程度，分别规定了相应的权重，结果产业规模指数为30%，科技研发指数为20%，文化环境指数为20%，人力资源指数为15%，社会环境指数为15%。对每项因素中所包括的多个具体指标，按照具体指标的个数平均分配权重。

3. 北京文化创意指数

北京市统计局、国家统计局北京调查总队于2006年研究制定了《北京市创意产业分类标准》,在此基础上研究建立了北京创意产业统计指标体系和北京文化创意指数,分别由文化创意贡献指数、文化创意成果指数、文化创意环境指数、文化创意投入指数、文化创意人才指数五个部分构成。

文化创意贡献指数反映创意产业的经济社会贡献和发展规模。2005—2007年,创意产业实现增加值占全市GDP的比重均达到10%以上,创意产业已发展成为北京市经济的重要支柱;从社会贡献来看,创意产业从业人员占全市从业人员的比重由2004年8.8%提高到2007年的10.9%。创意产业不仅是首都经济增长的亮点,而且是社会发展的重要引擎。

文化创意成果指数反映北京市取得的科技成果和文化创意成果,主要体现城市的创新能力。

文化创意环境指数反映产业发展的文化环境和社会环境。2005—2007年文化创意环境指数稳步提高,主要反映在信息化建设速度加快,网络基础设施升级,网民占全市人口的比重由2004年的26.9%增加到2007年的45.1%。文化服务环境进一步优化,市民在文化消费、文化体验方面参与度提高。

文化创意投入指数反映企业研发投入和政府在科学、教育方面的投入情况。2007年,北京文化创意投入指数比2005年提高了1.4倍,在五大类指数中增幅最高,北京市创意产业具有明显的政府驱动型特征。

文化创意人才指数反映从事创意产业的大学及以上学历、中高级技术职称人员和科研人才拥有情况以及高等教育中文化创意人才培养情况。

### 4.1.4 典型创意指数的特点分析

目前较成熟的3Ts指数、欧洲创意指数、香港创意指数、上海创意指数四大代表性创意指数应用于城市、区域和国家三个层面,在其体系结构上有着明显的“传承与创新并举”的特点。

1. 城市层面:上海创意指数

上海创意指数以香港创意指数为主要原型,只是在具体的"5C"要素表述上略有不同。第一,在总体系框架不变的情况下,对个别要素进行适当调整,如将"结构制度"归入"社会环境"要素中,把"科技研发"作为一项单独要素,以凸显创新能力考量的重要性。第二,在指标选取方面,尽量设置能充分反映上海特点的具体指标,如增设市级以上企业技术中心数、举办国际展览会项目等。

值得一提的是,上海能够适用香港创意指数的体系框架,根本原因在于两者的同根性,即拥有相同的中国传统文化。而这也正是香港创意指数建立的基于亚洲视角的创意产业思维的价值体现,可为我国或亚洲其他城市创意产业发展绩效的评估提供指导和借鉴。

2. 区域层面:香港创意指数

由于香港与欧美文化的差异,香港创意指数无法直接照搬 3Ts 与欧洲创意指数,在汲取两者精华(如创意阶层数量、人力资本以及研发支出等指标)的基础上,参考众多具有国际前沿性创意标准的衡量基准,如城市竞争力指数,又综合香港特区产业、经济、科技、教育等多方面实际,创造性地融入了本土特色,最终改良形成自己的"5C 模型"。

3. 国家层面:3Ts 创意指数与欧洲创意指数

源于相似的文化背景,欧洲创意指数基本沿用 3Ts 创意指数的体系框架,且秉承共同的研究宗旨,即一个国家的竞争力关键在于其吸引、保留和发展创意人才的能力。但欧美在经济与社会环境方面毕竟存在着现实差异以及相关数据统计口径的不一致,欧洲创意指数在具体指标内容上发生了较大的变化,突出表现为把人们对新事物、新概念的态度、价值观等"软性"指标囊括进来。

### 4.1.5 典型创意指数的综合比较

通过对上述几大典型创意指数的内容及测评方法的进一步研究,表4-2从一级指标构成、一级指标权重和数据标准化三个方面对几大典型创意指数进行了比较,并发现具有以下四方面特性。

1. 从指标选取看,各有所长又各显局限性

通过对典型创意指数的一级指标的归纳,不难发现,创意产业的发展离不开人才、技术和文化,而这三要素就是 Florida 的 3Ts 理论的构成。

无论是 3Ts 指数、欧洲和香港创意指数,还是上海和北京创意指数,都不同程度地体现了研制者对创意产业"核心价值"的不同理解。比较而言,3Ts 和欧洲创意指数更重视"人的因素",其指标建构的用意在于利用数据去呈现一地区是否具备良好的环境氛围以促进创意阶级的成长;香港创意指数更强调"产业本身及资本因素",从各个不同层面阐释其"5C"组成要素,以分别反映出不同资本形式和创意产量的现状与动态变化;上海创意指数更关注城市的"产业规模和环境因素",认为创造力不断随产业规模、科技研发、文化环境、人力资源以及社会环境的价值、观念、习惯和架构演变,并被规范。

**表 4-2 典型创意指数比较**

| | 基于 3Ts 理论的创意指数(包括 3Ts 指数、欧洲创意指数、全球创意指数) | 香港创意指数 | 上海城市创意指数 | 北京文化创意指数 |
|---|---|---|---|---|
| 一级指标构成 | 技术<br>人才<br>宽容度 | 人才<br>文化<br>社会<br>制度<br>创意资本 | 产业规模<br>科技研发<br>文化环境<br>人力资源<br>社会环境 | 贡献<br>成果<br>环境<br>投入<br>人才 |
| 一级指标权重 | 等权重 | 等权重 | 非等权重 | 非等权重 |
| 数据标准化 | 线性转换一级:0～1;二级:0～15 | 规范化方法 | 具体量纲,以 2004 年为基准,纵向比较 | 具体量纲,以 2004 年为基准,纵向比较 |

资料来源:陈颖、龚雪、高长春:《全球创意指数的比较与分析》,《软科学》2010 年第 12 期。

相对优点,各创意指数同时存在不足。3Ts 指数和欧洲创意指数研究的样本是以欧美发达国家或地区为基础的,而这些国家大都已经完成工业化,城市化水平和现代化水平大都比发展中国家水平高,如果生搬硬套这些标准和指数,不但从统计数据可获取性来看比较困难,而且并不能够真

实反映发展中国家的经济社会发展阶段和实际情况。

Florida 对城市生活多样性的认识具有局限性。在构成多样性指标时，Florida 用了同性恋人口比例，波西米亚比例，和外国出生的人口比例。这其中，他特别强调了同性恋人口比例。同性恋人口比例的偏高，是有些城市对不同的性倾向人群给予接受，对外来者持宽容态度的标志。但是，Florida 自己也承认，这样计算出来的多样性排除了其他一些弱势团体，比如说贫困的黑人人口。在多样性指标居上位的城市，几乎都是黑人人口较少的城市。由此来看，Florida 的所谓的地区的多样性是新自由主义的多样性。

“香港创意指数”尽管设置了创意供给、需求、分配等各环节指标，但相互之间却缺乏有效衔接与有机联动因缺乏本地数据，现有的结构制度资本指数中没有包含知识产权的量度指标，不利于长远谋划，少数指标难以量化，可操作性不强。

“上海创意指数”以定量指标为主，缺少描述性的定性指标，难以表现创意产业或其产品的非量化特征没有充分调动“人的因素”，缺少对创意产业从业人员的量度社会环境指数的相关指标偏向“硬性”，关于态度、价值观方面的“软性”考量几乎没有。

2. 从指标权重看，各有不同

从现有的文献资料掌握情况来看，目前国内外计算创意指数的通用方法是权值法。一般来说，一级指标是根据各因素对创意产业影响的重要程度分别赋予不同的权重，而二级指标则普遍采用平均分配法，除欧洲创意指数外。具体来说，3Ts 指数、欧洲创意指数和香港创意指数采用了等权重的方式进行计算，而上海城市创意指数和北京文化创意指数对一级指标采取非等权重的方式分配比例。相关资料显示，北京文化创意指数中一级指标权重的确定采取国际通用的德尔菲法，由有关专家共同研究确定，具体数值未知。上海城市创意指数中则明确产业规模指数占 30%，科技研发指数占 20%，文化环境指数占 20%，人力资源指数占 15%，社会环境指数占 15%。尽管这些创意指数在计算过程中都采用了主观赋权法，但相对而言，上海城市创意指数和北京文化创意指数更明确了一级指标的重要性差异。

3. 从比较角度看，静动态考量差异

欧洲创意指数立足静态评比，如果放到一定的时间段内看各个指数的增长情况，即透过专利数、研发支出、创意阶层等的增长率，得出“欧洲创意趋势指数”。通过“欧洲创意指数”与“欧洲创意趋势指数”对比，可进一步得到欧洲各国创意发展的未来趋势图。

与欧洲创意指数的静态比较不同，“香港创意指数”将年创意指数的参考值设为100，1999—2004的数据用作标示局部或整体创意指数的增长模式；“上海创意指数”也把2004年作为基准年，由此展现每年创意产业的动态变化，如2005年上海创意指数为109.1，较2004年增幅达9.1%，其中科技研发指数增幅最大，成为拉动上海创意增长的主要力量。

简言之，如何设计一个科学、动态又具地区发展性的创意指数，显得更为重要和先进性。

4. 从数据处理方法角度看，各有不同

通常情况下，创意指数体系包含量纲不同的指标，为了综合评价量纲不同的数据，需要对这些数据进行标准化（规范化）以使不同指标具有可比性。基于3Ts理论的创意指数计算过程中，Florida都通过线性转换法将各个国家的态度指数、价值观指数和自我表现指数转化到0～15标度。各个指标上表现最好的国家获得15分，其他国家的得分则根据其相对优劣而确定。规范化后的数据可以通过加权法进行综合评价，以获得各个国家的宽容度指数，其标度为0～1。而上海城市创意指数和北京文化创意指数的计算是依据基准年指标的数值进行纵向比较，确定各个分指数，然后进行加权。比如以2004年为基准年，2005—2007年上海的城市创意指数（定基指数）分别为109.1、119.27、137.48；2005—2007年北京文化创意指数分别为104.54、132.87和144.51。

## 4.2 宁波创意指数的总体框架和指标体系构建

### 4.2.1 指标选取的基本原则

指标的选取是创意指数建立的基础，也是决定其优劣的关键环节。要建构一个系统化、逻辑清晰、结构严谨的指标体系，应遵循以下原则。

1. 科学引导性原则

科学性要求既要在理论上有根据、实践上又切实可行，即需要依据创意产业理论、社会经济发展理论、统计学理论等，对创意产业的要素构成和运行机制进行正确的认识，以保证所设计的指标涵义明确、口径统一、测算方式标准、统计方法规范，充分反映创意产业的内涵和目标的实现程度。

指标评价的目的不是简单评定优劣，而是引导被评价对象向正确的方向和目标发展。因此，指标设计时应从不同的层面对创意资源、机制、环境、产出等概念加以阐释和细分，让人们清楚地了解杭州市创意产业建设的程度、所处阶段、与其他城市的差距等状况，以及未来的目标。

2. 动态发展性原则

创意产业的发展是一个长期动态的过程，财富的创造和生活质量的提升也非短期活动所能一蹴而就。因此，指标的选取既要从创意产业发展的现状出发，保持相对稳定，又要根据新的国内外形势与环境的变化以及创意产业的发展趋势，做出相应的调整，力求每一指标都能反映创意产业发展的本质特征、时代特点和未来取向。

3. 产业特征性原则

为避免主次不分、掩盖主要矛盾，应结合创意产业的特性和宁波文化、社会、政策制度、行业、民生特质等实际情况，选取最为关键的典型指标，避免选入意义相近、重复、关联性过强或具有导出关系的指标，力求突出宁波创意产业成长的根本动力及其对宁波经济、文化、科技等各领域的发展贡献和核心竞争力的价值。在借鉴国际经验的同时,要考虑尽可能设置凸显宁波特质的指标,展现宁波独特的文化创意魅力。

4. 操作可比性原则

操作可比性原则体现为"层次性"和"量化性"。"层次性"是指指标主体层次要鲜明,各有侧重、又相互映衬。这就要求指标体系不仅应逐层细化,下一级指标尽可能完整表达上一级的涵义,而且每一级指标本身也应具备良好的层次结构,越基层的越具体,越高层的综合性越强。

"量化性"则意味着指标体系既能适用于产业发展不同时期的纵向比较,又能与国内外其他相关城市进行横向比较。因此,在指标选取时需注意:(1)考虑引进更多的国际指数;(2)尽量多采用相对指标,少采用绝对指标;(3)对于某些无法直接精确度量的指标(如居民友好度等),尽可能通过适当的层级或程度进行划分,转变成可被量化的指标。

### 4.2.2 宁波创意指数构建的理论模型

在梳理国内外相关创意指数研究的基础上,并结合宁波的实际情况加以整合和调整,建立宁波文化创意指数评价指标体系的理论模型。从系统论的观点来看,该模型由若干独立的组分构成,各组分共同组成一个整体,组分与组分之间以及组分与整体之间相互作用,共同形成一个有机的理论模型。该模型的形成思路如下。

1. 结合我国创意产业发展的现状

目前,创意产业在我国城市取得了一定的发展,国内的大城市如北京、上海、青岛、杭州、深圳等都围绕着各具特色的创意产业制定了相应的发展规划,并就建设创意园区形成了政策驱动的产业集聚发展的态势。我们有必要选取相应的指标对创意产业的发展现状作出反应,因此,"整体创新能力"构成理论模型的一个组分。

2. 综合国内外的共同研究成果

综合国内外学者的研究,我们可以看出,在影响创意产业发展的众多因素中,出现了很多的重叠和相似之处,在一定程度上可以相互转化、替换。例如，国内外研究中都强调文化资本、制度资本、社会资本对创意产业发展的重要性，尽管具体的名称存在差异，但还是从不同角度说明了文化资本、制度资本、社会资本在影响创意产业发展中的重要作用，所以本文采用"可持续发展能力"作为模型的一个组分。

3. 借鉴香港的研究成果

在香港创意指数中，结构/制度、人力、社会和文化资本这些决定性因素相互作用的累积效应是以创意成果或产出为表现形式的，这是香港创意指数的一个特色。作者认为，创意成果是创意产业的产出形式，可直接反映创意产业的发展，该因素不但重要而且必不可少，本文吸收了香港创意指数的这一优点，以"创意成果/产出"作为模型的组分之一，并且将其作为衡量宁波创意产业发展的核心组分。其他的两个组分通过对创意成果这一核心组分的影响，来直接或间接地影响创意产业的发展。在创意成果这一核心组分的作用下，该模型的各独立组分相互联系、相互影响，共同组成宁波创意指数评价指标体系的理论模型，如图 4-1 所示。

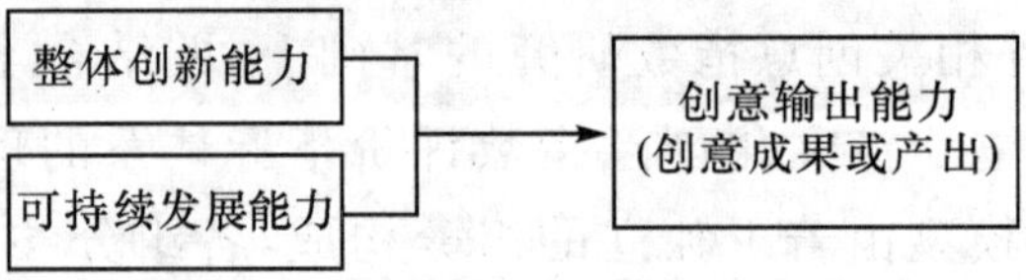


图 4-1 宁波创意指数理论模型

### 4.2.3 宁波文化创意指数指标体系构建

1. 宁波创意产业竞争力的三大内涵

构建科学规范的城市创意指数指标体系，根本目的在于客观评价各个区域城市的创意经济竞争力。而创意产业竞争力既有与一般产业诸如制造业、种植业等相同的共性，也有自身作用于社会凝聚力、国家创新力、国际影响等的巨大作用而形成的特殊性。因此，根据宁波创意产业发展的特点，把宁波创意产业竞争力概括为三大能力：

(1)整体创新能力，即创意产业在创意产品内容、产品外在形式及技术手段，包括企业组织结构、营销推广模式等方面的整体创新能力。由于在整个创意产业价值生成系统中，创意产业的核心价值是具有原创性的产品内容，而产品本身所蕴含的内容创意是影响社会公众的价值观，赢得社会公众认可，扩大社会影响力的根本要素，也是决定着创意产业最重要的价值内涵。与其他知识含量低的行业相比，创意产业更依赖于内在的创新能力。因此，可以说整体创新能力是城市创意经济竞争力最核心的能力，至于衡量整体创新能力水平可通过人力资本、技术资本、经济资本等相关指标得以体现。

(2)可持续发展能力，即创意产业与周边相关人文、社会、自然生态环境或资源相互协调、相互促进，从而获得可持续发展能力。从创意产业价值生成系统中可以看出，创意产业并不是一个自我维持、独立运转的封闭系统，相反其需要不断获得周边人文资源、自然资源、智力资源、技术、资金等的支持。因此，创意产业的发展不宜过多消耗甚至破坏不可再生的人文资源和自然资源，而应通过智力资源等这些软件要素的不断投入和优化整合，推动创意产业扩大再生产，实现价值最大化。至于可持续发展能力水平可通过社会资本、文化资本、制度资本等相关指标来衡量。

(3)创意输出能力，创意的经济产出(如 GDP 增值、贸易额、就业人数等)代表了创意经济的增长及其创造财富和就业的潜力，而非经济产出(如专利申请量等)表现创意活动的一般前景、生命力和活跃性。这两个方面共同描绘了社会创造力所达到的程度。

2. 宁波创意产业评价指标分解

围绕着上述宁波创意产业竞争力的三大核心能力，选择创意产业发展的核心驱动要素，并考虑到宁波创意产业竞争力评价的原则，结合前文各专家和国际机构关于城市创意指数评价体系的研究成果，来构建宁波创意产业竞争力的测评指标，通过剔除一些不必要的指标和定性指标，合并一些重复的指标，以及根据指标数据的可获得性，本文构建了由 3 个一级指标、7 个二级指标和 21 个三级指标组成的宁波创意产业竞争力指数的层次指标体系，如表 4-3 所示。其中经济资本、技术资本、人力资本、社会资本、文化资本、制度资本和创意成果/产出 7 个二级指标构成了宁波创意产业竞争力指数指标体系的七大板块，6 个资本的融合和相互作用促成了创意成果/产出的产生，是推动创意产业发展的要素。

表 4-3　宁波创意产业竞争力评价指标体系

| 目标层 | 一级指标 | 二级指标 | 三级指标 |
|---|---|---|---|
| 宁波城市创意指数C | $A_1$ 整体创新能力 | $B_1$ 经济资本 | 第三产业占全市 GDP 的比重($X_1$)<br>全市人均 GDP($X_2$)<br>第三产业就业人数占全部就业人数的百分比($X_3$) |
| | | $B_2$ 技术资本 | 研发经费支出额($X_4$)<br>研发经费支出额占 GDP 百分比($X_5$)<br>科技经费支出额($X_6$)<br>科技经费支出额占 GDP 百分比($X_7$) |
| | | $B_3$ 人力资本 | 每万人口普通高等学校在校学生人数($X_8$)<br>科技信息、文体娱乐服务业从业人数占城市总就业人数的比重($X_9$) |
| | $A_2$ 可持续发展能力 | $B_4$ 社会资本 | 每千人拥有的移动电话数($X_{10}$)<br>环保投入占 GDP 的百分比($X_{11}$)<br>人均公共绿地面积($m^2$)($X_{12}$)<br>外国游客数量万人次($X_{13}$) |
| | | $B_5$ 文化资本 | 图书馆藏书(每百人)($X_{14}$)<br>影剧院数(每百万人)($X_{15}$) |
| | | $B_6$ 制度资本 | 政府教育支出占 GDP 的百分比($X_{16}$)<br>政府科技研发支出占 GDP 的百分比($X_{17}$) |
| | $A_3$ 创意输出能力 | $B_7$ 创意成果/产出 | 每万人专利申请数($X_{18}$)<br>高新技术产业产值占 GDP 比重($X_{19}$)<br>GDP 增长率($X_{20}$)<br>城市货物进出口贸易额占全国货物进出口贸易额比重($X_{21}$) |

(1)经济资本。作为一种高端产业形态，只有当城市的经济发展到较高水平时方能孕育出创意产业。该类指标主要反映城市创意产业的经济发展环境和基础，以及创意产业集聚状况。此外，创意产品的消费是创意

产业发展的主要带动因素，创意产品的对外贸易则从国际竞争力角度反映了城市创意产业的发展。

(2)技术资本。技术资本是创意产业整体创新能力的成长性要素。创意产业的活力主要体现在产品研发创新方面，而弱势的创意产业往往是由于创新活力的缺失，进而进入到模仿跟随的境地。因此，创意产业的整体创新能力应主要体现在科技创新能力、资源汇聚能力和产品研发能力，最核心的是该区域城市技术进步贡献率、获得发明专利的数量。

(3)人力资本。创意产生于人的思维过程中，人才是创意不竭的源泉。人本经济学家舒尔茨在20世纪50年代提出，在城市经济增长和发展过程中，人力资源是最大的驱动因素；Jacobs认为城市培育和吸引受过高等教育的创新型人才是经济发展的主要原因；王志成等提出，城市经济在人才教育水平、科技人才比例、管理人才比例等方面所具备的水准决定了创意产业的发展空间大小。人力资本是创意产业整体创新能力的基础。由于发展创意产业不仅需要资本、自然资源等硬性资源，也需要城市所流传下来的文化遗产、受过良好教育并且具备一定消费能力的大众消费者等，因此发展创意产业所需的产业资源，不仅可选择自然资源的存量和一些城市经济发展的强度指标来反映，还应考虑该地区技术从业人员比重、城市居民的教育水平等等。

(4)社会资本。社会资本是创意产业可持续发展能力的前提。产业可持续发展能力是该产业结构高度化的结果，是产业结构的主动性调整和升级，而产业结构高度化则有赖于城市社会环境健全和群众文化水平提升。厉无畏指出，世界发达国家创意经济之所以兴盛，与其拥有强大的“创意性社会结构”(The Social Structure of Creativity)作为支撑不无关系。信任、互惠意识、信息化和社会网络间的合作都有助于形成集体福利意识、加强社会表达意识和增强社会参与性，同时帮助私人或集体创意的发展。Florida也指出，创意阶层拥有高收入，强调工作的灵活性与生活的安定性，对于城市生活的舒适和便利程度要求都高于其他阶层。

(5)文化资本。文化是创意的基础，因此文化资源是创意的天然资源。创意中的文化资源，既包括传统文化资源，也包括商业文化资源。传统文化资源为创意的发展提供了客观条件；而商业文化资源反映在企业文化中，可用商标予以集中体现。创意以人的创造性思维为最重要资源，个人思想与社会文化状况之间合理的互动产生创意。根据胡晓鹏的观点，按照创意性质和文化应用的区别可以把创意产业分为两个大类，即通过赋予历史文化某种新的内涵从而给予产品或服务以艺术想象力的消费性创意产业；以及探索适合本土文化需求的产品设计创新或企业经济体制、管理模式应用创新的生产性创意产业。正因为与本土或历史文化有关，创意的文化属性导致不同地区产生各有特色的创意经济。创意的文化属性特征还不仅局限在表现方式上。T. Miller(2001)在剖析美国签订《伯尔尼公约》的过程后认为创意经济的文化属性导致了其在同文化平台上的非排他性，因此必须运用有效的知识产权保护机制完成内置于"作品里的创意"的商业转化。每个创意工作者都可以在植根文化的基础上将个人对产品的理解和创意冲动倾注于创作中。正因为与本土或历史文化有关，创意的文化属性才导致各个地区产生不同特色的创意产业，这也是发展中国家发展创意产业的一个独特优势。香港创意指数的研究也利用了"文化资本"来反映更为具体的创意活动、日常文化以及艺术和创意的具体特点。

(6)制度资本。制度资本是创意产业可持续发展能力的基础，因为任何产业的发展必然要在一定的体制和机制背景下进行，同样文化体制和机制是创意产业得以运行的法律性和制度性框架，也是培育创意经济竞争力的规则性平台。其中体制具有刚性特点，具体包括创意产业投资体制、市场体制和管理体制；机制则具有柔性特点，是由一系列政策和措施等组成的运作规则。两者相互交叉运作，对创意经济竞争力形成了长期而根本的影响。

政府是推动创意经济发展的重要力量，政府有责任营造一个适宜产业发展和企业公平竞争的外部环境。英国、澳大利亚等国家都相继颁布了创意经济发展战略，确立了创意经济发展的近期目标和长远规划，通过政府协调和规划引导来促进创意经济的发展。此外，科技研发是创意经济的灵魂，而政府又是推动创意经济发展的重要力量，因此政府有责任投入科研经费，提高创意产业的创新能力和科技含量。

(7)创意成果/产出。香港创意指数研究中，在对创意成果和产出衡量时提取了许多创意产业代表性行业的发展数据，诸如博物馆的数量，影片的出版数，旅游收入等。创意的经济产出(如 GDP 增值、贸易额、就业人数等)代表了创意经济的增长及其创造财富和就业的潜力，而非经济产出(如专利申请量等)表现创意活动的一般前景、生命力和活跃性。这两个方面共同描绘了社会创造力所达到的程度。本文吸收了香港创意指数的这一优点,以"创意成果/产出"作为衡量宁波创意产业竞争力核心组分。

## 4.3　宁波创意产业竞争力测度与比较

### 4.3.1　测度方法的选取

1. 数据选取

结合表4-3所列各评价指标,根据数据的可得性、可靠性、可用性和可信性原则,本文选择了浙江省11个城市,这些城市的统计年鉴数据比较全面,同时这些城市有一定的代表性,是目前国内创意经济发展较好的典型城市。全部数据以浙江省11个城市的创意产业发展基本情况为基础,详细查阅了2009年的浙江省11个城市的统计年鉴、浙江省统计年鉴、中国城市统计年鉴、中国旅游年鉴等。通过这些数据能够比较准确地测评出浙江省11个城市创意竞争力情况。

2. 城市创意产业竞争力评价指标权重的确定

多指标体系的综合评价方法有数十种之多,常见的有德尔菲法(Delphi)、层次分析法(AHP)、模糊综合评价法、主成分分析法、TOPSIS评价法、熵值法、聚类分析法等。本文采用熵值法进行赋权,因为熵值法是一种客观赋权法,它不需要对数据的分布形态进行任何假定,根据来源于客观现象的众多信息,通过分析各指标间的联系程度及指标所提供的信息量来客观地决定各指标权重。可在一定程度上避免目前一些综合评价方法中存在的因主观赋权所带来的指标权重偏差。对城市创意竞争力进行综合评价,最基本的是对指标的赋权,只有赋权客观,评价结果才有可信度。

首先,对原始数据进行标准化处理。由于城市创意产业竞争力评价体系中各项指标数据的量纲不同,必须对各项指标的实际值进行无量纲化处理。对于熵值法的矩阵标准化,本文采用极差变化法(彭勇行,2000)得到

标准化矩阵 $r=(r_{ij})_{11\times 21}$，正向指标集 $T_1=(G_1,\cdots,G_8,G_{10},\cdots,G_{21})$，令 $r_{ij}=\frac{x_{ij}-\min\limits_j x_{ij}}{\max\limits_j x_{ij}-\min\limits_j x_{ij}}$，其中 $r_{ij}$ 表示第 $i$ 城市的 $j$ 个指标值。因此，本文经规范化处理后的数据如表 4-4 所示。

**表 4-4 城市创意产业竞争力规范化数据**

| 指标 | 宁波 | 杭州 | 温州 | 绍兴 | 湖州 | 金华 | 嘉兴 | 衢州 | 舟山 | 台州 | 丽水 |
|---|---|---|---|---|---|---|---|---|---|---|---|
| $X_1$ | 0.303 | 0.363 | 0.329 | 0.257 | 0.267 | 0.314 | 0.268 | 0.262 | 0.322 | 0.310 | 0.303 |
| $X_2$ | 0.461 | 0.454 | 0.198 | 0.329 | 0.258 | 0.232 | 0.343 | 0.150 | 0.334 | 0.213 | 0.128 |
| $X_3$ | 0.270 | 0.354 | 0.278 | 0.282 | 0.342 | 0.285 | 0.243 | 0.256 | 0.362 | 0.323 | 0.295 |
| $X_4$ | 0.441 | 0.451 | 0.404 | 0.292 | 0.265 | 0.245 | 0.260 | 0.171 | 0.251 | 0.176 | 0.174 |
| $X_5$ | 0.353 | 0.362 | 0.336 | 0.295 | 0.278 | 0.259 | 0.276 | 0.242 | 0.307 | 0.300 | 0.283 |
| $X_6$ | 0.548 | 0.713 | 0.184 | 0.252 | 0.105 | 0.098 | 0.137 | 0.097 | 0.117 | 0.151 | 0.096 |
| $X_7$ | 0.378 | 0.417 | 0.223 | 0.320 | 0.281 | 0.262 | 0.310 | 0.242 | 0.272 | 0.330 | 0.213 |
| $X_8$ | 0.301 | 0.798 | 0.121 | 0.153 | 0.223 | 0.206 | 0.145 | 0.052 | 0.293 | 0.064 | 0.170 |
| $X_9$ | 0.396 | 0.312 | 0.349 | 0.364 | 0.260 | 0.250 | 0.289 | 0.239 | 0.265 | 0.307 | 0.237 |
| $X_{10}$ | 0.517 | 0.551 | 0.374 | 0.294 | 0.323 | 0.179 | 0.144 | 0.052 | 0.037 | 0.193 | 0.073 |
| $X_{11}$ | 0.142 | 0.206 | 0.206 | 0.250 | 0.663 | 0.217 | 0.380 | 0.163 | 0.185 | 0.348 | 0.141 |
| $X_{12}$ | 0.186 | 0.126 | 0.269 | 0.299 | 0.529 | 0.148 | 0.409 | 0.377 | 0.228 | 0.283 | 0.211 |
| $X_{13}$ | 0.246 | 0.832 | 0.174 | 0.228 | 0.270 | 0.219 | 0.189 | 0.023 | 0.065 | 0.031 | 0.050 |
| $X_{14}$ | 0.460 | 0.498 | 0.162 | 0.208 | 0.203 | 0.269 | 0.429 | 0.188 | 0.295 | 0.121 | 0.193 |
| $X_{15}$ | 0.275 | 0.193 | 0.142 | 0.359 | 0.216 | 0.197 | 0.58 | 0.203 | 0.314 | 0.315 | 0.276 |
| $X_{16}$ | 0.226 | 0.216 | 0.343 | 0.204 | 0.242 | 0.300 | 0.232 | 0.375 | 0.252 | 0.282 | 0.506 |
| $X_{17}$ | 0.440 | 0.475 | 0.291 | 0.319 | 0.269 | 0.083 | 0.312 | 0.154 | 0.232 | 0.362 | 0.102 |
| $X_{18}$ | 0.534 | 0.511 | 0.165 | 0.324 | 0.312 | 0.276 | 0.302 | 0.073 | 0.056 | 0.204 | 0.082 |
| $X_{19}$ | 0.312 | 0.351 | 0.331 | 0.306 | 0.317 | 0.258 | 0.355 | 0.234 | 0.292 | 0.312 | 0.214 |
| $X_{20}$ | 0.284 | 0.212 | 0.271 | 0.297 | 0.325 | 0.290 | 0.297 | 0.351 | 0.351 | 0.271 | 0.338 |
| $X_{21}$ | 0.792 | 0.460 | 0.153 | 0.237 | 0.056 | 0.107 | 0.202 | 0.014 | 0.082 | 0.140 | 0.013 |

其次，信息熵赋权的计算步骤。应用信息熵概念进行指标的权重确定时，假设有 $m$ 个待选方案，$n$ 个评价指标，每个指标的数据为 $x_{ij}$，所有指标数据构成矩阵 $X=[x_{ij}]_{m\times n}$，对于某个指标 $j$ 而言，待选方案的指标值 $x_{ij}$ 之间的差距越大，信息熵就越小，即说明该指标在选择中所起的作用就越大，

对其应该赋予更高的权重，反之，应赋予较小的权重。

对于指标 $j$ 的指标值 $x_{ij}$ 所应该占有的权重为：$p(x_{ij})=\frac{x_{ij}}{\sum_{i=1}^{m}x_{ij}}$，即表示 $i$ 方案在指标 $j$ 上的贡献程度。用 $E_j$ 表示所有 $m$ 个方案对 $j$ 指标的贡献程度，有：$E_j=-k\sum_{i=1}^{m}p(x_{ij})\ln p(x_{ij})$，其中，$k>0$，$E_j\geqslant 0$。另外，定义 $g_j$ 为指标 $j$ 的差异性系数，$g_j=1-E_j$，当 $g_j$ 越大时，该指标越重要。从而得到最终的权重值 $w_j$，有：$w_j=\frac{g_j}{\sum_{j=1}^{n}g_j}$，$j=1,2,\cdots,n$，其中 $w_j\in[0,1]$ 且 $\sum_{j=1}^{n}w_j=1$。

应用熵值法确定评价指标的权重，如表 4-5 所示。

**表 4-5　城市创意产业竞争力评价模型指标权重**

| 指标 | $X_1$ | $X_2$ | $X_3$ | $X_4$ | $X_5$ | $X_6$ | $X_7$ | $X_8$ | $X_9$ | $X_{10}$ | $X_{11}$ | $X_{12}$ | $X_{13}$ | $X_{14}$ | $X_{15}$ | $X_{16}$ | $X_{17}$ | $X_{18}$ | $X_{19}$ | $X_{20}$ | $X_{21}$ |
|---|---|---|---|---|---|---|---|---|---|---|---|---|---|---|---|---|---|---|---|---|---|
| 权重 | 0.04 | 0.03 | 0.05 | 0.05 | 0.03 | 0.11 | 0.04 | 0.06 | 0.05 | 0.04 | 0.07 | 0.04 | 0.07 | 0.04 | 0.04 | 0.06 | 0.03 | 0.04 | 0.02 | 0.02 | 0.07 |

### 4.3.2 基于 TOPSIS 城市创意产业竞争力测评与比较

TOPSIS 是一种逼近于理想解的排序法，是多目标决策分析中一种常用的有效方法，又称为优劣解距离法。在 TOPSIS 法中，“理想解”和“负理想解”是两个基本概念。所谓理想解是一个设想的最优的解（方案），它的各个属性值都达到各备选方案中的最好的值；而负理想解是一个设想的最劣的解（方案），它的各个属性值都达到各备选方案中的最坏的值。方案排序的规则是把各备选方案与理想解和负理想解做比较，若其中有一个方案最接近理想解，而同时又远离负理想解，则该方案是备选方案中最好的方案。

TOPSIS 法的计算步骤：

第一步：假定某一个决策问题，其决策矩阵为 $X$，由 $X$ 进而构成规范化的决策矩阵 $Y'$，决策矩阵的元素为 $y'_{ij}$，并且：

$$y'_{ij}=\frac{a_{ij}}{\sqrt{\sum_{i=1}^{n}a_{ij}^{2}}},\quad i=1,2,\cdots,n;j=1,2,\cdots,m$$

其中，$a_{ij}$ 是从决策矩阵得来的，决策矩阵如下：

$$X=\begin{bmatrix} a_{11} & a_{12} & \cdots & a_{1m} \\ a_{21} & a_{22} & \cdots & a_{2m} \\ \vdots & \vdots & \cdots & \vdots \\ a_{n1} & a_{n2} & \cdots & a_{n3} \end{bmatrix}$$

第二步:构造规范化的加权决策矩阵 $Y$,其元素为 $y_{ij}$,

$$y_{ij}=W_j y'_{ij}, \quad i=1,2,\cdots,n; j=1,2,\cdots,m$$

$W_j$ 为第 $j$ 个目标的权重。

第三步,由各项指标最优值和最劣值分别构成最优值向量

$$A^+=(a_1^+,a_2^+,\cdots,a_m^+); A^-=(a_1^-,a_2^-,\cdots,a_m^-),$$

其中:$a_j^+=\max(a_{1j},a_{2j},\cdots,a_{nj}), \quad j=1,2,\cdots,m$

$$a_j^-=\min(a_{1j},a_{2j},\cdots,a_{nj}), \quad j=1,2,\cdots,m$$

第四步,计算各评价单元与最优值和最劣值的距离

$$D_i^+=\sqrt{\sum_{j=1}^{m}(a_{ij}-a_j^+)^2}$$

$$D_i^-=\sqrt{\sum_{j=1}^{m}(a_{ij}-a_j^-)^2}$$

第五步,计算各评价单元与最优值的相对接近度

$$C_i=\frac{B_i^-}{B_i^+ + B_i^-}, \quad i=1,2,\cdots,n$$

$C_i$ 的取值介于 0 和 1 之间,越接近于 1,说明此方案离理想解越近,则城市创意产业竞争力越强。按照相对接近度值由大到小排序,得到浙江 11 个城市的创意产业竞争力排名,如见表 4-6 所示。

**表 4-6 浙江 11 个城市创意产业竞争力评价结果**

| | 宁波 | 杭州 | 温州 | 绍兴 | 湖州 | 金华 | 嘉兴 | 衢州 | 舟山 | 台州 | 丽水 |
|---|---|---|---|---|---|---|---|---|---|---|---|
| $B_i^-$ | 0.09 | 0.11 | 0.03 | 0.04 | 0.05 | 0.02 | 0.04 | 0.01 | 0.02 | 0.03 | 0.02 |
| $B_i^+$ | 0.07 | 0.05 | 0.11 | 0.09 | 0.10 | 0.11 | 0.10 | 0.13 | 0.11 | 0.11 | 0.12 |
| $C_i$ | 0.56 | 0.70 | 0.22 | 0.88 | 0.32 | 0.18 | 0.27 | 0.10 | 0.16 | 0.19 | 0.14 |
| 排名 | 2 | 1 | 6 | 4 | 3 | 8 | 5 | 11 | 9 | 7 | 10 |

综合各种因素,在创意产业方面,创意产业竞争能力最强的是杭州,其次是宁波,随后依次为湖州、绍兴、嘉兴、温州、台州、金华、舟山、丽水和衢

州。这一评价结果与浙江省 11 个城市经济实力的结果基本相同。说明用 TOPSIS 法评价浙江省 11 个城市创意产业竞争力是可靠的。但是在以上创意产业竞争力评价问题中,显然没有一个城市在所有评价指标上的表现均最好,因此,需要在评价中权衡各方案在指标间的表现优劣。综合评价结果表明,创意指数水平略低的城市需要通过经济或政策激励措施提升某些指标表现,以提高创意产业水平。

# 5 宁波创意产业发展战略模式的选择研究

## 5.1 宁波加快发展创意产业的必要性和可行性

### 5.1.1 宁波加快发展创意产业的必要性

当人均GDP在1000美元至5000美元时，拉动经济的主要是制造加工业和传统的服务业；当人均GDP在5000～10000美元之间时，拉动经济的主要是科技创新、创意产业、高新技术产业和服务业。据统计，2006年，宁波人均GDP首次突破5000美元；2008年虽然受到了全球金融危机的影响，但宁波市人均GDP达到69997元人民币，首次突破了1万美元。2010年，宁波市人均GDP达到了77919元人民币。按照钱纳里的经济发展阶段理论，已进入后工业化阶段。按霍夫曼定理，宁波已处在技术创新集约型工业化时代。这些都充分地证明，宁波市已经具备发展创意产业的经济基础和环境，发展创意产业的时机已经成熟。

巨大的市场需求是推动宁波创意产业产生和发展的又一重要因素。当前宁波正处于从传统要素驱动向创新要素驱动转变、由“宁波制造”向“宁波创造”的转型期，制造业产品研发和工业设计的需求量非常巨大。随着宁波对外开放的步伐日益加快，教育和生活水平的提高，整个社会对个性化行为的宽容程度越来越高，广大市民尤其是很多年轻人已具备了创新意识和个性张扬的文化心态，消费者更加注重产品品位及文化内涵，更加追求时尚和标新立异。据有关方面统计，每年仅工业设计就有100亿元的需求。其中，为外地企业进行开发设计的就超过60亿元。这一巨大的市场，更加激励着宁波加快创意产业的发展，积极转变产业结构，推动宁波产业升级的步伐。

发展创意产业，同时又是转变经济增长方式和产业结构调整的需要。创意产业具有低消耗的特点，对环境基本没有什么破坏，特别是创意资源在开发、创新过程中，每一次开发和创新都是一次新的积累，这与使用自然资源的粗放式发展是完全不同的模式。创意产业在促进宁波产业结构进一步调整方面有着重要的作用。我国正处在产业结构调整和升级的关键时期，中国经济向"知识型经济"转变，为创意产业等知识密集型服务业的发展带来新的机遇。创意产业的智能化、知识密集化、资源低耗化、集群创新化等特征，对于提升我国产业发展水平，优化产业结构具有重要的推动作用。创意产业广泛融合性的特征，能将技术、文化、制造和服务融为一体，有利于产业的整合、延伸，形成完整的产业链，有助于提升产业的竞争力。

发展创意产业有利于实现社会经济的可持续发展。创意产业具有资源消耗少、高收益性的特点，对于日益缺乏土地和资源的沿海城市宁波来说，创意产业在协调地区和城市经济发展与环境资源保护的关系上具有独特的优势。创意产业能够高效地运用有限的资源，创造出更多的产值和利润，有利于企业自身的成长，也有利于整个社会进步和可持续发展。同时，创意产业有利于开发人力资源，解决就业，有利于充分利用历史文化资源和社会资源，并将它们迅速转化为经营资源和资本，从而突破资源和资本稀缺的瓶颈。

发展创意产业也是制造业进一步提升的需要。宁波在制造业方面一直有着一定的优势，规模在长三角地区也处在领先地位，但是与我国大部分地区的制造相同，同样存在着缺乏自主品牌，缺乏技术含量的特点，一些产品不能满足喜欢出奇创新的年轻人的需要。大力发展创意产业就是一个解决这一问题的有效途径，因为创意产业不仅涵盖文化产业，也包括生产型服务业，如工艺设计、建筑设计、品牌设计，能为制造业注入新生的力量，使传统制造也能够更加有活力，利于创意产业的产业链，带动制造业效益的提升。

发展创意产业是社会主义文化建设，提升我国的文化实力和国际化水平的需要。社会主义文化建设的需要文化产业过去长期以来是国家投入的事业型产业。在新的历史条件下，我国要完成和谐社会的建设就必须加强文化建设，而加强文化建设一方面要大力发展、构建公共文化体系，另一方面就要发展文化产业，特别是创意产业，为文化建设提供物质基础。同时将创意产业融入到社会生活的各个方面，将历史与未来、传统与现代有效融合，不仅有利于历史文化遗产的继承和保护，同时也有利于提升城市的国际地位和形象，有助于构建和谐社会。

### 5.1.2 宁波加快发展创意产业的可行性

宁波加快发展创意产业不仅具有必要性，而且具有时代的紧迫性和可行性。宁波加快发展创意产业的可行性主要体现在以下四个方面。

1. 宁波具有加快发展创意产业的雄厚基础

一般而言，丰富的资源是产业获得比较优势和优先加快发展的前提和基础。宁波加快发展创意产业的基础突出表现在其深厚的文化底蕴、潜力十足的市场需求和现有的具有一定影响力的文化创意品牌产业。作为全国历史文化名城，宁波具有深厚的文化底蕴，作为东南沿海发达的港口城市，其市场需求潜力巨大也有目共睹。宁波作为长江三角洲南翼的经济中心，人民收入水平位居浙江省前列，人们对文化产品的需求呈现多样化和多层次性，具有庞大的文化消费市场和富有经济实力的消费体。目前，宁波的创意产业中有一定影响力的品牌产业主要是动漫产业、影响文化产业、软件产业、会展业等。

2. 宁波具有一批实力相对强的动漫企业

水木动画位于宁波鄞州区动漫游戏原创基地，是国内最大的原创动画公司之一，也是浙江省产量最高的原创动画公司之一，企业注册资金 1000 万元，先后与中央电视台合作拍摄了手绘纪录片《大唐西游记》、大型历史动画片《中国五千年》以及《十万个为什么》等大型动画片，其产品已在全国

100多个频道播放。在全省,甚至国内都有较高的影响力。这必将促进宁波动漫产业的发展,为宁波市动漫产业的发展注入新的活力,为宁波市动漫产业的发展指明方向。2011年,迪士尼海外首家网络动漫游戏制作基地落户宁波。作为一家多元化的国际娱乐企业,网络动漫在迪士尼庞大的产业链中处于前沿位置,拥有广阔的市场前景。迪士尼落户宁波将会带来“鲶鱼效应”,进一步加快宁波市动漫产业的集聚步伐,并有助于促进整个长三角地区乃至中国动漫行业的发展。迪士尼丰富的衍生产品,比如文具、模具、玩具和服装等制造是宁波的传统优势产业,而这些消费品将会给这些企业带来新的机遇。

3. 政府政策支持体系的日臻完善

作为产业转型的重要途径,宁波政府非常重视创意产业的发展,出台了一系列鼓励措施来扶持创意产业的发展。市委、市政府在建设创新型城市的目标中包括进一步完善科技基础条件平台和科技创新平台,鼓励和支持企业建设研发机构,大力培育科技型企业。鼓励大力发展低能耗产业,特别是优先发展包括创意、软件动漫平台等在内的新型现代服务业。2007年,宁波市政府制定《关于进一步加快软件产业发展的意见》,为软件行业和相关企业明确了目标和发展方向。同年又出台了《宁波市人民政府关于加快推进宁波市工业设计与创意街区建设的实施意见》、《关于加快都市产业及相关服务业发展的若干意见》,促进宁波市创意产业街区的建设和发展,使创意产业街区的特色更加鲜明化,产品更具特色化,产业链更加深化,同时也确定了宁波市今后都市产业重点发展的目标:工业设计创意、信息服务业、科技服务业、绿色加工制造业等。更值得欣慰的是,宁波市政府并不只是出台几个支持创意产业发展政策就了事,而是真正地为宁波市创意产业发展做实事。目前,宁波市基本上形成了以政府为导向、企业为主体、金融机构为支撑的融资体系,并且各项政策支持体系日益完善。

4. 宁波的创意内容丰富

宁波的创意内容丰富,有很多和创意产业直接挂钩的文化产业虽有发展,比如广播电视业、出版业、现代传媒广告业,但还有很广阔的发展空间,还有待从产业结构的方面和创意产业结合在一起,将其引向更加有发展潜力的平台。在文化艺术方面，像音乐会的设计，还有曲艺表演等，很多新的文化创意都在进行，但是没有集约化，没有把产业的资源整合好，要将这些行业与创意产业联系起来，使这些行业都朝着更有活力的方向发展，并获得更高的经济效益，从而提升城市居民的文化素养，提升城市的形象。

在当前经济全球化的条件下，宁波市加快发展创意产业不仅具有必要性，它不仅是处在工业化后期的宁波加快发展的必由之路，也是转变经济增长方式和推动产业结构升级、社会经济发展的必要选择，而且今日的宁波也已经有了创意产业加快发展的条件，政府和企业以及我们本身所特有的文化产业资源优势，这些都是宁波创意产业加快发展的有利条件。因此，宁波创意产业加快发展不仅具有现实必要性，而且还具有时代的紧迫性和必要性。

## 5.2 宁波创意产业发展的战略思路

### 5.2.1 宁波创意产业发展的指导思想

坚持以邓小平理论和“三个代表”重要思想为指导，认真贯彻落实科学发展观，紧紧围绕《国家“十二五”时期文化发展规划纲要》和《关于推动文化大发展大繁荣的若干意见》确定的文化产业发展的重点方向和任务，不断转变观念、培养创新精神和创新文化，形成创意产业发展的内在驱动力，大力培育市场主体，加快转变创意产业发展模式，积极推进创意产业结构调整和优化升级，进一步强化创意产业理论研究，促进创意产业集聚，极力发挥规模经济效应和结构良性耦合效应，尊重知识、重视人才、鼓励创新，努力培育文化创意阶层，繁荣发展文化事业和文化产业。坚持以人为本的科学发展观，紧紧围绕城市发展定位整体目标和建设创新型城市的要求，以技术支撑为基础、资本支撑为保障、文化支撑为依托，将创意产业作为经济社会发展的重要内容和支柱产业，提高创新能力、增强城市活力、提升综合竞争力、扩大辐射影响力，为促进经济增长方式转变，推进产业结构调整和升级，打造文化名城，为构建和谐宁波打下坚实基础。通过以上各方面努力来全面解放和发展文化生产力，推动创意产业又好又快发展。

### 5.2.2 宁波创意产业发展的基本原则

按照国家发布的《文化产业振兴规划》规定的“五个坚持”的基本原则，宁波创意产业发展与振兴的基本原则是：一是以市场需求为导向，坚持以体制创新和科技进步为动力原则，不断激活创意产业发展的活动；二是以宁波本地文化特色为基础，遵循和坚持文化亲近传播的原则，努力强化文化亲近区域与需求相似区域之间的创意产业的交流和贸易；三是在以创意阶层培育为核心的条件下，坚持以本土培育和外来植入相结合的人才创造原则，积极培养符合；四是在以结构调整为主线的前提下，坚持创意产业发展的速度与质量相结合原则；五是在资源保护优先的情况下，坚持创意产业资源的适度开发与永续利用相统一原则。

第一，要加强认识，科学定位。为进一步发展创意产业，要充分认识创意产业的内涵和范围，要充分明确创意产业发展对宁波经济发展的重要性，更要科学定位创意产业在全市产业发展中的位置。宁波正处于经济转型的重要关头，不管是提升产业层次，转变发展方式，还是满足人民群众多方面、多层次、多样性的精神文化产品的需要，大力发展创意产业正当其时。应当科学定位，选定重点行业，确定运营特色，全力打造与创意产业相结合的现代新型的服务业，合理规划步骤。第二，要合理规划，制定战略。文化、经济、科技等部门以及其他专家、学者应当共同参与研究，深入进行调研，梳理地域文化资源，并在此基础上制定切实可行的发展战略和具体规划，应当根据宁波的具体情况，确定创意产业发展的总体目标和主要任务。宁波除了对创意产业发展进行总体的合理规划外，还应当有具体的微观上的细化，积极培育步骤。第三，要积极培育，加快发展。应该积极培育创意产业，建设创意园区，设计创意园产品，应该积极培育本土的创意产业，鼓励创意产业与城市的独特文化内涵相结合，鼓励科学研发，鼓励树立品牌。

### 5.2.3 宁波创意产业发展的总体战略目标

综上所述，我们可以用以下几句话来概括宁波创意产业发展的总体战略目标：以结构调整优化为产业化发展方向，以创意阶层培育和创意城市建设为主线，以甬文化的弘扬和文化创新为灵魂，以教育振兴和科技进步为支撑,以创意产业园区为依托,努力做大做强宁波创意产业,使之成为全国乃至全球都具有一定影响力的创意产业中心区。

### 5.2.4 宁波创意产业发展的战略重点

为了达到这样的总体战略目标,宁波创意产业发展的战略重点主要体现在以下四点。

1. 有选择性地重点发展几个创意产业部门

创意产业的布局在某种程度上能促进一个城市或国家的产业升级。基于文化投资对城市产业升级的价值,创意产业能较好地将文化、创意和经济发展相融合,创意产业引导的城市产业升级在西方许多国家应运而生。如都柏林的寺庙酒吧,谢菲尔德文化产业园区都是创意产业促进城市再生的典范。

根据宁波市创意产业发展基础及宁波制造业较为发达的现状,宁波市应该重点发展的创意产业领域包括:工业设计产业、品牌营销产业及影视动漫产业。其中,工业设计产业与品牌营销产业可以称为生产性创意产业,主要为宁波传统制造业的转型升级服务。

强化工业设计是实现宁波市制造业转型升级、提高制造产品附加值的重要途径。美国哈佛大学教授海斯曾这样预言:“现在企业靠价格竞争,明天将靠质量竞争,未来靠设计竞争。”著名科学家杨振宁先生也说过:“21世纪是工业设计的世纪,一个不重视工业设计的国家将成为明日的落伍者。”工业设计是为制造工业产品所进行的设计,包括产品外部和内部设计的整个过程,对产品的外观、性能、生产技术的发挥、品牌建设等可以产生直接的影响。工业设计融合了自然科学与社会科学的已有成果,是对现有发明、实用新型、外观设计等专利进行人性化、个性化的运用,强调人与环境、生态的和谐共生。工业设计的主体是产品设计,是企业技术创新的载体,是创造品牌的必由之路。在产品同质化的今天,工业设计已成为企业建立差异化竞争优势的关键。中国工业设计协会理事长朱焘认为:“工业设计是企业经营的核心因素。”工业设计主要依靠知识和智慧进行集成创新,相对传统产业来说具有资源消耗少、投资少、周期短、风险小、人力资源利用充分等优点。近年来,全国各地兴起了建设工业设计园区的热潮,无锡、深圳、北京、上海、杭州、青岛和香港等城市均设立了一个甚至多个"工业设计园区"。据美国1987年统计资料表明,工业设计每投入1美元,产出为1500美元;而据1990年美国对企业的调查统计,美国企业在工业设计上每投入1美元,其销售额收入为2500美元;在年销售额达10亿美元以上的大企业中,工业设计每投入1美元,销售收入则高达4000美元。在国内,据科龙、美的、格兰仕等大型家电企业的统计显示:工业设计所起的作用约占工业总产值的50%。

品牌的营销价值众所周知,但重制造、轻品牌,习惯以价格取胜依然是国内大部分制造企业的通病。宁波作为制造业发达地区,这一现象也十分突出。因此,走品牌路线,提升宁波制造产品的附加值和美誉度,成为宁波制造业转型升级的重要途径。品牌营销是一个系统工程,但事实证明,创意在品牌营销中发挥着重要的、甚至是关键的作用。很多产品在质量上不分伯仲,但个别企业依靠创意营销成功实施了品牌营销,就在行业中占据了优势地位,为后续的发展和壮大奠定了坚实基础,因此"一招先,吃遍天"。因此,从提升宁波制造产品品牌竞争力的角度来看,宁波应该大力支持品牌营销等营销相关创意产业的发展。

大力发展生产性创意产业对于宁波市具有重大现实意义。众所周知,我国是一个"制造大国"而不是"创造大国",在全球价值链分工中,我国主要凭借劳动力成本低廉的优势从事附加值极低的加工制造环节。虽然在短期内有助于解决我国的劳动就业问题,促进我国的经济增长,但决非长远之计。我国要实现由"制造大国"向"制造强国"的转变,就必须在价值链的高端环节,如产品设计、市场营销等环节取得话语权。要实现这个转变,大力发展生产性创意产业无疑是必由之路。宁波虽然制造业相对发达,但从价值链角度来看并没有太多的优势,从事低附加值加工制造的现象非常普遍。国家副主席习近平强调"必须解决产品低端化问题",省委书记赵洪祝在2007年全省工业创新电视电话会议中强调,面对新阶段新变化,大力推进工业创新,全面提高工业发展质量和水平,是浙江省落实创业富民、创新强省总战略,全面建设小康社会的重大举措;是推动产业结构优化升级和经济发展方式转变的关键之举;是全面提高综合实力和国际竞争力的必由之路。宁波市也明确提出要实现由"宁波制造"向"宁波创造"的转变,大力推进工业创新,而大力发展生产性创意产业正是实现工业创新的一条重要途径。生产性创意产业服务于价值链中的高端环节，如研发、工艺设计等服务于设计环节，营销策划、广告会展等则服务于品牌推广环节。而自主设计、自主品牌，正是通过自主创新提升制造业的总体水平，占据价值链的上游，使产品真正在国际市场立足，实现从“宁波制造”转向“宁波创造”的两个关键途径，而这两条路径的要求并非一定要掌握关键核心技术，有时可能只是功能整合，或者外观、工艺等方面设计的创新，或者品牌营销方面的创新，这对于当前宁波多数制造企业无疑更有可操作性，有现实意义。可见，生产性创意产业提供的产品正是提高制造产品附加值的利器，是解决“产品低端化问题”的关键。特别是在当前国际国内形势之下，中小企业普遍面临经营困境，转型和升级压力巨大，发展生产性创意产业具有特殊的历史意义。

动漫游戏产业在宁波已有一定的发展基础，而且这个产业顺应了当代的消费趋势和需求，具有巨大的发展潜力。同时，动漫游戏产业通过价值链的延伸，也可以服务于制造业的品牌提升，促进制造业发展壮大。因此，动漫游戏产业也应该成为宁波创意产业发展的一个重点领域。

2. 重点培育几个创意产业园区

产业集群已经成为我国区域经济和科技发展的新思维和政策工具。宁波发展创意产业应重点培育几个创意产业园区。创意产业园区能把各个创意企业、创意资本、创意人才集中到一定的区域，并形成区域优势，从而形成一种产业链条，降低产业成本，提高生产效率。产业集群具有专业性，使创意产业上游的原创材料、中游的生产组织、下游的市场营销形成一种产业链条，产生规模经济效益。

3. 优化创意产业的结构

在后危机时代，由韩国的例子可以看出，创意产业不仅可以抑制经济的大起大落，甚至能够挽救经济，而危机本身为创意产业结构调整带来机遇。在此情况下，宁波完全可以进一步调整和优化创意产业结构，特别是努力开拓一些新兴的创意产业部门，积极发展广告业、设计产业，促进有关企业的优胜劣汰，优化市场秩序，使相关创意产业能够有一个较好的发展环境，是使创意产业的结构能够更加的合理和优化。

4. 实施创意产业"走出去"战略

在具体落实国家鼓励和支持文化创意产品和服务走出去的优惠政策下,市政府不仅要动员有实力的文化创意企业走出去,而且还应在市场开拓、技术创新和海关通关等方面给予帮助。对于具有宁波区域特色的文化艺术、影视节目、动画片等文化创意产品和服务的出口,政府更应进行鼓励和支持。宁波创意产业走出去不仅体现在其产品和服务的出口方面,还可以利用国际直接或间接投资的方式实现走出去的目的。当然,无论是通过国际贸易还是国际投资方式实现宁波创意产业走出去的过程中,都将是一个渐进的过程,不能只注重数量,而更要注重质量,这样才能真正帮助企业成长,更有利于宁波创意产业的做大做强。

## 5.3 宁波创意产业发展战略模式选择

创意产业之父英国人约翰·霍金斯表示,未来 10 年,中国可以在创意经济领域赶超日本和韩国,最主要的因素在于中国有如此丰富的文化底蕴、富有创造力的人才和规模庞大的消费市场。但要使这些发挥作用,中国必须将创意经济纳入到整个经济体系,从以成本为主要竞争力的产品制造国向以创新为主要竞争优势的创意经济转型。创意经济是一次新的机遇。我国要把握这个机遇,结合我国经济社会的发展实际,借鉴发达国家发展创意经济的实践经验,克服前进道路中的困难和问题,努力走出一条具有中国特色的创意产业发展之路。

宁波的创意产业仍然处于起步阶段,其具有一定的优势,但是也存在问题。关键是如何解决这些问题从而保障其健康发展并最终成为宁波市具有市场竞争优势的支柱产业。解决这一问题的根本是全面建立创意产业的战略体系。战略体系的构建可以从两个角度来考虑,产业发展的角度和外部环境的角度。

### 5.3.1 外部环境战略

1. 宏观环境优化战略

(1)加强配套基础设施建设

虽然随着城市基础设施的不断完善和创意产业园区的建设和发展,宁波具有相对比较完善的基础设施,但是创意文化产业的深入发展,必然对基础设施建设有更高的要求。因此,从战略的角度来说,加强基础设施建是非常重要的。

首先,加强枢纽型、功能性、网络化的城市基础设施建设,增强城市服务功能,不断完善公共交通设施,提高城市交通运营效能。宁波市作为一个港口城市,交通网络已十分发达,市内交通也在不断完善,但是如何更好地发挥其最大效能是亟待解决的问题。上下班高峰期的拥堵现象普遍存在。如何加强和完善交通运力的配置、交通网络的管理,以创造宜居的生活和工作环境是城市不断发展的基础,也是创意产业赖以生存和壮大的条件。推进公用事业改革,不断提高服务水平和管理水平。水、电、气、热、道路、通信、网络等基础设施改善不仅是经济发展的保障,创意企业扎根与发展的基础,也为大量引进创意人才提供生活保证。还有就是加强环境治理,转变和升级产业结构,取缔污染严重的企业和产业,提高能源的利用率,大力发展新型清洁能源。通过一系列措施,为创意产业的发展提供良好的外部环境,同时产业的转变与升级也为创意产业的深入发展创造了机遇。

其次,有重点地加强创意产业基地和园区建设,为创意产业发展提供孵化器。所谓"基地",就是文化创意企业的集聚区,通过基地的建设,发挥其带动、示范、集聚、辐射和推动作用。基地、产业园区等重要基础设施的建设是培育市场的一个重要方式。创意产业的发展并不仅是个人和单个企业的行为,而是需要集体的互动和企业的地理集聚,这就是集群的环境。创意产业及其相关产业在城市的某些地方(例如在艺术场所、科学园或媒体中心附近)集聚,文化企业、非营利机构和个体艺术家集聚和互动,形成独特的集群发展环境。创意产业园区是产业集聚的载体,其主要构成应有相关文化创意设计方面的企业,有提供高科技技术支持(如数字网络技术)

的企业，有策划推广和信息咨询等中介机构；还有从事文化创意产品生产的企业和在文化经营方面富有经验的经纪公司等。这种相互补充的企业集群，构成立体的多重交织的产业链环，对提高创新能力和经济效益都具有非常积极的意义。而目前以行政区域划分或行业分割方式构建的创意产业园区，毕竟会受到传统利益格局和资源配置的影响，难以达到理想的要素组合和产业深化。截至目前，宁波已经拥有近20个创意产业园区或者基地，还有多个仍在规划或者建设当中。创意产业的集聚取决于当地的需求与文化、产业、科技发展的规模和水平，取决于创意活动所具有的基础和环境。因此，在规划建设和发展创意产业园区时，应当特别注重园区的定位，树立其重点的发展方向，在发展园区的时候要结合当地的区位、文化、科技和产业优势，避免同质化倾向，使各个创意产业园区都具有自身鲜明的特点。

在明确了自身定位，解决了与资源禀赋相结合、实现错位发展的战略后，各园区应当注重园区产业链的设计和搭建。一个创意作品经过后期的开发，就可以成为相关的衍生产品，版权价值也随着产业链移动，使创意作品更加具有价值，同时也有利于企业扩大产品的影响力，获得更高的商业价值，为企业创造更高的效益。产业链是创意产业的一个本质特征，在创意产业发展阶段以搭建产业链为核心，规划集聚区内的企业结构，有利于形成便于上下联动，一次投入、多次产出的相对完整的产业链条。利用创意产业的集聚效应，将相关的各种企业、研发机构、大众传媒、创意设计师俱乐部、政府服务机构、教育培训机构等聚集到创意产业园内，有利于激发创意、降低开发成本、形成产业链的有效组合和创意要素的丛集，形成规模经济，从而为创意产品带来价值的增值。

(2)知识产权战略

创意产业和知识产权的关系息息相关，如果把创意产业作为一种物态积累，就是知识产权的形成、保护和积累的过程。创意产业的核心是创新和创造力，这一产业的发展特点是创意研发和设计的投入高，而复制成本低。如果知识产权没有得到合理的保护，原创人员在设计创作中的投入就会很难回收，甚至白费。这就要求必须对创意产品进行更加有力的保护，否则必将挫伤原创设计人员的创作积极性，不利于创意产业的发展。

一是利用法律手段。近年来，宁波市紧抓知识产权地方性政策法规的制定,加大行政和司法的保护力度,促进知识产权与宁波经济、社会的结合,推进政府知识产权管理体制创新,提升自主创新能力,完善知识产权统筹协调工作机制和区县知识产权管理体系,努力为促进创新发展创造良好的投资环境。同时,必须紧紧抓住司法这一条保护知识产权的最后防线,只有把好这一关,知识产权才会得到切实保障。而且应该改善目前法律处罚力度不足、执行不力的现状。另外必须大力普及知识产权保护知识,树立全民保护知识产权的意识,构筑保护知识产权的道德防线。

二是利用财政手段。加大对促进知识产权保护和发展的相关资金的保障力度,优化支出结构,突出投入重点,统筹各部门与知识产权相关的公共资源,发挥政府资源的效用最大化,激励创意企业和原创设计者的创作积极性,使其自身利益得到更好的维护。

提高企业专利意识,搭建版权体系。政府应当建立和完善促进知识产权的信息服务、市场交易和法律服务平台,支持版权贸易和交易企业的发展。尽快提高企事业单位对知识产权的经营管理水平,挖掘知识产权的资源优势,加强知名品牌研发能力与创新能力,帮助企业有效利用和经营自身的知识产权优势,增强技术创新能力和市场竞争力,形成具有知识产权战略的企业群体。支持企业申请国内外专利及进行软件著作权登记,支持重点大企业形成专利群。

(3)营造多元化、高效率、低成本的投融资环境

创意产业要发展,资金投入是重点。在投融资方面,一是建议由政府拨专款设立创意产业引导资金,可以采取资金补助、信贷贴息和奖励等多种方式扶持宁波有示范性、导向性的重点创意产业项目建设和重点创意产业企业发展。二是积极吸收境外资金和社会资本投入创意产业。可采取通过支持国有非创意企业投资有关项目,吸引社会力量参与创意产业企业的经营管理等形式,在创意产业中注入先进的管理力量,可以利用投入到创意产业的资本,形成国有资本、社会民间资本、境外资本共同投入的多元投资、多种经济成分并存的格局,使创意产业的经济基础更加牢固,同时又充满生气。在政策上,政府应进一步支持符合条件的企业进入资本市场融资,鼓励和允许上市公司通过资产重组和增发新股方式进入该产业,推动多元化投资、金融市场融资、倾斜性金融信贷政策等。政府对创意产业的投入,应逐步减少在竞争性产业经营领域的投资,主要进行公益性基础设

施和先导性建设的投入及对重点项目的扶持、推介、评选和奖励，以鼓励社会上更多的投资进入国家法律和政策允许的创意产业领域。三是加强与金融机构的交流与合作，积极向银行推荐有发展前景和良好效益的重点项目，利用银行的资金为创意产业提供牢固的发展资本，通过贴息引导机制和市场化的项目贷款担保机制，引导银行加大对创意产业的信贷投入。逐步形成投资主体多元化、投资方式多样化、融资渠道社会化、项目建设市场化的创意产业发展格局，为宁波创意产业的迅速扩张提供更加有力的资金支持。

2. 产业环境发展战略

(1)产业集群战略

产业集群，是指同一产业以及相关产业的支持性产业的企业，通过专业内分工，在同一地理位置上有效集中，从而形成一种有效的生产组织方式。在经济达国家，产业集群现象十分明显，无论是高科技产业，还是传统产业，集群都取了巨大的成功。创意文化产业的发展也应该走集群战略，形成"产业配套合理、业内分工清晰、集群效益明显、功能配备完整、资源共享充分"的产业集群发展格局。

创意产业园区是实现产业集群的重要方式之一。虽然地理位置接近会产生集群企业间的激烈竞争，但同时企业间也可以促进交流、分享信息，相互吸取彼此的优点，从而也可以较好地发现企业自身的弱点和不足，继而使自身能够更加健康地发展。且集聚在一个园区内，有利于节省公共资源，能够使基础设施得到充分地利用，同时有利于整合专业源，形成合理的专业分工，增强创意和创新氛围，提高企业的集聚度，增强产业聚集效应。

建立实体的创意产业园区的同时，可以建立虚拟的创意产业园区平台，构建某一创意产业园区科研、生产、流通、交易的数字化平台，可以吸引巨量信息汇聚，开展网上信息交换、商务交易和产品推介销售，促进产品实体化，更有利于创意企业间的健康交流，使信息在企业间能够得到共享。

创意产业园区，是宁波发展创意产业、打造创意产业中心的主平台、主战场。宁波创意产业园区大都建设不久，虽已初具规模，但特色还不明显。应尽快改变当前文化创意园区同质化倾向，突出自身特色，增加园区的集聚度。通过编制各园区的专项规划，协调各园区错位建设。把某一(或某些)产业的上游研究开发、中游生产制造、下游市场营销及衍生产品的开发汇聚在一个(或几个)相对集中的园区进行管理和发展。要吸引龙头企业、发展潜力大及能够带动相关产业和周边产品的企业入园。对重点园区,继续给予一定资金扶持,用于补贴园区内企业房租、水电等开支及企业孵化、关键技术研发、融资中介、交易推广等公共服务,以推动产业基地建设,形成产业规模效应,带动创意产业发展。加强公共服务平台建设,增强园区综合服务能力,鼓励工商、税务、知识产权保护等部门为创意产业园区入驻企业提供便捷的公共管理服务。

(2)产业结构创新战略

“十二五”期间,宁波创意产业要率先推进结构重组,更新产业布局和空间布局。在未来五年内重点布局新兴创意和特色创意两大部类产业,在空间上构建“宁波开放型特色文化产业带”。

新兴创意产业部类:一是重点发展软件研发服务业,包括软件服务外包集群、网络信息安全软件集群、IC设计企业集群、信息集成系统软件集群,培育科技项目运行和文化信息管理软件设计;二是大力发展数字内容和动漫游戏业,包括动漫画益智网络游戏、手机出版物、数字报纸、互联网期刊电子图书、在线音乐、动漫衍生品,并构建动漫产品交易平台;三是优先发展创意设计业定位于高端工业设计、城市视觉设计、工业科技产品设计、时尚设计、大型文化项目设计;四是重点推进数字新媒体业,优先发展移动多媒体和网络媒体等流媒体数据传输,以及电视互联网、移动互联网、物联网等数字媒体应用技术;五是重点培育文化金融服务业,大力推进文化产权交易积极发展风险投资基金、公募基金和私募基金等文化金融产品。

特色创意产业部类:一是优先发展文化休闲旅游和娱乐业,构建近代历史文化游、海洋旅游、生态旅游、现代大工业休闲旅游、体验旅游、高端娱乐等综合体系,建成“宁波休闲娱乐生态旅游带”和“旅游装备制造业基地”;二是重点发展广告和会展业,包括发展互联网广告和主流媒体广告等现代广告,开展文化、商业、金融、旅游、工业等展览,大力发展广告和会展中介组织,构建咨询、市场调查、信息发布、风险评估等配套系统。

3. 政策体系环境战略

为在“十二五”时期推动宁波创意产业实现跨越式发展，产业政策体系必须与发展目标、发展模式、产业结构等诸项创新而同步创新。

(1)以体制机制创新作为产业跨越式发展的动力

第一，应坚决实施政府引导发展政策。尽快成立“宁波创意产业发展领导小组”，主要审定发展规划和制定政策措施、推进文化管理体制改革和产业整合、组织文化精品工程的实施、推动国内外文化交流合作等；下设办公室，对发展中的问题进行调查研究和提出解决方案、实施各项政策等，并进行产业统计、监测发展等日常工作。为规划统筹布局，实现科学发展，应尽快出台《关于大力发展宁波创意产业的实施意见》、《支持宁波创意产业发展的金融政策》、《关于民营资本准入宁波创意产业领域政策》、《关于深化宁波文化体制改革意见》等一系列规划和文件，支持宁波创意产业走科学发展道路。

第二，积极推进宁波文化体制改革向纵深发展。应逐步探索宁波文化、广电、新闻出版、文化旅游联合办公的大部改革机制；纵深推进宁波经营性文化事业单位体制改革，以现代企业制度提升文化企业管理水平，加大产出效率；大力推进宁波国有文化企业的股份制改造，强化对国有文化资本的监管；允许民营、外资等多种资本进入政策允许的创意产业领域；率先推行制播分离制度、艺术创作工作室制、文化项目领衔制；在重组的滨海文化企业内推行人事、分配和社会保障制度改革，激发宁波创意产业发展的活力和创造力。

(2)以金融服务创新作为破解发展瓶颈的突破口

资金短缺一直是各地创意产业发展的短板，宁波应在突破资金瓶颈上有所作为：一是应设立“创意产业发展专项基金”，由地区财政注资引导，并设立专门机构管理基金，实行市场化运作，通过股权投资等方式，推动资源重组和结构调整；二是组建“宁波创意产业投资集团”，发挥国有资本在产业发展中的导向作用；三是应出台民营文化企业税收政策，采用免税、减税、贴息、补助、奖励等方式支持民营文化企业发展；四是应出台并购融资与无形资产抵押政策，支持开展对宁波创意产业上下游的供应链融资，促进产业链整合；五是建立“无形资产评估体系”，为银行等金融机构处置文化类无形资产提供保障;六是建立"文化产业交易平台"和"市场交易中介平台",对重点文化企业进行重组,积极创造条件推动文化企业走资本市场融资之路,加速实现宁波创意产业的资本聚集。

(3)以人才政策的创新作为推进产业发展的抓手

对于以创造力为核心的创意产业来说,人才因素是创新的关键,智力资本已成为企业最重要的资源。发展创意产业最根本的是靠一大批有创意能力、创业精神和深厚的文化底蕴的高素质的文化人才创意产业需要具备创意灵感的设计高手和特殊人才,因此要打造让优秀人才脱颖而出的发展环境,加快发展搞好人力资源整合,创造人才涌现和人才引进的良好氛围,实行创意产业用才新机制。

创意人才是创意产业发展的基础,宁波应把人才引进和培养作为创意产业发展的重点工作,尊重各类创意型人才,充分发挥各类人才的作用,重才,爱才,用才,努力营造一个人才辈出、人尽其才、才尽其用的良好环境,营造一种鼓励成功、宽容失败的社会氛围。加大对高级经营管理人才、高级营销人才和高级策划人才的培养和引进,探索解决创意产业高层次人才的结构性短缺问题。鼓励海外高层次留学人才来宁波创业,对文化创意企业引进外国专家优先给予立项、经费资助等方面的支持。培养和建设一批创意产业人才培养基地,为创意产业培养输送专业人才,注重培育具备"A+B+C"(A=art 艺术;B=business 商业;C=computer 计算机)能力的复合型人才,积极推动创意产业人才结构的调整。在职业培训时,要强化在职教育和岗位培训,对文化经营管理人员要提高其整体素质,尤其是依法经营意识、职业道德水平和业务素质。加强对企业内部员工的定期培训,不断提升人员素质。其次,鼓励创意产业单位与高校联合,发展与创意产业相关的高等教育,培养一支高素质的人才队伍,重点培养一批熟悉创意产业经营管理业务并掌握有关国际规则的人才。或在有条件的高校开设创意产业相关课程,以培养创意人才为核心内容,加强与海外一些相关的高校和研究机构的交流与合作,比如采取合作办学等方式,培养出既立足本土同时又有国际视野的创意产业界的紧缺人才和综合实用人才。

对有特殊贡献的文化创意人才,提供免费高端培训、免费工作室等优惠条件,并可尝试由政府出资收购富有前景的创意设计和项目,设立优秀创意人才基金对其激励。积极探索与实施创意人才发现计划,支持创意人才在宁波创业。对刚毕业或在读的大学生从事创意产业，政府给予相对集中的创业创新基地，让他们在学生阶段进行实习和交流，在毕业后引入园区，提供种子基金和优惠政策。明晰人才供求信息，协调人才培养的特色方向和规模，使人才培养同步于社会发展要求，防止人才培养过度共性化。加大高校、社会机构资源共享和合作力度，提供互动平台。

(4)加强政府支持，完善管理体制

要实现创意产业的发展，当务之急是从宁波本地的实际出发，依据新的形式和市场环境，制定出适合创意产业发展，积极有效的政策、措施，进一步加强对创意产业的政策支持。

在经济在文化经济一体化的要求下，文化部门的条块式管理已不合时宜，机构重组是必然选择。建议在市政府已经成立的创意产业协会的基础上，打破行业壁垒，按照行政管理和市场经济规律，对以条块分割的文化体制框架作适当调整，建立精简、高效、廉洁权威的创意产业综合管理体制。英国为创意产业的发展专门组建跨政府部门的行动小组不仅避免了部门之间互不通气、各自为政的现象，同时又可以充分发挥其协调作用，集思广益，同意调动各部门掌握的有限资金和资源，大大提高了工作效率。这对宁波现行的管理体制来说，英国的做法不无借鉴意义。建立创意产业综合管理体制，不仅有利于各部门协调一致，整合文化资源，而且可以加强政府对创意产业发展的宏观调控能力。

创意产业作为凝结一定程度的知识产权的创造性产品和服务的生产、扩散、聚合体系，其核心内容是创新活动，其走向市场、获得产业化发展的关键却在于通过创新获取收益。而没有法律的认可和保护，这种创意获取收益便不可能实现。因此，为创意产业创造一个良好的政策和法律环境是保证其发展的关键。韩国政府在“文化立国”战略提出不到一年便制定了有关文化产业的综合性法规《文化产业振兴基本法》，后又制定完善了《影像振兴基本法》、《著作权法》、《演出法》、《广播法》等，为文化产业的发展制定了比较完善的制度规范，创造了良好的外部条件，使其能够在更加健康的环境中实现真正的优胜劣汰。宁波市政府也应加快制定文化发展战略，完善各项法律法规和配套措施，加大执法力度，特别是对知识产权的保护，为创意产业的发展创造一个良好的外部环境。

由于创意产业是一种资金回收会较晚的企业，资金支持是创意产业发展的基本保证。所以，首先，应加大对创意产业的财政预算支出，在人才培养、产品研究等方面给予文化创意企业财政支持。其次，应鼓励民间投资，官民共同融投资。适当降低准入门槛，为民营资本进入创意产业领域提供便利。再次，政府可利用税收、信贷等经济杠杆，例如通过制度减税、建立创意产业专项资金等优惠政策，为创意产业发展提供便利，能够使其在发展的过程中不受资金的困扰。

(5)深入探索一体化协作机制

虽然长三角地区经济发达，但是对于创意产业的合作问题，各个地区仍然涉及得比较少。为了促进长三角地区的创意产业充分地交流合作，相互取长补短，同时也帮助宁波创意产业的发展，应借鉴全球跨国跨区域协作发展的组织方式，组建长三角地区创意产业发展官方协作的管理委员会和民间经济发展行业协作组织，吸纳各地区官产学研界参与，从组织上推进区域一体化协作机制的建立，共同探索跨行政区域进行产业结构调整和资源整合的协作途径，共同探索促进区域创意产业发展的政策措施，共同合作建设区域代表性和影响力大的创意产业发展项目。

通过建立长三角地区官方合作机制，使区域各地区政府共同制定促进区域创意产业一体化发展的投资融资、信贷税收、出口贸易、公益创意产品政府购买、创意产品生产销售的政府投资补贴等方面的政策和协议，特别是制定创意产业发展的激励政策、金融政策和创意成果产权保护的政策规定，加快长三角地区区域经济一体化进程。通过共同搭建区域创意产业发展的信息网络平台、展示交易平台、投资融资平台、教育培训平台、国际交流平台、知识产权保护平台、技术服务平台、智能化设计平台、协作共享平台等，特别是利用长三角地区的会展业发达和传媒优势搭建区域创意资源、创意产品品牌、创意企业家的展示平台和具有优先权法律保护民众创意展示平台，为区域创意产业发展大开绿灯，为长三角地区创意产业开拓国内外市场提供全方位的公共服务、技术服务。

(6)培育创意龙头企业

宁波作为长三角地区南翼的中心城市，经济发达，制造业在全国处于领先地位。在以创意为原动力的经济时代，经济全球化背景下的国际分工不断深化，外商直接投资所主导的、由跨国公司在整个世界所布局的全球生产网络日益盛行和不断扩大。宁波企业面临创意经济全球发展的新机遇和新挑战。面对全球创意产业价值链的形成和全球巨大的创意产品市场,企业发展又有了新的机遇。同时,创意产业链条延伸的无边界性和创意资源具有的易跨空间经营的特点,也给企业开拓市场带来新的挑战。创意企业、创新型企业已成为企业发展的新目标。宁波作为沿海城市,有着丰富的社会资源、文化资源和智力资源,加上四通八达的交通,利用长江三角洲强劲有力的科技创新能力和周边地区的自然资源。在政府的引导下、市场主导的原则作用下,运用集成管理的手段,通过区域集成创新的改革,建立区域资源信息共享、合作共生的良性竞争机制的建立,通过环杭州湾地区官方和民间协作组织共同协商规划区域性创意产业投资发展项目和重点企业,培育更具有竞争力的创意产业龙头企业和企业集团,以创意产业的特色项目和龙头企业带动宁波地区的创意产业企业集群发展,是宁波加快创意产业发展的重要而有效的途径。

(7)政府设立创意产业公益性服务平台衔接产业链

完善产业发展的一种方式,是可以设立创意产业公益性服务平台,成立宁波创意产业公益服务中心,为可能涉及创意产品的公司提供一系列服务,使其联系更加紧密。这一机构职能定位在:整合创意产业资源、规划创意产业发展目标、协调创意产业发展过程中的重大活动和相关事宜、提供信息咨询、投资咨询、法律咨询、中介服务等,重点是构筑服务平台、强化行业导向、推动产业集聚、形成产业链条。逐步形成以"宁波市创意产业公益服务中心"为平台、为各类创意企业和创意产业园区提供支撑的创意产业体系架构。由于创意产品的需求具有不确定性,创意产业发展具有一定的风险性,地方政府就需要营造一个适宜产业发展和企业公平竞争的外部环境。以"市场先行"为原则,经过科学的市场调查分析后制订系统的市场规划。树立市场意识,就必须健全支配创意产业链各环节市场化的运作机制。以创意产业化运作的系统理念,营造延伸产品开发经营的成熟环境,建立具有丰富实战经验的核心管理团队和创作团队,迅速获得来自成熟市场的资金回报,以形成产业链间的良性循环,使创意产品不断提高市场占有率。为发展创意产业,政府需要构建创意产业公益服务体系包括很多内容,如信息发布服务、培训服务、管理配套服务、交易沟通服务。在这样的公益服务平台和相关配套服务下,随着宁波市创意产业的发展壮大,创意产业将对公共产品和服务的需求随之增加,这包括基础设施、交通通信、服务设施、环境等要求，政府也需要为创意产业提供更优质的通信网络，完善的交通设施，现代化的商务商业中心，建设高品位的生态文化环境，营造一个适宜创意产业稳步发展和企业公平竞争的外部环境。无论建立公益信息平台还是建立创意产业园区，都有利于发展企业之间的合作，提高产业的总体竞争力，优势在于资源共享，交易成本降低，专业化加强，促进规模经济，引领产业结构升级，以及产生知识艺术效应，形成内在趋力的态势。

以动漫产业为例，要开发播出带动机制。改变传统的播出模式，打造以播出平台为核心的产业链，使之成为凝聚动画产业链上下游的核心。以播出平台建设为基点，整合产业链所需要的各个环节的优质资源，加强沟通，促进合作。在动漫产业链的前期，播出平台可以整合、扶持优秀的动画生产企业，协助其进行市场调研、项目策划、加工制作等。在产业链的后期，依托播出平台的媒体传播深度和广度，为动画形象进行市场推广和商业运作，协助衍生产品的开发和营销，为其动画作品全面进入大众消费市场铺平道路。要实现电视媒体与动漫产业的互通，使电视媒体由单纯的播出媒体转变为引领者或是投资方，成为动漫产业运转的核心，而把收益的重点从传统的广告转移到通过建设产业链，从产业链中获得更大的收益。电视媒体不要仅是被动的播出平台，而应积极主动地参与到产业运营中来，自觉地将电视媒体所能产生的影响最大化，使播出平台在发挥带动作用中，伴随整个动画产业的繁荣而获得更大的效益。

(8)完善行业统计制度，设立统计评估监测体系

目前，宁波还未将创意产业纳入正式的统计范畴和指标核算体系中，建议由市统计部门尽快建立与国际接轨的创意产业统计评估体系。指标体系包括能反映创意产业总体规模、产业结构变化趋势及主要行业状况的一套指标，实现科学统计的同时，也便于同国内外及其他城市的情况进行比较分析，为宏观管理提供科学依据，更有利于政府、相关部门和企业衡量创意产业的发展情况，也便于更准确地制定未来的发展计划。

对宁波创意产业实行科学化监测与评估。通过年度发展报告等形式，定期跟踪评估，为政府及相关部门及时掌握该产业的发展现状、结构和动态提供科学的决策参考。同时，应尽快建立“宁波创意指数”。借鉴上海的成功经验，考虑产业规模、科研发展、文化环境、人力资源、社会环境五大指标体系，科学反映宁波创意产业发展情况以及与社会、经济、文化的关联

度，为宁波创意产业的健康、快速、持续发展提供综合性的参照体系。

### 5.3.2 产业自身成长战略

1. 完善创意产业链

产业化发展需要一个完整的产业链支撑。宁波文化产业必须打造产业链，才能产生规模效应和互动效应。与传统产业链不同，创意产业链是以创意为龙头、以内容为核心，驱动产品的创造，创新产品的营销，并通过后续衍生产品的开发，形成上下联动、左右衔接、一次投入、多次产出的链条。在这个链条中，创意是核心价值，产业链通过创意的“价值扩散”来实现——原创企业通过合作开发、专利技术或者版权转让形式，把创意的核心价值扩散到周边关联产业中，形成长线生产能力，扩大产业链的规模。湖南省的卡通、动漫产业领跑全国同业，拥有国内第一个卡通原创驰名商标“蓝猫”以及“虹猫”、“山猫”等一系列原创卡通形象，年产值13亿元。这些主体产业如果能与儿童玩具、文化用品、儿童服饰、体育休闲、旅游观光、文化教育、主题公园等衍生产品链接，产值可能达50亿元、100亿元甚至更多。横店集团以影视文化旅游为切入点发展创意产业，不但带动了与文化创意直接相关的产业，也带动了包括教育、医疗卫生和体育等在内的大文化产业，同时也带动了信息、金融、商贸、物流、运输、服务等第三产业。

宁波创意产业发展的重要制约因素就是产业链构建的缺失。几乎所有的创意产业都在产业链的各个环节上出现问题。产业链的断裂有外部环境的原因，比如人才不足的问题，配套设施不足的问题，也有知识产权保护不力的问题，但从创意企业自身发展来看，根本上还是企业发展战略和规划的问题。

如何在外部环境不能完全满足创意产业发展的基础上求得生存是每个创意企业需要解决的问题。构建完整的产业链是重要的解决方法。从创意内容的提出，到规模化制作生产，再到物流、销售的实现，实现品牌形象的树立，进而不断开发衍生产品，每个环节对创意产业的发展都十分重要，任何一个环节的缺失和不足都足以影响整个产业链的运作，从而影响产业价值链的实现。因此，创意企业应该加强产业链的构建和延伸，对于薄弱环节要充分运用市场资源和自身优势加以化解。另外，应该积极利用创意产业促进组织和中介机构、行业组织，借助其资源整合能力和平台搭建能力解决产业链缺失的问题。比如通过中介机构和行业组织寻找合适的供应商和合作商，等等。

发展创意产业应提高产品附加值，形成品牌价值。加强对重点企业和重点产品的财政扶持，发挥其在自主创新中的引领与带动作用，引导和推动文化创意企业提高自主创新能力，推动文化创意与高科技紧密结合，提升文化创意产品与服务的附加值，增强文化创意企业的品牌意识，以品牌带动产业优势的形成。没有完整的产业链的创意产业会出现一个很严重的问题，同质产品进行价格战时，反而会淘汰优秀的企业。想提高创意企业的竞争优势就要不断地将企业和设计师所设计的作品转化为产品，使其创意成果转化为切实的经济利益。这就需要完整的产业链的依托。目前，宁波已出现了创意产业企业群、产业链和基地园区，在此基础上更要进一步加强产业链的构建和延伸，对于薄弱环节要充分运用市场资源和自身优势加以化解，使创意产业链能够跟上创意产品的开发，在建设创意产业园区的同时，不断完善产业链，注重对创意设计的消化和转变，使其能够更快、更好地为企业创造出更多的效益。与此同时，应创造公平竞争的市场环境。

2. 产业组合模式创新

在完善产业链的同时，要尝试进行跨产业合作，不断尝试新的产业组合模式，新的产业运营模式能使创意产业不断发展壮大。同时也能更快转变城市经济发展方式，完善城市产业结构。科技的发展，技术的创新，使得创意产业将会不断出现新的产业类别，产业内容将会越来越丰富。应大胆地将各种产业类别相结合，使其相互促进，催生新的产业类别。可以将传统产业与创意产业结合，比如传统戏曲与现代文化艺术的结合，以此来吸引消费者的眼球；也可以是创意产业类别间的组合，比如影视与旅游、休闲业的组合发展，既可以积极促进创意产业与传统产业的融合和发展，也可以更大限度地发挥创意产业的聚集效应。

在选择产业组合模式时，要以合作是否能够促进宁波经济、社会发展为衡量标准，如果二者的结合可以扬长避短或取得双赢局面，则这样的合作是值得推广的。在具体运营方面，不同的产业类别具有不同的特点，必须充分了解各产业类别，了解各个产业的特点，加以融合必然要找到合适的运营方式。如果是两个不同企业主体的合作，则合作方式和手段都需要不断完善。双方要共同解决好在实施环节中出现的一切问题，才能真正实现产业组合模式的成功。

# 6 宁波创意产业发展战略政策完善与路径选择研究

## 6.1 创意产业发展的具体路径

### 6.1.1 文化产业与创意产业的整合

文化产业与创意产业既有联系，也有区别，但现实中两者在某种程度上相互分割，或者联系不够紧密。高端的创意往往含有文化的因素，因此在创意产业发展中对传统文化、特色文化的理解非常重要。很多半官方的机构或者事业性质的机构致力于文化研究，但并没有与创意联系起来。而创意产业作为一种经济行为，更多地由市场调节，因此可能对文化关注不够。因此，宁波市在发展创意产业发展过程中，要高度关注文化产业与创意产业的整合与融合，让文化研究成果在创意产业发展过程中发挥更大的作用。

### 6.1.2 创意产业与传统产业的融合

虽然发展创意产业对于拉动经济增长具有重要意义，但如果创意产业不能与传统产业很好地融合，其经济效益就会大打折扣。宁波是制造业发达地区，但与我国其他地区类似，制造产品价值链低端锁定，产品附加值低，有些创意产业的发展恰好可以解决这一问题。比如工业设计，在技术水平保持不变的情况下，仅仅依靠设计上的改善，就可以大大提升产品形象，提高产品附加值，这样的例子不胜枚举。因此，宁波市应该以发展创意产业为契机，着眼于制造业转型升级，把创意产业发展与传统产业发展紧密结合起来，实现二者的互动，协调发展，而不能把创意产业与传统产业割裂开来。

### 6.1.3 现代科技与创意产业的结合

科学技术的突飞猛进是创意产业发展和繁荣的重要催化剂。创意与创意产业古已有之，但创意产业之所以能够规模迅速扩大并产生如此大的影响力，正是借助了现代高科技的力量。科技对于创意产业发展的作用体现在：一方面可以利用数字化技术手段提升内容制作的水平，实现技术与内容的有机结合；另一方面可以利用数字和网络多媒体平台推动创意内容的传播、扩散，提升产品营销水平。因此，推进科技与创意产业的结合，应该成为宁波市发展创意产业的重要思路。

### 6.1.4 以内容产业带动创意产业增长

创意产业具有“内容为王”的特征，因而内容产业对于创意产业的发展具有特殊意义。欧盟“Info2000 计划”中把内容产业的主体定义为“那些制造、开发、包装和销售信息产品及其服务的产业”。内容产业的范围包括各种媒介上所传播的印刷品内容（报纸、书籍、杂志等）、音像电子出版物内容（联机数据库、音像制品服务、电子游戏等）、音像传播内容（电视、录像、广播和影院）、用以消费的各种软件等。近年来，现代传播媒介高速发展，但媒介仅是被传播内容的形式和流通渠道，而人们最为关注的仍然是传播的具体内容。因此，结合宁波特色文化大力发展内容产业，通过丰富的内容产业展现宁波独特的文化内涵，是宁波发展创意产业的重要途径。

### 6.1.5 以版权贸易融合产业链

创意产业发展很大程度上依赖于知识产权制度，因此，创意产业也可以视为版权产业，而在版权产业中，版权贸易是价值链末端环节，也是实现版权价值的关键环节。创意要实现产业化，体现其经济属性，最终也往往体现为版权贸易,版权贸易能否顺利实现,成为制约着创意产业的重要因素。因此,宁波要为版权贸易创造有利条件:首先,要加强知识产权保护,保证版权所有者的权益不受分割;其次,要建设版权登记、认定的平台,强化相关人才培养和组织建设;最后,还要为版权机构对版权的展示、交流和交易提供有利环境。

## 6.2 发展创意产业的具体政策

### 6.2.1 提高认识,形成助推创意产业发展合力

各级领导和各个部门应进一步更新观念,切实提高发展创意产业重要性与紧迫性的认识,在思想观念、推进机制等方面尽快适应创意经济发展的新趋势。一是要加大组织领导力度。要把创意产业发展切实纳入经济社会发展的总体规划,加强组织领导,整合相关力量,落实责任分工,形成有利于创意产业发展的推进机制。可借鉴相关地区的做法,成立由市委、市政府分管领导挂帅,以发改委、经委牵头,科技、外经贸、财税等多个部门参与的创意产业领导协调小组,共同推进创意产业发展。同时,要将创意产业发展纳入经济考核范围,形成有效的考核激励机制,促使有关部门强化意识,提高抓创意产业发展的积极性和主动性。二是要加大规划协调力度。创意产业具有包容性广、综合性强的特点,涉及经济社会的方方面面。因此,在具体工作当中,领导协调小组要组织有关力量,对创意类企业进行全面系统的调查,摸清资源底数,行业分布情况,在此基础上制定产业发展规划,并积极争取将这一发展规划融入宁波市的总体规划之中,取得市有关部门和政策的支持。同时,要及时研究和协调解决产业发展中出现的具体问题,为创意企业的引进、发展创造良好条件。

### 6.2.2 大力宣传,营造创意产业发展氛围

以创新、创意为核心的创意产业的发展规模和水平,已经成为衡量一个国家、一个地区综合竞争力的重要标志之一。因此,应对各级领导干部进行创意产业相关知识的培训,提高其对创意产业发展的领导水平。应组

织专家学者开展研究工作,特别对创意产业的理论基础、政策制定、产业布局、人才战略等进行多方研究。同时,各级领导、各个部门应加强对发展创意产业的宣传力度,使全市上下普遍提高对发展创意产业的认识,为其发展提供良好的氛围。

对于需要重点发展的创意产业,要在全社会营造浓厚的发展氛围。要在教育、宣传等不同层面形成重视创意产业,大力扶持创意产业发展的社会导向和社会风气。要借鉴美国、韩国发展工业设计的经验,以“设计宁波”、“品牌宁波”等为主题,通过举办国内外有影响力的会议、论坛,把设计、品牌、精细化发展的理念贯穿于城市建设、社会生活的每个细节,让相关的发展理念“润物细无声”地逐渐渗透到人们的思维中,形成一种社会文化。德国人之所以具有严谨精细的性格特点,这与其整个社会文化是分不开的。因此,要大力发展创意产业,就应该把创意产业上升到文化层面,上升到精神层面,这虽然是一个长期的过程,但却是一个最有效的手段和途径。

### 6.2.3 改善人居环境,吸引和培养创意人才

创意人才是创意产业发展的必要条件,可以通过引进、培养等多种途径增加创意人才供给。通过发展休闲文化、改善生活环境等措施打造“宜居宁波”,大力吸引创意人才。

1. 改善人居环境

首先,大力发展休闲文化。休闲文化是判断一个城市是否宜居的重要标准,如果一个地区始终处于一种紧张的工作状态,即使收入很高,也难以吸引人们长期居住,创意人才在这一点上表现尤为突出。

在这一点上,同处浙江省的杭州市和宁波市形成了鲜明的反差,浙江省除了杭州等个别城市之外,休闲文化发展严重滞后,市民在紧张的工作之余,难以找到价格适宜、形式健康、放松身心的休闲、交流的场所,市民特别是引进的高层次创业、创新、创意人才的人际交往需求,难以充分满足。杭州近几年创意产业发展迅猛,当然是多方面的因素所致,但不可否认的是它有意无意间传承的天堂文化的厚礼。而宁波历史上深受经世致用的浙东文化影响,商业气息浓厚,但物质利益、商业利益的追求在生活中的权

重过高,这种文化氛围对于吸引创意人才是十分不利的。

到过四川成都的人可以深刻体会到休闲城市的真正涵义,种类丰富、价格较低的各式饭馆随处可见,具有浓重休闲味道的茶馆布满街头,各类垂钓、旅游场所各具特色。虽然有些场所因为价格便宜而不是那么气派"高雅",但这才是普通市民真正放松身心的休闲场所。因此,宁波在追求快速的经济增长并且经济已经达到一定发达程度之后,应该重视休闲文化的培育和建设,这不仅是吸引创意人才的重要条件,也是经济社会发展到较高水平的重要标志,发达国家休闲文化的发展充分说明了这一点。因此,宁波应该充分借鉴国内外休闲文化发达地区的经验,制定发展休闲文化的具体思路、对策。其次,要着力改善生活环境。生活环境直接关系到人们的身心健康及便利程度,是决定一个地方是否宜居的重要因素。生活环境涉及很多方面,比如环境保护状况、交通便利程度,甚至停车是否方便等,只有把这些与人们的生活息息相关的细节问题做好了,才能真正吸引创意人才到宁波工作、生活。正如 Florida(2002)所指出的,人才是流动的,它不注定属于某个地区,因此,休闲文化的培育及生活环境的改善十分重要,如果不能做好这些基础性工作,不仅不能吸引创意人才,甚至现有的创意人才也可能会流失。

2. 吸引、培养创意人才

要通过产学研结合大力培养创意人才。要通过灵活多样的方式,培育三大创意产业所需人才,为三大产业发展提供源源不断的人才供给。韩国的工业设计产业十分发达,这与韩国十分重视工业设计人才的培养密不可分。韩国已经形成了系统、完善的设计人才教育体系。韩国的设计教育从最初笼统的教育,逐渐分化为产品设计专业和视觉设计专业,目前则出现了多样化趋势,增加了以建筑物的室内环境为对象的室内设计,以建筑物外部环境为对象的室外设计,利用电脑进行的游戏、网络设计等多媒体设计,以及服装设计、社会制度和企业经营领域的设计经营专业。在教育过程中,学校既根据自身的地域特点和人力资源等情况,确立各自办学的独特性,使设计符合本大学的特色战略、教育计划和教育课程,又很重视相互间的合作与交流,并积极与当地的企业合作,突出实践教育。目前,国内的人才教育存在明显的问题,即学校教育与实践过程完全脱离,学校教育不能用于工作实践，而工作实践也不能对学校教育起促进作用，所谓的学生实习很多情况下都徒有虚名。这种教育模式使得学生在学习期间没有明确的学习目标，甚至缺乏学习方向，更缺乏利用所学知识解决实践问题的成就感，导致学生学习兴趣低下，学习效果较差。而当学生毕业后，由于工作需要意识到了学习的重要性，但却失去了学习机会。因此，宁波在创意人才培养过程中可以尝试改革目前的大学教育模式，突出产、学、研结合，培养理论与实践能力兼备的高素质人才。

首先，利用宁波市建设服务型教育体系的契机，在甬高校中强化与三大创意产业相关的专业，扩大招生数量，建设高素质教师队伍。其次，招生及教育模式可以进行一定改革，可以突破局限于从应届高中毕业生招生的藩篱，考虑从现有的创意产业从业人员中招收一批品学兼优的学生，在教育模式上，则可以采取学历教育与短期培训相结合等灵活的教育方式，强调"干中学"、"学中干"，实现理论与实践的紧密结合。同时，在学历教育中也可以采取灵活学制，学生可以在学校学习一段时间后到企业工作实践，再返回学校学习，如此反复，使学习与实践真正实现贯通。学生修足了学分，完成了相应的毕业论文(毕业设计)即可以毕业。也可以实行学校与企业联合办班的形式，根据企业需要，培养具有特定规格的人才。再次，要改良现有的教师队伍。现有的很多大学教师从校门到校门，缺乏相关专业工作经验，这使得其在教育过程中理论化太强，教育内容与实践脱节，甚至可能与企业实践根本背离。因此，要鼓励大学教师走出校门，与实践结合，与企业结合，深入社会，了解社会，把实践中的鲜活内容融入到教学内容中。同时，教师队伍中应该有一定比例的社会兼职教师，聘请那些在实践中有突出成绩的、具有一定理论素养的人员充实到教师队伍中，通过这种"走出去、请进来"的方式，大力强化教育与实践的结合，其根本宗旨就是培养理论与实践能力均很突出的优秀人才，为三大创意产业发展提供充足的人才供应。最后，要充分利用高校人才资源。高校教师是一群高学历、高素质人才，但由于种种原因，其能力资源没有得到充分利用，潜力没有得到充分发挥。很多教师因为学校环境限制，缺乏与实践接轨的平台，既限制了其能力的发挥，也抑制了其进一步发展的潜力。应该说，有相当一部分高校教师具有很大的发展潜力，如果把其智力资源嫁接到实践中，可能会产生非常优秀的创意成果，对实践会产生很大的推动作用。因此，在创意产业发展过程中,应该重视发挥高校教师这一重要创意资源,为企业与高校教师搭建沟通平台,让高校教师的智力资源在实践中发挥作用。要制定鼓励教师服务社会的政策,充分调动高校教师与实践接轨的积极性。可以考虑以各高教园区为单位,成立一家创意中心,实时发布企业的创意需求,通过公开招标的形式吸引高校教师参与创意实践。

### 6.2.4 出台相应扶持政策

创意产业在发育初期对税收的贡献率往往不很突出,因此,需要正确处理好近期利益与长期利益的关系、经济效益与社会效益的关系,树立长期培育、远期见效的观念,为其发展壮大提供良好支持。一要给以政策支持。应组织有关方面开展对宁波市创意类企业特别是重点创意类企业的内部认定工作,为重点扶持提供依据、打下基础。出台相关政策,对于重点创意类企业应优先照顾,重点扶持。二要给以财力支持。结合科技三项费用的投入和使用,给以重点倾斜。同时,在财政允许的前提下,设立创意产业扶持基金,用于扶持有市场发展潜力的重点创意产业项目。三要给以服务支持。创意产业发展离不开良好的服务环境。宁波市应进一步强化服务理念,以国际接轨的服务和适宜创业的环境,形成一个公平、开放、规范的市场,吸引国内外资本和人才投资。借鉴上海、温州等地的做法,树立凡是政策不限制的就是允许的政策观,积极引导和鼓励各种经济成分进入创意产业。同时,应建立和完善自律性的行业协会等机构,促进创意企业实现自我管理、自我服务、良性发展。

具体应完善的政策如下:成立宁波市创意文化产业发展领导小组,由其牵头研究制定并不断完善市场准入、土地税费优惠、投融资便利、出口支持、中小企业扶持、鼓励创业等各项政策,形成全面系统的产业政策体系。对需要重点扶持的工业设计、服装设计和品牌营销产业,参照执行促进高技术产业发展的相关政策。降低注册资本门槛,简化工商登记审批程序,在重大项目立项时给予一定的政策倾斜,鼓励民营资本和海外资本进入三大创意产业领域。由市相关部门牵头管理,吸纳民间资本和社会公益资金加入,设立宁波市三大创意产业发展基金,对符合产业导向的重点项目和公益性质的创意项目进行扶持。在进行城市规划时,在土地性质等方面预留一定的具备三大创意产业发展条件的土地空间,支持以土地和厂房、仓库等建筑的整体租用开发进行三大创意产业园区建设。对相关创意企业实行税收返还等税费优惠政策,对各领域成绩突出的创意企业进行奖励,并视具体情况对相关创意企业实行一定的房租补贴,对相关创意人才创业进行适当的资助。比如,如果某家品牌营销公司能够有效地帮助制造企业获得省级、国家级驰名品牌,或者使得宁波的某个制造业品牌在全国甚至世界的影响力有显著增强,在帮助企业品牌发展方面的工作卓有成效,政府就应该有相应的奖励措施,并对其采取更加优惠的扶持政策。加快发展风险投资机构,加强金融机构对三大创意企业的融资支持,支持有条件的企业进行资本市场融资,对符合条件的创意企业进行贷款贴息,支持和引导担保机构为中小创意企业提供担保,在条件许可的情况下可以成立专门的担保公司。对三大创意产业拓展海外市场给予出口退税、协助宣传等支持政策。

### 6.2.5 依托制造业产业集群,扶持生产性创意产业发展

作为制造业的中间投入品,创意产业与制造业在地理位置上具有协同定位的特征,即二者在空间位置上的相互接近性。服务供应商会从接近制造商客户群的较短距离(即可达性程度高)中受益,制造企业也会从短距离的服务供应商那儿受益,二者可以达到一种互相促进的“双赢”状态。所以,创意产业与制造业保持地理区位上的一致性,有利于产业集聚格局的形成和集群的升级。宁波市是一个产业集群大市,集群式发展已经成为宁波制造业发展的一个显著特征。因此,在发展创意产业的过程中,宜在已有的制造业产业集群内部或者附近,按照政府引导、社会资金投入为主的原则尽快建立各种为其服务的公共平台,以降低制造业集群的交易成本,优化投资环境,从而进一步促进制造业的集聚程度,乃至进一步扩大其创意产业的外包化,实现制造业与创意产业的良性循环;同时,选择适当的区域,建立专门为制造业集群服务或吸引制造业集群形成的城市商务服务区,以形成都市经济圈和强化城市的经济辐射功能;要贯彻创意产业与制造业协同定位的生产力配置原则,避免出现制造业和创意产业单一发展的孤立格局,变单纯的制造业集聚为集成制造与服务功能的产业链集聚。按照集聚发展、强化辐射的要求,科学合理地划分创意产业不同的功能区域,实现专业化服务和社会化、市场化运作。因此,考虑到发展创意产业的目的是促进制造业转型升级,可以考虑依托制造业产业集群发展一批优势创

意企业，以优势创意企业带动其他创意企业发展。比如可以依托宁波的男装产业集群扶持男装设计优势企业，依托宁波的文具产业集群扶持文具设计优势企业，等等。发展优势创意企业的好处如下：一是通过重点扶持优势创意企业，使其在短时间内形成较强的创意能力，从而能够及早为制造业集群内的企业提供优质服务；二是优势创意企业为制造企业带来的显著利益可以产生明显的带动作用，促使更多的企业重视品牌化发展，从而带动更多的创意企业发展。在优势创意企业发展上可以采取两种模式：一是整合现有创意企业资源，通过兼并重组形成实力较强的优势企业；二是引进在全国甚至在世界有较大影响力的创意企业分支机构。

宁波发展生产性创意产业的思路可以总结为：一条主线、一个平台、三大产业。所谓一条主线，即着力强化宁波制造业品牌化发展意识，以制造业品牌化建设产生的旺盛需求拉动生产性创意产业发展；所谓一大平台，即构筑制造业与生产性创意产业信息流动的无障碍平台，架起供给与需求之间的桥梁和纽带，促进制造业与生产性创意产业的互动、互通；所谓三大产业，即发展与宁波制造业转型升级最为紧密相关的工业设计产业、服装设计产业及品牌营销产业，产业选择着眼于推动制造业创新和转型升级，集中资源，突出重点，务求实效。在这一发展生产性创意产业推动制造业转型升级的思路中，主要考虑三大要素：需求要素、供给要素与信息要素，其中强化制造业品牌化发展意识是需求要素，大力发展三大创意产业是供给要素，而构筑信息平台则是信息要素。只有三位一体，协同发力，才能实现宁波生产性创意产业快速发展与制造业转型升级齐头并进的良好局面。三大要素之间的关系如图 6-1。

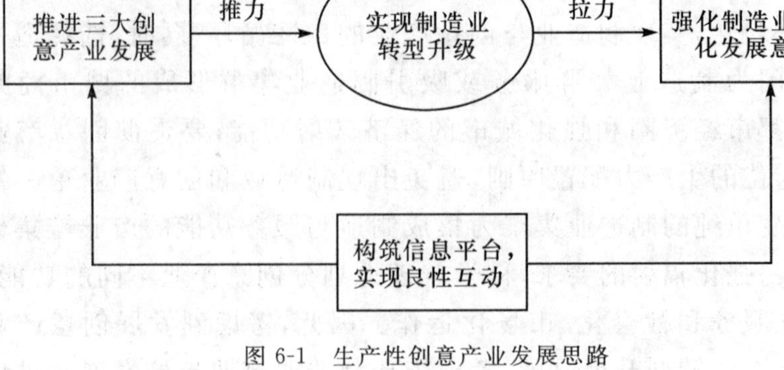


图 6-1　生产性创意产业发展思路

### 6.2.6 创新机制，构建有利于创意产业发展平台

为推动宁波市创意产业的发展，宁波市应着力构筑促进创意发展的三大服务平台。一是创意产业信息引导平台。整合市内专业媒体和网络资源，通过开设专栏等方式发布国内外和宁波创意产业发展的有关信息，宣传宁波市对创意产业发展的政策措施，让社会和企业能够广泛了解宁波市发展创意产业的战略意图和政策导向，发挥对创意产业发展的信息引导作用。二是创意产业技术产品交易平台。学习上海卢湾区在新世界大厦构筑创意产业展示交易平台的经验，建立宁波市创意产业门户网站和技术产品交易系统，为创意企业展示设计、交易产品提供支撑平台。三是创意产业投融资平台。借鉴上海创意产业中心与企业合作建立风险投资基金的经验，建议选择一家有一定规模与实力的创意企业，并吸引国内外专业公司组建宁波市创意产业投资有限公司，为中小创意企业投融资和咨询、评估、策划及运营管理提供专业服务。

### 6.2.7 加强知识产权保护

很多研究均表明，一个创意的产生过程往往是曲折的，但是，创意一旦显性化之后，就成为非常容易理解甚至模仿的东西，这是创意与技术创新的一个重要区别。因此，如果创意产品得不到有效保护，在短时间内就会失去其知识产权价值，那么，创意人员的劳动就不能得到有效补偿，创意人员的创意积极性就会受到消极影响。因此，在创意产业发展过程中，要针对创意产品的特点，制定有针对性的知识产权保护制度。创意与技术有不同之处，相比之下，技术更加显性化更容易认定，因此比知识产权保护更容易操作。而创意产品如何界定并得到有效保护，需要进行深入研究和探索。

### 6.2.8 重视和引导行业协会的建设，引导创意企业协同发展

从创意产业较发达的美国、英国、日本等国的经验来看，它们无一例外地都通过组建行业协会的方式来加强和完善创意产业市场的管理。这些协会一般都与教育机构有较强的联系，通过与专业理论较强的专家学者的合作，广泛开展相关研究。这不仅提高了对现实问题的解决力度，同时为

政府制定宏观规划、政策、规范市场竞争秩序提供了有力的依据。另外，这些协会还通过举办交流活动，提供信息咨询服务和各种专业培训，为产业的发展培养了大量人才，对促进创意产业发展起着十分重要的作用。

因此，在促进宁波创意产业发展过程中，可以考虑依托需要重点发展的三大创意产业，分别成立相关组织机构，制定明确的组织章程，促进组织定期举办交流活动，对行业中出现的新动向、新趋势、心得体会进行定期交流，促进知识技能外溢和学习提高过程，从而为宁波创意产业发展提供重要的智力平台。同时，依托组织平台，定期或不定期举办或承办各种全国性或者世界性的行业论坛，既有利于学习先进地区的经验，又可以扩大影响，提高影响力，尽快实现宁波创意产业的品牌化发展，把服务范围逐步向长三角甚至全国延伸、拓展，最终走向国际市场。

# 附　录

## 宁波市人民政府关于加快推进宁波市工业设计与创意街区建设的实施意见

各县(市)、区人民政府,市政府有关部门、有关单位:

为深入实施"中提升"战略,加快推进创新型城市建设步伐,促进产业结构优化升级,努力实现我市经济社会又好又快发展,现就加快推进宁波市工业设计与创意街区(以下简称"设计街区")建设,提出如下意见。

### 一、统一思想,充分认识加快推进设计街区建设的重要意义

设计街区是我市工业设计创意产业的核心示范区、产业结构优化提升的带动区、城市创新发展的引领区、都市型经济发展的助推区。加快推进设计街区建设,是贯彻实施"创业富民、创新强省"和"中提升"战略的重大举措,是加快推进创新型城市建设的中心环节,是加快发展知识型服务业,推进二、三产业联动发展,提升城市集聚辐射和服务功能的重要内容,是实现经济增长方式从主要依靠投资与资源要素投入向主要依靠创新驱动转变、提升城市综合竞争力的有效途径。各有关部门和单位要从全局的高度和战略的眼光,进一步统一思想,切实提高对加快推进设计街区建设重要性的认识,形成合力,扎实推进设计街区建设的各项工作。

### 二、加快推进设计街区建设的指导思想、基本原则和发展目标

(一)指导思想

以科学发展、和谐发展和可持续发展为指导,贯彻落实省第十二次和市第十一次党代会精神,围绕我市重点优势产业的提升发展,营造创新发展环境,集聚创新发展资源,提高创新发展水平,努力建成富有特色、优势

和竞争力的工业设计创意产业核心区，为全市占全国规模产量前列的优秀产业优化升级、经济增长方式转变提供强有力的保障。

（二）基本原则

坚持政府推动与市场化运作相结合，充分开发各传统优势产业的工业设计服务外包的需求，积极吸引各类高水平工业设计创意机构向设计街区集聚；坚持开放与创新相结合，大力引进国内外著名设计创意机构，形成工业设计创意产业的集聚地；坚持特色发展与互动发展相结合，形成服务重点突出、特色明显、功能互补、产业联动、协调发展的产业发展新格局；坚持总体规划与分步推进相结合原则，以总体规划为主导，实行分步推进、特色集聚、专业服务。

（三）发展目标

争取经过3～5年努力，集聚以工业产品设计创意（含软件设计、动漫设计）为主导的百家工业设计创意机构（千名工业设计创意人才），初步建成工业外观新型专利和实用功能设计开发等规模大、为宁波块状规模经济提升发展支撑水平高、全市工业设计及创新服务外包成气候的"长三角"南翼重要的工业设计产业与文化知识型服务业融合基地。

## 三、加快推进设计街区建设的主要任务和措施

（一）以高起点规划为指导，建设高水平的设计街区

设计街区总体规划范围为：东至江东北路、西至滨江大道、南至民安路、北至庆丰桥，占地面积约117亩。设计街区规划，要立足于宁波工业发展的基础、服务于宁波工业发展的需要、引领于宁波工业发展的方向、顺应于设计创意产业的特点，以我市重点优势产业以及生产性服务业的发展需求为重点，增强工业设计创意产业同二、三产业关联度和融合度，明确设计街区的发展目标、功能定位和发展重点，建设专业化、社会化、市场化、高效率的工业设计与创意环境。

市国土资源局、规划局等部门，要结合设计街区的特点、要求和各自的职责，尽快开展相应的工作。设计街区的土地出让价格，根据有关规定确定。

（二）加强招商引智，促进工业设计创意产业的快速集聚

围绕设计街区的主导产业，积极发挥政府、行业协会、企业的积极性，瞄准国际国内一流的设计创意机构，以工业产品设计创意为重点，坚持引进机构为主，坚持通过机构引进人才为主，开展专业性、定向性招商，提高招商引智实效。

对设计街区内的设计创意机构，其年度实际发生的技术开发费在按规定实行150%企业所得税税前扣除的基础上，再给予一定比例的科技经费补助。

对引进的国内外高层次设计创意人才，达到市、区人才引进标准的，由江东区政府按人才引进有关政策予以落实。

对引进重大的设计创意机构，采取一事一议制，予以专项扶持。

（三）加强合作交流，促进融合发展

加强工业设计创意人才与我市重点优势产业的合作，采取企业服务外包的方式，推动工业设计及创意产业机构的集聚，促进设计创意成果的转化和传统工业优势产业的提升。组织开展设计创意的高层论坛、学术交流、成果展示、产业对接、宣传推介、人才招聘等专项活动，增强产业间、企业间、区域间的合作与交流。

发挥设计街区的核心、辐射作用，依托宁波国家高新区、投资创业中心、工业园区等资源优势，设立工业设计创意产业的孵化基地、产业化基地和科技服务基地，实现资源的合作、共享。

鼓励设计街区工业设计机构和创意企业与国内外著名科研院所加强合作，请进来、走出去，提升工业设计创意产业的发展水平，加快工业设计创意产业的迅速壮大，工业设计和创意街区要为之提供各类优质服务。利用甬港经济合作论坛、中国宁波世界工业创新设计展览会、浙江省投资贸易洽谈会、宁波国际服装节等重大活动，加强设计街区的宣传推介力度，打造设计街区的品牌效应。

鼓励我市有条件的高等院校，开设工业设计创意等相关专业，鼓励国内外科研院校在设计街区开展实习、培训等活动，为我市设计创意产业的发展提供人才支撑。

### (四)加快公共服务平台建设,提供专业优质服务

坚持政府主导、多元化投资,积极引入国有、民营、外资等多种投资主体,推进知识产权保护、设计创意成果交易与展示、人才培训、专业性协会或联盟等中介服务体系的建设,为创新主体提供专业性服务。根据其营业规模、服务功能和纳税状况,经考核后,予以一定的补助。

对设计街区中的信息化项目,产品设计、检测等公共服务平台建设项目,科技成果转化及产业化项目等,优先列入市信息产业局、市科技局、市经委等部门的扶持计划,并按相关标准予以资金补助。

积极利用市十大公共技术服务平台,其相关机构要为设计街区中的工业设计创意机构及人才提供专业、优质、便捷的服务;有收费要求的项目,按标准费用的50%执行。

### (五)加大政策性扶持,增强工业设计与创意街区的可持续发展能力

设立设计街区专项扶持资金,由市财政从国资收益中每年安排2000万元(共3年),用于设计街区的开发建设、招商引资、服务管理、产业培育等补助,专项扶持资金使用管理办法和评价考核办法由市工业设计与创意街区建设工作协调小组办公室另行制订。对设计街区内注册并入驻的设计创意机构,其15年内上交的各类税费留市、区二级地方部分,江东区留成30%,其余部分补助给投资发展公司,专项用于设计街区开发建设的利息和入驻工业设计创意机构的房租优惠补助。

## 四、加强设计街区建设的组织保障

### (一)成立宁波市工业设计与创意街区建设协调小组

协调小组由市政府分管市长任组长,成员由江东区政府、市经委、市发改委、市国资委、市建委、市财政局、市规划局、市国土资源局、市科技局、市信息产业局、市科协、市工贸资产经营有限公司、市城建投资控股有限公司等有关单位领导参加,主要负责协调解决设计街区开发建设中的重大问题。协调小组下设办公室,办公室设在市经委。

（二）组建设计街区建设的国有投资发展公司

由宁波市工贸资产经营有限公司、江东区城市建设投资发展有限公司、宁波市城建投资控股有限公司三方共同出资（其中由市工贸资产经营有限公司控股），按《公司法》有关规定组建宁波市工业设计投资发展有限公司，实行政府主导、市场化运作，具体负责设计街区的规划、建设、招商和管理等。

（三）建立专家决策咨询机制

邀请中国工程院、国际工业设计联合会、中国工业设计协会以及国内外著名设计创意专家组成设计街区建设专家咨询委员会，为街区开发建设、规划编制、政策制定、项目实施、发展计划等提供咨询决策，确保街区开发建设的民主化、科学化和合理化。

（四）完善设计街区的评价考核体系

市国资委负责调整对市工贸资产经营有限公司、市城建投资控股有限公司的国有资产保值增值考核办法。市工业设计与创意街区建设协调小组办公室负责对设计街区的工作考核评价和专项扶持资金使用管理；投资发展公司负责开展对工业设计创意产业的统计研究，建立科学、合理的设计创意产业统计体系。

# 宁波市“十二五”时期文化发展规划

## 前 言

文化是民族凝聚力和创造力的重要源泉，是综合国力竞争的重要因素，是经济社会发展的重要支撑。根据《宁波市国民经济和社会发展第十二个五年规划纲要》，编制《宁波市“十二五”时期文化发展规划》，确定未来五年宁波市文化发展的指导思想、方针原则和目标任务，努力实现宁波经济建设、政治建设、文化建设、社会建设全面协调发展。

## 一、现实基础和发展环境

### （一）主要成就

“十一五”时期是我市发展史上极不平凡的五年，也是我市文化建设取得重要突破和重要成果的五年。五年来，在市委、市政府的正确领导下，全市宣传思想文化战线以邓小平理论和“三个代表”重要思想为指导，全面贯彻落实科学发展观，按照“高举旗帜、围绕大局、服务人民、改革创新”的总要求，大力实施文化建设“六大战略”，积极推动文化大市建设，全市文化建设呈现出繁荣发展的良好态势，为深化改革开放、推动经济发展、促进社会和谐、提升城市形象提供了强有力的思想文化支持。五年来，先进文化引领广泛深入，始终把社会主义核心价值体系建设放在首位，广大人民群众团结奋斗的共同思想基础进一步夯实。精神文明建设成效显著，成功蝉联全国文明城市，连续三次荣获“全国最具幸福感城市”称号。公共文化惠民成效明显，覆盖城乡、惠及全民的公共文化服务体系进一步健全，全市所有乡镇（街道）建立了文化站，92%以上的行政村建有文化活动场所，城乡“十五分钟文化活动圈”基本形成。重点文化设施建设有序推进，建成了宁波书城、宁波博物馆、宁波帮博物馆等一批重点文化设施，宁波文化广场、和丰创意广场等重点文化项目建设顺利推进。文化品牌不断提升，创作生产出一大批艺术质量高、社会影响大、群众喜闻乐见的文艺精品，一批重大节庆和群众文化活动的影响力不断扩大。文化体制改革深入推进，经营性文化单位转企改制任务基本完成，文化管理体制和运行机制不断创新。文化产业加快发展，规模总量持续扩大，文化产品和服务更加丰富。文化传播能力不断增强，舆论引导工作有序开展，对外宣传和文化交流工作深入推进。文化人才支撑切实加强，完善“六个一批”人才培养工程，培育和造就了一支文化领军人才队伍和一批文化名人、文化经营人才和学术带头人。

“十一五”期间文化创新亮点

主题教育活动深入开展。组织开展党的十七大精神、科学发展观、改革开放30周年、庆祝新中国成立60周年等系列主题教育活动，中国特色社会主义理论日益深入人心，建设中国特色社会主义的共同理想进一步巩固。

理论宣传品牌逐步形成。组织“理论宣传普及周”活动，建成150余家市级理论宣传普及点，培育了以宁波论坛、宁波社科讲坛、天一讲堂、微型党课四大宣讲载体为重点的理论宣传品牌。

“微型党课”教育活动深入人心。组织开展“党员人人上讲台”微型党课教育活动6.8万余场次，被中国政研会评为“全国思想政治工作创新榜·实践榜”榜首，同时被中宣部编入《宣传思想工作案例选编》。

《宁波通史》编纂发行。为首部对宁波7000年历史进行系统梳理和阐述的学术著作，是浙江省首部多卷本地区性通史。

“全民读书月”活动扎实推进。全市累计开展群众性读书活动1000余项，吸引了200多万人次参与，有效地推动了我市学习型社会建设。

文明城市创建迈上新台阶。切实做好群众性精神文明创建工作，扎实推进“文明宁波”系列主题活动，倡导文明新风尚，成功蝉联全国文明城市。

文艺精品创作成绩斐然。有9件作品获全国“五个一工程”奖、27件作品获省“五个一工程”奖，有50余件作品获全国常设性文艺奖项，其中《十里红妆·女儿梦》歌舞剧在国内外多个地方巡演，并登上国家大剧院演出，是浙江省首个走进国家大剧院歌剧院的剧目。

创新基层公共文化服务运行机制。实施“天天演”文化惠民工程，共惠及群众120余万人次，其中95%的演出深入各乡镇（街道）和行政村（社区），覆盖率达到100%。

“国助民办”模式逐步推广。引导社会力量捐助和兴办公益文化事业，兴建了十里红妆博物馆、金轮艺术馆、张德和根雕艺术馆、紫林坊艺术馆等一批博物馆和艺术馆，有效推动了公益性文化事业的发展。

新闻精品再创新高。有13件作品获中国新闻奖，其中2件作品获一等奖，为我市建设现代化国际港口城市、构建和谐社会营造良好舆论氛围。

重大主题外宣大力推进。先后组织120多个重大主题的宣传报道，共邀请海内外记者11000余名，发稿12万余篇(条)；确定“书藏古今 港通天下”为宁波城市形象口号，城市影响力进一步提高，城市知名度进一步扩大。

文化产业发展专项资金设立。安排3000万元文化产业发展专项资金以贴息、补助、奖励、政府采购等办法，共扶持49个文化产业项目，表彰20个市级文化产业示范基地，有效地促进了我市文化产业快速发展，文化产业增加值由2005年的90.8亿元增加到2009年的141.8亿元，增长了56.2%。

新闻发言人制度逐步完善。在全省率先制定出台《关于建立党委新闻发言人制度的试行意见》，全市共设立110多位新闻发言人，形成党委新闻发言人、政府新闻发言人、网络发言人互补互动的新闻信息发布格局。

网络文化创新发展。进一步建立健全领导干部定期与党员群众开展网上对话交流长效机制，切实加强政府部门网上发言人制度建设，创办网络文化节，在全省率先发布《宁波市网络发展状况报告》。

文化人才培养成效明显。共有三批103人入选全市宣传文化系统“六个一批”人才工程，其中13人成为省宣传文化系统“五个一批”人才，1人成为中宣部“四个一批”人才，1人荣获首批“宁波市杰出人才”称号，有多个领域的专业人才获得“长江韬奋奖”、“金话筒奖”、“鲁迅文学奖”等国家级奖项。

(二)发展环境

今后五年，是宁波推动科学发展、加快转变经济发展方式、实现经济社会转型的关键时期，也是推动我市文化大发展大繁荣、实现文化跨越式发展的重要阶段。

从国际看，世界多极化发展趋势日益明显，以西方为中心的格局正在发生新的变化。伴随着我国国际地位的提升，世界更加关注中国，也更加关注中国的文化，这为扩大中国文化的影响提供了重要契机。同时，世界范围内各种思想文化交流交融交锋更加明显，迫切要求我们加快文化发展步伐，提升文化软实力和竞争力。

从国内看，经过30多年的改革开放，我国经济快速健康发展，综合国力日益增强，人民生活不断改善，为文化改革发展提供了坚实的物质基础和宝贵的精神资源。特别是伴随着经济发展和社会进步，我国文化正迎来一个繁荣发展的黄金期。近年来，党中央把文化建设摆上更加突出的位置，提出了一系列符合时代要求的新的文化发展理念，作出了一系列关系文化建设全局的重大部署，从体制创新、政策扶持、经费投入、基本建设等方面，给予强有力的领导和全方位的推动，党的十七届五中全会明确提出推动文化产业成为国民经济的支柱性产业。同时，随着社会主义市场经济体制不断完善和全面建设小康社会进程的加快，迫切要求我们构建适应市场经济要求的文化体制机制，加快文化事业和产业的发展，更好地推动文化建设和经济建设、政治建设、社会建设协调发展。

从我市看，市委十一届十一次全会明确了今后五年的经济社会发展的总体方向，作出了加快打造国际强港，加快构筑现代都市，加快推进产业升级，加快创建智慧城市，加快建设生态文明，加快提升生活品质的“六个加快”重大战略部署，提出“十二五”时期要实现“科学发展走在全省全国前列，惠及全市人民的小康社会全面建成，建设现代化国际港口城市、率先基本实现现代化的基础更加牢固”的总体目标。“十二五”时期我市将处于人均生产总值1万美元向2万美元的发展阶段，经济社会发展处于改革攻坚和转型升级的关键时期，经济发展方式转变加快，文化与经济、科技、金融、旅游的融合加深，文化在促进经济社会发展中的重要作用日益突显。同时，我市人民群众文化消费日趋旺盛，呈现高品位、高质量、个性化发展趋势，这对加快文化发展、不断提高文化产品和服务的供给能力提出了更高的要求。

但我们也要清醒地看到，我市文化建设也存在一些薄弱环节：我市文化与经济社会发展不相协调，文化发展相对滞后于经济社会发展；区域文化资源整合不够，区域之间、城乡之间文化发展仍然不平衡；文化产业的结构不尽合理，文化市场培育与发展有待加强，对全市国民经济发展的贡献还不够大；文化的生产与供给能力相对不足，文化消费观念不强；文化人才总量、层次、结构仍有差距；文化自觉意识有待进一步加强。我们要高度重视这些问题，切实把思想和认识统一到中央对文化改革发展的形势判断上来，进一步增强推进文化科学发展的自觉性和坚定性，把握文化发展规律，加快文化改革创新，更加自觉、更加主动地推动我市文化大发展大繁荣。

## 二、指导思想和发展目标

### （一）指导思想

高举中国特色社会主义伟大旗帜，以邓小平理论和“三个代表”重要思想为指导，深入贯彻落实科学发展观，紧紧围绕科学发展的主题和加快转变经济发展方式的主线，按照市委“六个加快”的重大战略部署，深入实施文化建设“六大战略”和文化发展“1235”工程，加快文化体制机制改革创新，加快构建公共文化服务体系，加快发展文化产业，加强对文化产品创作生产的引导，不断增强我市文化软实力和综合竞争力，为全面建成惠及全市人民的小康社会和现代化国际港口城市，率先基本实现现代化提供强有力的思想保证、精神动力、舆论支持和文化条件。

### （二）基本原则

1. 坚持正确导向

坚持马克思主义在意识形态领域的指导地位，坚持党对文化工作的领导，坚持用社会主义核心价值体系引领多样化的思想观念和社会思潮，坚持思想性、知识性、艺术性、观赏性相统一，坚决抵制低俗庸俗媚俗之风，牢牢把握社会主义先进文化的前进方向。

2. 坚持科学发展

自觉把科学发展理念贯穿到文化建设的各个方面、各个环节，始终坚持以发展为主题，把发展作为第一要务，用发展的办法解决前进中的问题，遵循文化发展规律，既积极为宁波经济建设和转型升级服务，又努力实现文化自身的繁荣发展。

3. 坚持以人为本

以满足全市人民群众精神文化需求为出发点和落脚点，坚持文化发展为了人民、发展依靠人民、发展成果由人民共享，切实提高公共文化服务能力，加强文化产品供给，着力保障人民群众的基本文化权益，不断满足人民群众多样化的精神文化需求。

4. 坚持改革创新

进一步增强改革创新意识，以新的思路、新的举措、新的办法，推动文化体制改革在重点领域、关键环节取得新的突破，激发全社会的文化创造活力，不断推出文化创新成果，推进文化与经济、科技、金融、旅游的融合发展。

5. 坚持协调发展

立足全局、着眼长远，正确认识和妥善处理涉及文化改革发展中的各种重大关系，统筹体制改革和文化发展，统筹文化事业与文化产业，统筹经济效益和社会效益，统筹发挥政府作用和调动全社会参与文化建设的积极性，努力促进文化全面协调可持续发展。

6. 坚持项目带动

积极实施重大项目带动战略，建立以规划为龙头的项目生成机制，完善项目服务机制，强化项目建设和管理，形成不断续建一批、新建一批、储备一批的文化项目滚动发展良好局面。

（三）发展目标

"十二五"时期宁波文化发展的总体目标是：宁波文化软实力在全省和国内同类城市位居前列，文化在城市综合竞争力中的地位和作用更加突出，实现"文化大市"向"文化强市"跨越。

文化凝聚力进一步增强。建立和完善具有时代特征和实践特色的社会主义核心价值体系，提升市民思想道德文化素质，培育现代人文精神，建设宁波和谐文化和现代文明社会，努力实现全国文明城市"三连冠"。

文化服务力进一步增强。文化基础设施建设不断推进，设备先进、网络健全、运行高效、惠及全民的公共文化服务体系全面形成，人民群众的基本文化权益和多样化精神文化需求得到充分保障。

文化竞争力进一步增强。文化资源优势向产业优势和发展优势的转化取得明显成效，形成一批骨干文化企业集群，全市文化产业增加值占全市地区生产总值的比重达5%以上，文化产业成为我市国民经济的支柱性产业，努力把我市打造成为长三角南翼重要的创意产业集聚地和文化交流中心。

文化传播力进一步增强。广播电视网、出版发行网、电影院线、文艺演出院线等现代文化传播网络良性运行，全市统一、开放、竞争、有序的文化市场体系基本形成，一批骨干文化企业跨区域、跨行业、跨所有制发展，一批文化精品力作走向全国，走向世界。

文化创新力进一步增强。充满活力的文化创新体制进一步形成，文化产业发展活力和核心竞争力明显增强，数字、网络技术广泛应用在文化领域，文化科技含量大幅提升，一批原创设计、形式新颖、影响广泛的文化创意成果和一批全国领先、世界知名的自主文化品牌逐步形成。

文化保障力进一步增强。文化自信心和自觉意识明显增强，推动文化建设的体制机制、要素保障不断完善，文化的投入不断增加，文化人才培养力度不断加大，造就一批文化领域创新型、复合型、外向型、科技型的新型人才，为推动宁波市文化大发展大繁荣提供有力人才支撑。

## 三、先进文化引领

坚持用社会主义核心价值体系引领多样化的社会思潮，坚持用中国特色社会主义理论体系武装全党、教育人民，不断巩固全市人民团结奋斗的共同思想基础。

### （一）深化理论武装工作

把社会主义核心价值体系贯穿于文化建设的各个方面，深化中国特色社会主义理想信念教育和爱国主义教育，在全社会形成统一的指导思想、共同的理想信念和强大的精神动力。坚持以党委（党组）中心组学习为龙头，以县局级以上领导干部为重点，以党校培训教育为主阵地，充分发挥“宁波论坛”、“社科讲坛”、“天一讲堂”、微型党课等作用，加强对党员干部的教育培训。认真组织编写通俗理论读物，不断深化广大干部群众对中国特色社会主义理论体系的认识。大力开展学习型党组织建设，推动学习型社会建设。重视加强对学生特别是大学生的理论教育，大力推动中国特色社会主义理论体系进课堂、进教材、进头脑。进一步繁荣哲学社会科学，加快建设“五个一批”工程，积极开展“理论宣传普及周”和“社科普及月”活动，深入推进我市经济社会发展中的重大理论和实践问题研究，形成一批有较高学术价值和社会效益的研究成果。健全和完善激励机制，组织开展哲学社会科学优秀研究成果的评奖和社科成果的推广应用。

（二）构建公民道德体系

贯彻落实《公民道德建设实施纲要》，努力建设与社会主义市场经济相适应、与社会主义法律规范相协调、与中华民族传统美德相承接的思想道德体系。弘扬以爱国主义为核心的民族精神和以改革创新为核心的时代精神，使全市人民始终保持昂扬向上的精神状态。加强社会公德、职业道德和家庭美德教育，在全社会形成良好的社会风尚和公共秩序。深化爱国主义教育，加强爱国主义教育基地建设，提升教育与服务功能，充分发挥爱国主义教育基地教育人、引导人、陶冶人的重要作用。加强现代公民意识教育，牢固树立"爱国、守法、诚信、知礼"的思想观念。切实加强未成年人思想道德教育，紧紧抓住学校、家庭、社会三个重要环节，推进未成年人校外活动场所建设，构建青少年思想道德教育网络，全面提高未成年人思想道德素质。

（三）强化精神文明创建

积极开展文明创建活动，使城乡环境面貌有较大改观、社会服务水平有显著改善、公民文明素质和社会现代文明程度有明显提高。动员全社会力量深入开展文明城市创建，不断提升创建水平，力争实现全国文明城市"三连冠"的目标。广泛开展文明行业创建活动，及时总结"窗口"单位和服务性行业开展规范化服务达标活动的经验，推行优质规范服务。认真抓好以高标准文明社区为典范的文明社区创建活动，为全面提升城市文明程度夯实基础。继续抓好文明企业、文明机关、文明单位等群众性精神文明创建活动。

争创全国文明城市"三连冠"的重点工作

大力实施文明素质提升行动。深入推进"做文明有礼的宁波人"、道德模范学习宣传表彰、"全民阅读"活动、"我们的节日"主题活动，着力提升市民文明素质，培育文明社会风尚。

大力实施城市环境优化行动。以创优美环境、创优良秩序、创优质服务为重点，大力开展市容市貌综合整治和“文明施工”主题活动，深入推进文明交通行动计划和“文明集贸市场”创建活动，提升中心城区品位和群众生活品质。

大力实施未成年人思想道德建设推进行动。以促进未成年人成长成才、健康幸福为目标，强力推进社会文化环境净化工作，广泛开展“做一个有道德的人”主题实践活动和深入实施“春泥计划”，进一步加强和改进未成年人思想道德建设。

大力实施社会关爱倡导行动。以大力倡导良好社会风尚为重点，积极推进社会志愿服务，广泛开展爱心慈善活动，积极开展特殊群体关爱行动，着力打造宁波爱心城市品牌。

大力实施基层文明创建提质行动。以利民惠民、提升形象、以文化人为基本要求，进一步创新文明社区考评机制，进一步深化“城乡结对、共建文明”活动，着力深化文明城区、文明社区、文明街道、文明单位、文明窗口等基层文明创建活动。

大力实施城市公共文明促进行动。以城市公共文明指数测评为主要手段，进一步研究、完善日常巡查、集中测评和第三方社会调查机构相互交叉、相互补充的测评工作方式，进一步推进城市科学管理、依法管理和有效管理，不断促进市民公共文明素质、城市公共管理水平和社会公共服务质量的提高。

(四)提炼弘扬宁波精神

深化对宁波精神的研究，不断提炼和丰富“诚信、务实、开放、创新”的宁波精神内涵。充分运用现代传媒与信息网络技术等多种方式，广泛宣传和弘扬“宁波精神”，切实增强渗透力和影响力，激发全市人民的创业热情和创新活力，使“宁波精神”成为市民的自觉行动和现代化建设的强劲动力。积极倡导家园意识，开展关心公共事务、关注生态文明、关怀困难群体的活动，不断提高全体市民家园认同感。坚持以人为本，尊重人、理解人、关心人，切实解决不同社会群体的思想问题和实际问题。积极实施“民心工程”，开展“关爱行动”、“家园关怀”等活动，给困难群体以更多的关怀，保障其合法权益。不断改善市民的生活质量和生存环境，促进和谐社会建设。

## 四、文化民生建设

按照体现公益性、基本性、均等性、便利性的要求，坚持政府主导，加大投入力度，推进文化育民工程建设，加强公共文化基础设施建设，促进基本公共文化服务均衡化，不断提升人民群众文化生活品质。

### （一）加强公共文化设施建设

实施标志性文化设施提升计划，建成宁波文化广场、宁波·中国港口博物馆、十里红妆博物馆，改建宁波市艺术剧院（凤凰剧场），完成天一阁博物馆陈列改造、保国寺古建筑博物馆整体提升工程，积极推动宁波历史纪念馆、市文艺之家和社科中心等文化设施的规划建设。积极推进“三江六岸”提升工程，进一步提升三江口核心区品质。完善“十五分钟文化活动圈”建设，加快乡镇（街道）综合文化站和基层文化阵地建设，做到功能布局和设备配套齐全。力争到“十二五”末，所有县（市）区建成省级以上文化先进县，每万人拥有公共文化设施面积达到3000平方米，所有县级及县以上文化馆、图书馆全部达到国家一级标准，基层文化宫覆盖率达到90%。

重点建设的市级公共文化设施

月湖（西区）历史文化街区保护与更新项目：总投资65亿元，“十二五”期间投资34亿元，建设规模约55万平方米，培育和引进文化旅游，工艺美术品收藏、展示、交易，创意设计等各种业态，打造成集创意文化产业、传统文化产业和都市休闲文化旅游为一体的具有城市标志性意义的特色文化街区。

宁波文化广场：总投资30亿元，“十二五”期间投资23亿元，规划面积240亩，总建筑面积32万平方米，建成集文化娱乐、影音艺术、创意沙龙、科普培训为一体的大型公益性城市公共文化平台。

宁波·中国港口博物馆：总投资4亿元，“十二五”期间投资4亿元，占地40亩，建筑面积4万平方米，集历史展示、科学教育、学术交流、水下考古为一体的科学博物馆。

宁波艺术剧院（凤凰剧场）改造项目：总投资2.74亿元，“十二五”期间投资2.74亿元，规划面积17亩，建筑面积2.56万平方米，含市群艺馆、艺术剧院、艺术研究所和江东区文化馆。

保国寺古建筑博物馆整体改造提升项目：总投资1.59亿元，“十二五”期间投资1.59亿元，保国寺整体改造提升，建筑面积7000平方米。

天一阁博物馆整体陈列改造工程：总投资近0.5亿元，“十二五”期间投资近0.5亿元，整体陈列改造提升，改造面积6000平方米。

（二）实施公共文化惠民工程

构建全民文化服务体系，实现服务内容菜单式提供、群众自主选择服务内容、群众民主评价服务质量、服务全程数字化管理。兴建公共电子阅览室，加快文化信息资源共享工程建设，做好博物馆、图书馆、文化馆、纪念馆、美术馆等公益性文化设施向公众免费开放工作，大力推广“天天演”文化惠民工程运作模式，不断提高公共文化服务的能力和水平。实施外来务工人员文化服务工程，增强企业文化意识和人文关怀精神，鼓励和支持企业、工业园区建设职工书屋、俱乐部、职工之家等文化阵地。创新公共文化服务形式，引进社会力量参与公益性文化场馆的管理，提升公共文化场馆管理的专业性、科学性和有效性。推动大型公共文化场馆后勤服务社会化，推动经营性文化场馆实行连锁经营和联盟合作。

（三）开展群众性文化活动

广泛动员社会力量，组织开展丰富多彩的群众性文化活动。重点办好宁波国际港口文化节、宁波海上丝绸之路文化节、宁波网络文化节、海外宁波文化周、国际河姆渡文化节、中国宁海徐霞客开游节、中国象山开渔节、中国雪窦山弥勒文化节、中国梁祝爱情节、中华慈孝节等有重大影响的节庆活动。大力开展文化展演、汇演活动，组织开展“万场电影千场戏”、“全民读书月”和举办农民文化艺术节、农民（外来务工人员）电影节、社区文化艺术节、音乐舞蹈节等文化活动，组织城乡之间的“文化走亲”活动，重点培育100个活动特色项目和10个以上重点文化活动品牌，打造“天然舞台”、“天一讲堂”、“群星课堂”等文化服务品牌。关心偏远农村、城乡低收入人群、老年人、残疾人、青少年、外来务工人员等特殊群体的精神文化生活，保障他们的基本文化权益。

（四）加强文化遗产保护和利用

推进文物保护和名城保护，开展近现代城市基本设施、工业遗产、名人故居、涉台文物等专题性文物保护，实施月湖西区、南塘河、永寿街历史文化街区保护整治工程，抢救保护莲桥街、秀水街等历史地段重要文物建筑和特色传统民居群。建设以上林湖越窑遗址为中心的越窑青瓷展陈、保护体系，开展海上丝绸之路相关考古、水下考古调查及河姆渡遗址保护和象山国家级海洋渔文化生态保护区建设等工作。开展国家等级博物馆创建，促进民办博物馆发展，实现市、县两级国有博物馆全覆盖，提升文化遗产保护和利用水平。加强非物质文化遗产保护与传承，完善非物质文化遗产代表性项目、传承人和传承基地“三位一体”保护体系。正确处理保护、传承、利用、发展的关系，鼓励具有市场前景的文化遗产资源，在与产业和市场的结合中实现传承和可持续发展。到 2015 年，全市各级文保单位(点)达到 1800 处，博物馆、纪念馆、对外开放的文化遗产场所总数达 150 个。

**五、新闻传媒发展**

牢牢把握正确舆论导向，强化新闻品牌建设，着力构建科学有效的舆论引导机制和技术先进、覆盖广泛、影响力强的现代传播体系，形成有利于核心价值体系建设的舆论强势。

(一)提高舆论引导能力

坚持党管媒体，始终把坚持正确舆论导向放在首位，弘扬积极健康向上的主流舆论，构建定位明确、特色鲜明、功能互补、覆盖广泛的舆论引导新格局。强化新闻媒体的社会责任，使之成为宣传社会主义核心价值体系的重要力量。充分发挥党报党刊、广播电视、新闻网站在舆论引导中的核心作用，发挥不同媒体多层次、多角度引导舆论的特色和优势，进一步发挥网络媒体、手机媒体等新兴媒体的影响力，牢牢把握舆论主导权。

进一步建立和完善新闻发布制度、重大突发事件报道工作机制、重大舆情监测研判制度和广播电视安全播出监管制度，在市直主要部门和各县(市)、区建立网络发言人制度，推进党委、政府新闻发言人制度建设。加强网络民主政治建设，推进宁波网络问政，构建充满活力、和谐有序的网络民主平台。加快广电数字化步伐，把数字电视的设立和建设纳入城区、住宅区的总体规划，将数字电视建成重要的信息传播及文化发展平台，建立有线数字电视服务平台，在“十二五”时期内完成全大市数字电视整体转换任务。

（二）壮大现代传媒集团

积极推动媒体优化重组，鼓励和支持宁波日报报业集团和宁波广电集团在国内跨地域、跨行业、跨媒体发展经营，支持报业、广播电视、出版、互联网等不同业态媒体之间的重组合作，努力打造在国内有广泛影响力的综合性文化传媒集团。推动宁波日报报业集团实施全媒体、数字化战略，组建和完善全业态、全介质传播体系，支持宁波出版发行集团建设出版智能化数据库和全媒体复合出版平台。构建传输快捷、覆盖广泛的现代传播体系，扶持建设全市连锁经营、覆盖城乡的出版物发行网络，扶持建设覆盖全市的层次多样的数字电影院线和演出院线。按照“政府引导、企业主体、市场运作、互惠共赢”的原则，从巩固舆论阵地、维护文化和信息安全、促进社会稳定、推进广电网络事业产业做大做强的角度出发，统筹兼顾各方利益，加快推进广电网络的整合。有序推进我市电信网、互联网与广播电视网“三网融合”，到2015年前实现广播电视节目制作及播出的数字化和网络化。

（三）培育发展新兴媒体

加大对重点网站的扶持力度，按照打造主流媒体的要求，推动中国宁波网等重点新闻网站改制和上市，努力把中国宁波网建设成为在全国有较大影响力的新闻网站。促进传统媒体和新兴媒体的融合发展，支持我市主流媒体积极发展手机网站、手机报刊、移动电视、网络广播和网络电视等新兴传播载体，扩大手机电视、移动电视等新媒体对轨道交通和楼宇的有效覆盖。建设全市互联网舆情信息系统导控工程，加强网上舆情发现预警、协同应急处置，确保网上传播有序有效。加强完善行政监管与行业自律相结合的互联网管理体系，强化网络监管技术手段，健全网站编辑从业认证体系，深入开展网络净化行动，加强网上信息监管，探索对即时通信、互动栏目、音视频等网络新业务的科学化管理。推进中国宁波网以互建链接、内容供应、技术合作等方式与国内外知名网络媒体合作，提升网络媒体的对外传播能力。

## 六、文化产品创作

不断激发文化创造力，提升文化产品质量，推动创作生产更多无愧于时代、无愧于人民的文化精品，最大限度地发挥文化引导社会、教育人民、推动发展的重要功能，最大限度地满足人民群众多样化多层次多方面的精神文化需求。

### （一）大力扶持原创

适应群众文化需求的新变化新要求，弘扬主旋律，提倡多样化，努力提高我市文化产品的创新能力，使社会文化生活更加丰富多彩。加强对原创性社科、文学、戏剧、音乐、美术、舞蹈、曲艺、广播、影视、书法、摄影、民间文艺的扶持和创新型人才的培养，推动原创性文化作品的产业化，建立以文化产品生产单位和个人为主体、以优秀文化作品的市场化和传播为重点、以完备的产业链条为依托的文化创新机制。充分发掘互联网的文化功能和创造活力，实施网络文化精品工程，鼓励创作生产有宁波特色的网络文学、网络音乐和健康向上的网络动漫、游戏等网络文化产品，培育特色文化网站，引导网络文化发展。坚持尊重差异、包容多样，努力营造有利于优秀文化产品竞相涌现的良好环境，最大限度地焕发广大文化工作者的创造力。

### （二）深入实施文化精品工程

加强对文化产品创作生产的引导，真正从群众需要出发，继承和发扬中华文化优良传统，吸收借鉴世界有益文化成果，推出更多深受群众喜爱、思想性艺术性观赏性相统一的精品力作。引导广大文化工作者和文化单位自觉践行社会主义核心价值体系，坚持社会主义先进文化前进方向，坚决抵制庸俗、低俗、媚俗之风。进一步创新文艺精品创作生产机制，加大文艺精品重点项目的扶持力度，扶持具有竞争优势的文艺团体，引导社会力量参与文艺精品创作生产，提高文艺精品创作生产的社会化、组织化、市场化程度。运用现代营销手段，加大宣传推广力度，争取在“十二五”期间，有多部作品获全国“五个一工程”奖，一批作品获全国常设性文艺大奖。加强和改进文艺评论，倡导积极正确创作思想，传播社会主流价值取向，着力增强文艺评论的针对性和说服力。

(三)提高全民文化艺术素质

积极培养全民热爱文学艺术、参与文化活动的高雅情趣。各乡镇(街道)、村(社区)、企事业单位、机关和学校要积极开展群众喜闻乐见的业余读书、摄影、书画、合唱、舞蹈及各类民间文化活动,引导、鼓励、安排干部职工和居民群众观看文艺演出、参观各类展馆。各级文化部门和文艺团体要组织开展高雅艺术进机关进校园进企业、优秀文艺精品基层巡演、“三下乡”、“文化进社区”等活动,为广大人民群众提供免费的文艺演出、艺术讲座和文艺创作辅导,市级主要剧场举办高雅艺术演出不少于500场,不断提高群众的文学艺术欣赏水平。各级各类学校要加强对学生文化艺术素质教育,开设专门课程,开展文艺活动,提高文化艺术素质。

## 七、文化体制改革

坚持以改革创新为强大动力,按照加大力度、加快进度、巩固提高、重点突破、全面推进的要求,切实深化我市文化体制改革,破解文化发展难题,转变发展方式,进一步解放和发展文化生产力。

(一)深化文化管理体制改革

加快转变政府职能,进一步理顺文化行政管理部门与文化企事业单位、中介组织的关系,切实履行政策调节、市场监管、社会管理、公共服务等职能。坚持党管意识形态、党管舆论导向、党管新闻媒体、党管干部不动摇,把加强公共服务和提供丰富的公共文化产品作为文化工作的重点,通过体制机制创新,基本形成完善的文化工作宏观管理体系,统一、开放、竞争、有序的现代文化市场体系,体现文化工作特点、适应法制建设总体要求的政策法规体系。建立健全国有经营性文化资产监管体系,加强对文化资产和经营收益的管理,科学制订考核指标体系,确保国有文化资产保值增值。推进文化行政审批制度改革,进一步简化创办文化企业、举办文化活动、开展文化对外合作交流等方面的文化行政审批事项。建立公共文化项目可行性分析与评估体系,逐步推行重大公共文化投资项目的专家认证制度、社会公示制度和听证制度。进一步完善文化市场综合执法机制,强化对文化市场的监督管理，切实提高市场监管效率和依法行政水平，确保文化市场健康有序发展。

（二）深化文化企事业单位改革

坚持“增加投入、转换机制、增强活力、改善服务”的方针，推进公益性文化单位改革，不断增强活力，切实提高服务群众的能力和水平。坚持“创新体制、转换机制、面向市场、壮大实力”的方针，紧紧抓住转企改制这个中心环节，推进国有经营性文化单位改革，按照建立现代企业制度的要求，完善法人治理结构，加快培育合格的文化市场主体，建立与市场接轨的体制机制，切实解决文化企业和文化产业发展的动力机制问题。坚持“政府扶持、转换机制、面向市场、增强活力”的方针，按照区别对待、分类指导的原则，扎实推进市、县两级国有文艺院团改革，积极推动演艺业资源整合，形成面向市场、富有活力的体制机制。在重点突破、巩固提高的同时，协调推进非时政类报刊出版单位改革、党报发行体制改革、文化事业单位内部改革等文化领域各个方面的改革。要在转企改制的基础上，推动股份制改造，建立现代产权制度。大力支持民营资本参与国有文化企业的股份制改造，提高国有文化企业规模实力和综合竞争力，打造一批有实力和影响力的文化企业和企业集团，形成一批文化产业领域的领军企业，使之成为文化市场上的主导力量和文化产业的战略投资者。

（三）深化文化投融资体制改革

放宽文化市场准入条件，制定《宁波民间资本投资发展文化产业指导目录》，充分发挥市场配置文化资源要素的作用，激发民间资本在文化领域的创造活力，充分调动全社会参与文化建设的积极性。鼓励有实力的企业、团体、个人依法发起组建各类文化产业投资公司和文化产业投资基金。鼓励和支持民营资本参与文化企业的跨地区、跨行业、跨所有制兼并重组，培育一批具有竞争力的大型文化企业集团。鼓励风险资本对文化创意企业进行投资，探索建立战略投资者有效退出机制。鼓励社会力量积极参与公益性文化建设，部分公益性文化活动可面向社会进行公开招标。鼓励社会力量捐助建设公共文化设施，或自建面向公众开放、非营利性的图书馆、博物馆等文化设施。

## 八、文化产业升级

顺应现代信息科技迅猛发展和广泛应用新趋势，认真落实《国家文化产业振兴规划》，积极实施重大文化产业项目带动战略，推进文化产业结构调整，培育新的文化业态，提高文化产业规模化、集约化、专业化水平，推动文化产业成为国民经济支柱性产业。

（一）优化产业结构

以创新文化品牌、推动转型升级为重点，提高文化产业集中度和关联度，提升文化产业的科技含量和传统产业的文化含量，推动文化产业实现跨越式发展。重点发展如下优势产业：

● 现代传媒业。通过资本运作、资源整合、产业链拓展等手段，运用高新技术改造等方式做大做强现代传媒业，宁波日报报业集团、宁波广电集团通过结构调整、机制创新、强化管理等方式，导入现代企业制度，积极创造条件将部分优质经营性资产整合上市，不断提升竞争力。

● 动漫游戏业。制订我市动漫游戏产业发展的中长期规划和扶持政策，鼓励创造具有中国风格和国际影响的动漫游戏品牌，积极开拓国内外市场，开发动漫画、3G 游戏、虚拟演播室等高增长率的产业，形成创作、生产和销售环环相扣的产业链，建成具有全国影响、规模较大的原创动漫制作基地。

● 出版发行业。整合出版发行资源，创新出版体制和机制，把宁波出版发行集团建成多媒体经营、编印发和产供销一体化的大型集团。加大发行网络建设力度，发展若干家较大规模的出版物销售连锁企业，促进大型书城、特色书店、便民书店等业态的合理布局，提高市场竞争能力。利用高新数字技术，推动印刷产业不断升级，实现传统印刷业向“高、新、特、精、专”的转变，打造现代印刷之都。

● 影视制作业。大力支持影视创作，发展影视内容产业，提升电视剧、非新闻类电视节目和电影、动画片的生产能力，扩大影视制作、发行、播映和后期产品开发。加快宁波影视文化产业园区（象山）建设，推动影视制作企业集聚，建成影视文化和生态休闲旅游相结合的国家级影视基地。

● 文化旅游业。促进文化与旅游相结合，以文化提升旅游的内涵，以旅游扩大文化的传播和消费，着力打造文化旅游系列活动品牌，扶持具有宁波特色的文化旅游项目。鼓励对演艺与旅游资源整合，在知名旅游景区打造高品质、有特色的演艺精品。深度开发文化旅游工艺品，提升品位，拓宽市场。

●文化创意业。大力扶持原创性工业设计、动漫设计、平面设计、建筑设计、时装设计、广告设计、产品外观设计等艺术设计产业，加强与海内外设计界的广泛合作，引进国内外一流设计大师在宁波设立创作基地，形成国内一流的以轻工业产品设计为特色的工业设计和文化创意基地。

●文化制造业。推动具有传统优势的文化制造业提高自主创新能力，延伸产业链，实现企业转型升级，加快培育文具制造、乐器制品、文化礼品、舞台设备、工艺美术等一批自主品牌，努力把宁波打造成为国内外有较大影响力和知名度的文化制造基地和文化贸易中心。

●文化会展业。发展各类综合和专业文化会展活动，重点支持覆盖全国并具有国际影响的文化会展活动，重点发展专业化、特色化文化会展活动。鼓励本市文化企业参加国内外文化会展活动，开拓国内外市场，积极举办具有国际知名度的重大会展，加强“展、会、节、演、赛”的有机结合，延伸会展产业链，逐步建立大会展格局。

（二）构建产业发展平台

做大做强一批现有基础好、实力较雄厚的文化企业，优选一批有较大发展潜力和市场空间的文化产业项目，确认和催生一批文化产业示范基地，进行集约化创作、生产与营销，形成有特色的文化产业集群。重点打造河姆渡生态文化产业园区、溪口文化旅游产业园区、宁海民俗文化产业园区、宁波影视文化产业园区、鄞州创意产业园区、宁波文化广场、月湖历史文化街区、东外滩文化创意街区、慈城历史文化街区、高新区创意产业园区等十大文化产业集聚区。编制并完善文化产业投资目录，建立完善文化产业统计指标体系，形成科学、严谨的制度化保障机制，推动文化产业健康稳步发展。

（三）培育规范文化市场

探索通过中外合资、股份合作、集团化运作等模式兴办文化企业，在符合我市文化发展规划的前提下,鼓励拥有先进经营理念和成熟管理经验的国内外文化企业集团,来宁波兴办大型文化企业。培育组建各类文化中介组织,鼓励文化中介机构向规模化、网络化、品牌化、规范化方向发展。加快发展文化经纪人队伍,推行演出经纪人制度,确定艺术品经营人才和各类文艺专业人才职业资格标准。积极发挥行业协会作用,提供信息、交流、培训、咨询、招商引资等服务,推动行业良性竞争,维护市场秩序与公平交易。大力培育文化消费,探索建立面向终端消费者的文化消费补贴机制,到 2015 年,居民文化娱乐消费占消费支出的比重达到 6%。

(四)加快文化和科技及相关产业融合

推进文化科技创新,研发一批具有自主知识产权的核心技术和共性关键技术。实施文化数字化建设工程,推动文化资源、文化生产、文化传播和文化消费的数字化,培育新的文化业态。鼓励发展以各类设计为核心的创意产业,用文化提升品牌价值,提高物质产品的文化含量和附加值,实现文化产业与制造、信息、物流、建筑、包装等产业的对接,促进文化与科技、金融以及国民经济各行业相融合。发展红色旅游,开发旅游文化产品和服务,丰富旅游文化内涵,推动文化产业和旅游业的深度融合。

文化数字化建设工程

●文化数字科技创新:实施一批科技创新工程,攻克一批重大基础性、共性关键技术,推广一批高新技术成果,提升文化产业技术与装备水平。

●文化资源数字化:制作数字文化地图,加快数字图书馆、数字博物馆、数字美术馆建设。

●文化生产数字化:大力发展以网络游戏、数字影视、数字动漫、数字出版、数字影音、数字学习、移动内容、内容软件为主的数字内容产业。发展数字影视制作,加快电视节目制播高清化。发展数字出版,建立数字内容转换、加工和投送平台,形成覆盖网络出版、手机出版以及适用于各种终端的数字出版内容供给体系。发展动漫、网络游戏、3D 和 4D 影视等文化新业态。

●文化传播数字化:加快有线电视网络数字化、双向化改造,加强下一代广播电视网建设,加快移动多媒体广播电视覆盖,加快推进出版物发行数字化改造,加快城镇数字影院建设。

●文化消费数字化:加强立体视觉技术与设备的研发应用,扶持立体视觉产业发展。加快数字化教材和互动教育平台建设,制定适用数字教材的移动终端及通用格式标准,开展电子书包实验,发展各类电子阅读器。

## 九、对外文化交流

实施文化形象展示工程,充分利用我市丰富的文化资源,大力拓展对外文化交流和传播渠道,增进与国内、国际城市间文化交流。创新文化"走出去"的形式和手段,积极扩大对外文化贸易,推动我市文化产品走出国门。

### (一)加强对外文化交流

加强与国内外各城市、各地区的文化和学术交流,通过各类文化学术研讨等活动,有计划地引进境内外文化交流项目来甬展演。借助国外著名的电影节、电视节、艺术节、书展、博览会等平台,积极推介宁波文化产品和服务。充分发挥文化领域专家、学者的作用,研究和传播宁波文化。发挥海内外宁波帮的优势,推动文化领域的交流与合作,积极引进国内外文化团队来宁波访演、商演、展览等各类文化交流项目,形成每年都有高规格、高质量的全国性和国际性学术研讨交流活动。精心组织一批文化活动,着力打造在国内外具有较大影响的文化活动品牌,增强宁波文化的辐射力和影响力。坚持把引进优秀文化艺术精品同繁荣我市文化市场,提高人民群众的文化素养相结合,吸收外来文化精华和先进管理经验,让世界优秀文化走进宁波,让宁波文化走向世界。

### (二)扩大对外文化贸易

落实国家鼓励和支持文化产品和服务出口的优惠政策,在市场开拓、技术创新、海关通关等方面给予支持。制定《文化出口重点企业和项目目录》,形成鼓励、支持文化产品和服务出口的长效机制。重点扶持具有宁波特色的文化艺术、展览、电影、电视剧、动画片、网络游戏、出版物等产品和服务的出口,抓好国际营销网络建设。支持动漫、网络游戏、电子出版物等文化产品进入国际市场。鼓励文化企业通过独资、合资、控股、参股等多种形式,在国外兴办文化实体,建立文化产品营销网点,实现落地经营。积极组织参加有重大影响的文化产业博览交易会等重点文化会展，通过展会来展示我市文化企业、产品，推动文化产品和服务出口。支持文化企业参加境外图书展、影视展、艺术节等大型展会和文化活动。

(三)深入实施文化“走出去”战略

加强城市形象对外传播，运用新闻宣传、社会宣传、文化宣传和广告宣传等多种传播方式，着力推进“书藏古今、港通天下”的城市形象主题口号的深度传播，充分扩大宁波的对外影响。丰富和扩充现有的对外交流资源，优选对外文化交流项目，分门别类进行包装，使之成为宁波的“城市名片”，每年有选择地确定一批重点项目适时组织推介活动。做好“灯下亮”外宣工作，进一步优化涉外窗口单位外宣品陈列布局，积极调整外宣品发送的形式和渠道，不断提升外宣品制作质量。深化“宁波文化周”活动和“连线浙江—走进宁波”等对外文化交流活动，不断提升新闻交流和文化交流品牌的层次和水平。

## 十、文化人才支撑

强化人才是第一资源的观念，重视文化人才的引进、培养和成长，营造良好的文化人才发展环境，优化文化人才资源配置，促进文化人才集聚。

(一)强化高层次文化人才培养

坚持党管人才原则，多层次、多渠道培养、引进高层次文化人才。深入实施“文化人才支撑”战略，创新人才队伍建设机制，有效落实人才政策，进一步优化人才成长的环境。着力实施“六个一批”人才、文化创新团队和文艺家工作室等人才建设载体工程，努力建设一批以领军人物为核心、团队协作为基础、平台建设为依托、持续创新为动力、推动发展为目标的宣传文化人才群体。“十二五”期间，培养100名省内领先、在全国有一定影响的领军型拔尖人才，300名优秀民间文艺人才；培育形成20个文化创新团队和20个文艺家工作室，力争有2个以上团队进入国家、省级文化创新团队行列。加大对宣传思想文化系统干部队伍轮训力度，建设一支高素质的宣传文化人才队伍。

首批宁波市文化创新团队和文艺家工作室

创新团队：

- 宁波市歌舞团文化经营创新团队
- 宁波市戏曲艺术创新团队
- 宁波报业印刷产业发展创新团队
- 《如意鸟·有声杂志》浙东地域文化创作研究创新团队
- 宁波广播影视艺术创作创新团队
- 宁波大剧院演艺市场经营创新团队
- 余姚姚剧（非物质文化遗产）传承创新团队

文艺家工作室：

- 艾伟工作室
- 褚佩荣工作室
- 张建军工作室
- 何业琦工作室
- 叶文夫工作室

（二）完善人才激励机制

健全文化人才市场化配置机制，加大对优秀文化人才的激励力度，对文化建设有突出贡献的人才要按照行政奖励的有关规定给予奖励。创新激励机制，扩大资本、知识产权、技术、管理等要素参与分配的范围和额度，激发文化工作者的积极性和创造力。对引进的领军型和拔尖文化人才，实行“一事一议”制度，在户籍、住房、职称、薪酬待遇、家属对口推荐就业等方面给予倾斜，使国内外优秀文化人才向宁波集聚。建立文化人才荣誉制度，加大激励力度，表彰奖励作出突出贡献的文化工作者，营造尊重创造、尊重文化、尊重人才的良好社会环境。

（三）加强基层文化队伍建设

重视基层文化队伍建设，鼓励大学生到基层文化站点工作。切实解决基层文化工作者的具体困难和问题，落实公共文化事业单位尤其是基层综合文化站的人员编制，确保基层综合文化站队伍的稳定。给予民间文化人才中初级专业技术资格申报政策倾斜，鼓励民间技艺大师收徒授业，传承民族优秀文化。深入实施农村文化队伍素质提升工程，对全市群众文化骨干和乡镇文化员、村级文化管理员分层次进行全员培训。根据发展文化产业的需要，加强文化企业经营管理人才培养，加快建设一支高素质、创新型、复合型、外向型、科技型的文化企业经营管理人才队伍。

## 十一、文化发展政策

### （一）政府投入政策

“十二五”时期财政的文化投入占财政支出比重要高于“十一五”时期，各级财政文化支出增长要高于财政经常性收入增长幅度，建立健全同全市财力相匹配、同人民群众文化需求相适应的政府投入保障机制。建立公共文化服务体系经费保障机制，以农村和基层为重点，优先安排涉及广大人民群众切身利益的文化项目，重点保障基层公共文化机构正常运转和开展基本公共文化服务所需经费，加强基层文化人才培养。落实从城市住房开发投资中提取1%用于社区公共文化设施的政策，进一步完善城市社区文化设施。文化建设用地要纳入各地土地利用总体规划和城乡规划编制之中，公共文化设施土地按划拨方式供地并优先安排，符合法定条件的重点文化企业和文化产业园区用地可采取划拨、出让、租赁、有偿使用等方式取得。逐年增加市级文化产业发展专项资金规模，支持战略性、先导性、带动性和成长性文化产业项目建设。

### （二）文化经济政策

贯彻落实国务院办公厅《关于文化体制改革中经营性文化事业转制为企业和支持文化产业发展的两个规定的通知》（国办发〔2008〕114号）对文化产业发展的税收优惠政策，认真落实各项文化产业发展专项扶持政策，研究制定支持文化强市建设和引导民间资本发展文化产业的配套政策措施，加大对文化企业发展的支持和扶持力度。鼓励运用现代科技手段改造传统文化产业，把文化科技研发纳入全市科技创新体系，制定文化产业支撑技术的类别和范围。鼓励和支持文化企业参与发展总部经济，推动文化企业做大做强。对重点文化产业园区（区块）、文化创意街区和重点文化企业采取“一园（企）一策”政策，促进文化产业集群化发展。

（三）金融支持政策

认真贯彻中央九部委《关于金融支持文化产业振兴和发展繁荣的指导意见》精神，制订出台我市《金融支持文化产业发展繁荣的实施意见》，加大对文化产业的信贷支持力度。针对文化企业特点，创新贷款融资模式、信贷产品和服务方式，扩大信贷投放规模，并在国家允许的贷款利率浮动幅度范围内给予文化企业一定的利率优惠。支持符合条件的文化企业上市融资和通过债券市场融资，积极开展优质民营文化企业的上市辅导和推荐工作，支持一批具有自主创新能力、发展前景好的民营文化企业在主板或创业板上市融资，争取在“十二五”期间有6～8家文化企业上市。

（四）文化贸易政策

加大已有支持对外文化贸易各项优惠政策的落实力度，支持文化企业“走出去”。采取贷款贴息、项目支持、活动奖励、保费补助等方式，支持文化企业在海外投资、投标、收购、营销、参展和宣传等市场开拓活动。依法完善对文化企业的出境出口审批政策，减少出境出口审批程序。依法放宽与外方合作生产文化产品的审查程序和标准。加强文化企业和文化产品在进出口环节的知识产权保护，维护权利人的合法权益。实行版权行政执法和司法保护的有效衔接，严厉打击各类侵权盗版行为，增强全社会的版权保护意识。

支持文化发展的相关政策

- 国务院办公厅《关于印发文化体制改革中经营性文化事业单位转制为企业和支持文化企业发展两个规定的通知》文化事业建设费
- 国务院《关于鼓励和引导民间投资健康发展的若干意见》
- 中央九部委《关于金融支持文化产业振兴和发展繁荣的指导意见》
- 财政部、国家税务总局《关于扶持动漫产业发展有关税收政策》
- 文化产品和服务出口退税及相关优惠政策
- 宁波市委、市人民政府《关于推动文化大发展大繁荣的若干意见》
- 宁波市人民政府《关于进一步鼓励和引导民间投资健康发展的若干意见》
- 宁波市人民政府《关于进一步加快软件产业发展的意见》

●宁波市人民政府《关于加快总部经济发展的实施意见》

●宁波市人民政府《关于加快工业设计产业发展的若干意见》

●宁波市政府办公厅《关于支持国有文化单位改革试点的若干政策意见》

●宁波市宣传文化杰出人才评选奖励办法

## 十二、规划实施保障

### （一）强化组织领导

各级党委、政府要从全局和战略高度，充分认识文化建设的地位和作用，切实把文化改革发展摆在全局工作的重要位置，纳入重要议事日程，纳入经济社会发展总体规划，纳入评价地区发展水平、发展质量和领导干部工作实绩的重要内容。坚持和完善"党委统一领导、政府组织实施、宣传部门协调指导、行政主管部门具体落实、有关部门密切配合"的领导体制和工作机制，形成推进文化发展的工作合力。各级文化建设领导小组要切实发挥好统筹协调作用，党委宣传部门要加强协调指导。各级人大、政协要加强对文化建设工作的督促检查。各地、各部门要落实责任、制订实施计划，推动文化发展规划的顺利实施，为我市文化改革发展提供强有力的支持。

### （二）强化项目支撑

积极实施项目带动战略，以实施宁波市文化发展"1235"工程为抓手，推进一批大平台、大项目建设。建立健全重大项目推进机制，科学编制年度文化项目建设计划，分解落实任务目标。建立健全相关制度，完善项目生成培育机制，实行项目动态管理。

宁波市文化发展"1235"工程

●打造10个文化发展集聚区：重点打造好河姆渡生态文化产业园区、溪口文化旅游产业园区、宁海民俗文化产业园区、宁波影视文化产业园区、鄞州创意产业园区、宁波文化广场、月湖历史文化街区、东外滩文化创意街区、慈城古文化历史街区、高新区创意产业园区等十大文化产业集聚区，大力推进文化产业价值链的培育、延伸和整合、集聚，进一步增强重点文化产业区块的特色优势、综合竞争力和集聚辐射能力，形成文化产业集群发展。

●培育 20 个重点文化品牌:重点培育 20 个文化活动和产品品牌,形成一批具有宁波特色的文化品牌,进一步扩大宁波城市的影响力,进一步提升宁波文化企业(产品)的市场竞争力。

●建设 30 个重点文化项目:重点建设文化项目 30 个,总投资 420.88 亿元,"十二五"期间投资 316.63 亿元,积极实施项目带动战略,充分发挥重点园区、项目、品牌、企业的示范、引领和辐射作用,促进我市文化又好又快发展。

●扶持 50 家重点文化企业:着力打造并扶持文化企业"五十强",积极推动 6～8 家文化企业上市,做大做强我市文化领域的龙头和骨干企业,加快推动文化产业成为我市国民经济支柱产业。

(三)强化机制保障

创新规划的实施机制,综合运用经济、行政等手段,将规划落实到年度计划和财政预算之中,确保文化发展规划各项目标的实现。制定出台文化强县考核评价指标体系,每年实行专项考核。建立文化发展"1235"工程对口联系制度、联络员会议制度、进展情况定期上报制度,全面、动态、准确掌握工程的实施情况。积极做好规划宣传,将文化发展规划的主要内容通过媒体向社会公告,营造良好的规划实施氛围。加大规划实施的协调、监督、管理,对规划纲要实施情况进行跟踪分析,做好中期评估。运用法律手段保障规划的执行和实施,规划中确定的约束性指标,要纳入经济社会发展综合评价和绩效考核体系,提高规划的权威性和实施的强制力与约束力。

## 结语

"十二五"时期文化发展规划是"十二五"期间乃至更长时期宁波文化发展的行动纲领,是推进我市文化发展和安排重大项目建设的基本依据。各地要参照本规划,编制本地区文化发展规划,切实抓好贯彻落实。

面向未来,我们站在一个新的历史起点上。我们要高举邓小平理论和"三个代表"重要思想伟大旗帜,在科学发展观的引领下,进一步增强历史责任感和紧迫感,全面推动我市文化大发展大繁荣,努力实现由"文化大市"向"文化强市"的跨越!

# 北京市促进创意产业发展的若干政策

为贯彻科学发展观，落实《中共中央、国务院关于深化文化体制改革的若干意见》，实现“十一五”规划目标，加快发展创意产业，特制定以下政策。

**一、放宽市场准入，完善准入机制**

第一条　制定和发布《北京市创意产业投资指导目录》，明确鼓励、允许、限制和禁止投资的项目，进一步放宽市场准入条件和领域，鼓励非公有资本及海外资本进入创意产业。

第二条　完善和全面执行《北京市在文化体制改革试点中支持文化产业发展的实施办法》和《北京市在文化体制改革试点中经营性文化事业单位转制为企业的实施办法》规定的各项政策，推进经营性文化事业单位转制为文化创意企业。

第三条　落实《关于深化北京市文化体制改革的实施方案》，推进政企分开、政资分开、政事分开、政府与市场中介组织分开，转变政府职能，强化市场主体地位，积极营造有利于创意产业发展的公开、公平、公正的市场环境。

第四条　鼓励企事业单位及个体创意人员，利用一切符合创意产业生产规律的经营方式和组织形式，发展创意产业。创意产业各类经营主体，凡符合条件的，均可享受本政策。

**二、支持创意研发，鼓励自主创新**

第五条　在中关村科技园区内新办的文化创意企业，被认定为高新技术企业的，企业所得税自获利年度起 2 年内免征，2 年后减按 15％税率征收。

第六条　对单位和个人在本市从事创意产业技术转让、技术开发业务和与之相关的技术咨询、技术服务取得的收入，免征营业税。高等学校、科研机构服务于创意产业的技术转让、技术开发、技术咨询和技术服务所取得的技术性服务收入，暂免征收所得税。

第七条　加大对企业自主创新投入的所得税前抵扣力度。允许企业按当年实际发生的技术开发费用的150%抵扣当年应纳税所得额，当年抵扣不足部分，可按税法规定在5年内结转抵扣。企业提取的职工教育经费在计税工资总额2.5%以内的，可在企业所得税前扣除。

第八条　允许企业加速研究开发仪器设备的折旧。单位价值在30万元以下的该类仪器和设备，可一次或分次摊入管理费，其中达到固定资产标准的应单独管理，不再提取折旧；单位价值在30万元以上的，可采取适当缩短固定资产折旧年限或加速折旧的政策。

第九条　支持和引导有条件的文化创意单位，设立市级企业技术中心或工程技术中心。对符合条件的，积极推荐申报国家级企业技术中心、国家工程技术中心或国家工程研究中心，承担国家重大科技专项、国家科技计划重点项目、国家重大技术装备研究开发项目和重大引进技术消化吸收再创新项目。

**三、保护知识产权，营造创意环境**

第十条　创新知识产权保护和服务体系，研究制定创意产业知识产权保护和促进办法。鼓励知识产权评价机构发展，建立健全知识产权信用保证机制。

第十一条　建立版权资源信息中心和版权国际交易中心，构建版权授权体系。鼓励中外著作权人参与本市文化创意活动。加强创意产业版权保护，支持现代著作权保护技术的开发和应用，严厉打击侵权行为，维护著作权人的合法权利。

第十二条　鼓励创意产业自主创新形成的成果及时申请、注册相关权利。文化创意企业申请专利的费用，可从市专利申请资助资金中给予支持。本市设立数字著作权登记中心，鼓励文化创意企业登记著作权，对属于本市创意产业发展重点领域的作品的著作权登记，政府给予资助。

第十三条　保护和推广本市创意产业著名商标。制定创意产业商标管理办法，定期编制和发布全市创意产业著名商标名录。

**四、加大资金支持，拓宽融资渠道**

第十四条　自2006年起，市政府每年安排5亿元创意产业发展专项资金(以下简称“财政专项资金”),采取贷款贴息、项目补贴、政府重点采购、后期赎买和后期奖励等方式,对符合政府重点支持方向的文化创意产品、服务和项目予以扶持。

第十五条　市政府设立创意产业集聚区基础设施专项资金,资金规模5亿元,分3年投入。

第十六条　政府进一步完善中小企业融资担保机制。支持和引导担保机构为本市中小企业特别是中小文化创意企业、中小高新技术企业的融资提供担保,并鼓励金融机构开展文化创意企业知识产权权利质押业务试点。

第十七条　为文化创意企业在国内外资本市场融资创造条件。积极支持符合条件的文化创意企业改制上市。支持中关村科技园区非上市创意产业股份有限公司进入证券公司代办股份转让系统进行股份转让试点。

**五、拉动市场需求,促进内外贸易**

第十八条　扩大对文化创意产品和服务的政府采购范围。凡纳入本市预算管理的机关、事业单位和社会团体,在采购文化创意产品和服务时,优先采购自主创新产品和服务。

第十九条　鼓励和支持文化创意产品和服务出口业务。具有自主知识产权和自主品牌文化创意产品和服务的出口,按照国家税法规定享受出口退(免)税政策。对在境外提供文化劳务取得的境外收入不征营业税、免征企业所得税。

第二十条　市政府对文化创意产品和服务出口业绩突出的企业予以奖励。市政府在国际市场开拓资金中,对企业在文化创意产品和服务出口过程中所发生的境外市场推广费用,经核定后给予支持。引导商业银行对有效益、有还贷能力的文化创意自主创新产品或服务出口所需的流动资金贷款优先安排、重点支持。

第二十一条　培育辐射国内外的创意产业营销网络体系。支持文化创意企业实施收购国际营销渠道和传媒等战略性境外投资项目,市政府给予资金配套或贴息补助,并支持企业获得国家开发银行的股本贷款以及金融机构的其他优惠贷款。

第二十二条　改善文化消费环境,促进消费结构升级。统筹规划,支持和引导经营性文化设施的建设。鼓励经营性文化设施打破分割，发展电影院线和剧院院线。发展书报刊、影视产品、音像制品、电子出版物、艺术品、演出剧目的现代市场营销系统。

## 六、优化资源配置，推动产业升级

第二十三条　本市认定一批创意产业集聚区。创意产业集聚区环境整治、基础设施和公共服务平台建设等公共设施工程，市政府在创意产业集聚区基础设施专项资金中安排资金予以支持。

第二十四条　本市认定一批重点文化创意企业。鼓励重点文化创意企业承担本行业共性技术研发、市场推广等公共服务平台的建设。对经认定的涉及创意产业发展全局性、可持续性的重大项目，市政府在“财政专项资金”中安排资金予以支持。

第二十五条　鼓励国际著名文化创意、制作、经纪、营销机构，利用其人才、技术、资金和营销渠道，与本市有条件的文化创意企业合作，开展文化创意活动，生产制作科技含量高、资金密集型的出口文化产品和服务，开展国际营销。通过提高本市创意产业的竞争力，扩大优秀民族文化的国际影响力。

第二十六条　鼓励盘活存量房地资源，用于创意产业经营。工业厂房、仓储用房、可利用的传统四合院区域、传统商业街和历史文化保护街区等存量房地资源转型兴办创意产业，凡符合国家规定、属于本市产业升级和城市功能布局优化的，经认定，原产权单位以划拨方式取得的土地使用权保持不变，政府可暂不对划拨土地的经营行为征收土地收益。

第二十七条　在本市设立的具有一定规模和重大经济效益的文化创意企业总部，对其境外管理服务、研究开发、投资和资产处置所获得收益的所得税地方留成部分，财政资金予以支持；在规划新城内选址建设的，政府在土地供应方面予以优先支持。

## 七、实施人才兴业，强化智力支撑

第二十八条　支持高等院校、职业院校与文化创意企业联合建设创意产业人才培养基地，加快培养、培训文化创意研发设计、经营管理、营销经纪人才。

第二十九条　鼓励高等院校、研究机构和企业开展文化创意人才的国际交流。教育部门对文化创意人才海外培训、海外专家和大学生来京研习予以资助。人事部门对文化创意企业引进外国专家、留学人员或建立博士后科研工作站给予立项、经费资助等方面的支持。

第三十条　对于文化创意企业聘用海内外高层次的管理人才、创意人才和营销经纪人才，可参照《北京市吸引高级人才奖励管理规定》予以奖励。上述人才中的京外人才，可按照我市相关政策申请办理调京或办理《北京市工作居住证》。

第三十一条　市政府设立文化创意奖，对发展创意产业做出突出贡献的集体和个人给予表彰和奖励，所得奖金免征个人所得税。文化创意企业以股权、期权等形式给予其高级管理人员的奖励，按现行税收政策规定在计征个人所得税时给予优惠。

**八、完善统筹机制，加强组织协调**

第三十二条　建立健全创意产业发展推进机制。成立北京市创意产业促进中心。

第三十三条　本市对创意产业集聚区、重点文化创意企业、创意产业人才培养基地实行认定制度，经认定后，享受本文件规定的有关优惠政策。

第三十四条　建立健全创意产业统计制度及统计指标体系，及时准确地跟踪监测和分析研究本市创意产业发展状况。

第三十五条　市政府各有关部门应及时清理现有有关文件，对与本文件规定不一致的进行修订或废止，要依据本文件要求制定必要的实施细则。各区县人民政府可结合本地实际，制定相应的配套政策。本文件引用的《实施〈国家中长期科学和技术发展规划纲要（2006—2020年）〉的若干配套政策》中的有关财税政策，待国务院有关部门出台实施细则后执行。

# 北京市创意产业集聚区认定和管理办法(试行)

## 第一章　总则

第一条　为引导和支持创意产业集聚区(以下简称集聚区)健康快速发展,本市实行集聚区认定制度。经认定的集聚区,适用《北京市促进创意产业发展的若干政策》中对集聚区的有关优惠政策。

第二条　集聚区是指集聚了一定数量的文化创意企业,具有一定的产业规模,具备自主创意研发能力,并具有专门的服务机构和公共服务平台,能够提供相应的基础设施保障和公共服务的区域。

第三条　认定原则

(一)公开、公正、公平原则。认定标准公开,实施自主申报、专业评审、市创意产业领导小组审定的评审程序,有步骤、有重点地认定一批创意产业集聚区。

(二)统筹规划、促进集约原则。根据北京市创意产业发展规划,统筹考虑各区县创意产业发展的特点与资源禀赋,进行科学合理布局,引导相关企业集聚发展,促进对土地、基础设施和公共服务平台等资源的集约节约利用。

(三)政府引导、产业导向原则。政府通过认定一批集聚区并支持其建设,旨在引导集聚区走产业化道路,走特色发展之路,向入区企业提供优质服务,形成产业规模创造效益,引领全市创意产业发展。

## 第二章　认定条件

第四条　集聚区需要符合下列条件:

(一)有完整的集聚区建设和发展规划,并且该规划符合北京市创意产业发展规划。

(二)有鲜明的产业特色和定位,并且已经集聚了一定数量的文化创意企业,集聚区的产值、交易额等经济效益指标居于同行业领先地位。

（三）区内文化创意企业拥有一定数量的自主知识产权，原创产品占有一定的市场份额，有良好的品牌影响力。

（四）有合理规范的管理机构和运营机制，能够有效组织开展集聚区的建设、管理和运营。

（五）有较完善的基础设施和生产环境，能够为文化创意企业开展创意研发、设计生产和流通交易等活动提供适宜的硬件环境保障。

（六）有功能完善的公共服务支撑体系，能够为入区企业提供企业孵化、关键共性技术研发、融资中介、交易推广等公共服务。

（七）有良好的产业发展前景，具有符合创意产业生产规律的产业形态，入区企业具有较高的成长性，能够引领相关创意产业的发展。

## 第三章　认定程序

第五条　集聚区的认定程序如下：

（一）申请：区县政府、市有关委办局向市创意产业领导小组办公室提出集聚区认定申请。市创意产业领导小组办公室责成市创意产业促进中心受理认定申请材料。

（二）评估：市创意产业促进中心委托中介机构对申请单位开展实地调查评估，提交评估报告，报市创意产业领导小组办公室审核。

（三）审定：市创意产业领导小组办公室对集聚区提出认定审核意见，报市创意产业领导小组对集聚区进行最终审定。

（四）公布：审定结果由市文化创意领导小组办公室以政府名义发文的形式对外公布，并颁发认定证书、予以授牌。

## 第四章　管理办法

第六条　市创意产业领导小组办公室统筹指导和协调全市集聚区的建设和发展。各有关区县按照属地管理的原则加强对集聚区建设的管理。市创意产业促进中心承担对全市集聚区考核、统计等日常工作。

第七条　市创意产业领导小组办公室责成市创意产业促进中心根据本办法和考核评价指标体系，对集聚区的建设、管理和运营状况进行定期考核，对考核不合格的集聚区予以摘牌。

## 第五章 附则

第八条 本办法由北京市发展和改革委员会负责解释。

第九条 本办法自发布之日起施行。

（资料来源于北京政府网）

# 北京市文化创意产业担保资金管理办法(试行)

## 第一章 总则

第一条 根据《北京市促进文化创意产业发展的若干政策》(京办发〔2006〕30 号)及《北京市文化创意产业发展专项资金管理办法(试行)》(京财文〔2006〕2731 号)的有关规定,制定本办法。

第二条 北京市创意产业担保资金(以下简称担保资金)主要采取对合作担保机构的再担保费进行补贴、对担保业务进行补助等方式,引导担保机构为符合北京市创意产业发展总体规划和相关政策的项目提供担保服务。担保资金来源于北京市创意产业发展专项资金。

第三条 担保资金应按照公平公正、诚实信用的原则进行管理和使用。

## 第二章 担保资金管理机构与职责

第四条 北京市创意产业领导小组办公室(以下简称领导小组办公室)负责担保资金管理工作中重要事项的研究、审议和决策:

(一)审定担保资金的相关管理制度;

(二)审批担保资金年度使用计划;

(三)审定创意产业担保项目合规性审查报告;

(四)审定再担保费补贴方案、担保业务补助方案;

(五)对担保资金使用情况进行监督检查。

第五条 北京市财政局负责担保资金的预算审核、安排和监督管理:

(一)根据预算管理有关规定,审核批复担保资金预算,拨付资金;

(二)对担保资金使用情况进行检查和绩效考评。

第六条 北京市创意产业促进中心(以下简称市文促中心)受领导小组办公室委托负责担保资金日常管理工作:

(一)根据有关法律法规研究起草担保资金的各项管理制度;

(二)研究编写担保资金年度使用计划;

(三)负责创意产业担保项目的合规性审查;

(四)负责受理、审核再担保费补贴申请和担保业务补助申请;

(五)研究提出再担保费补贴方案、担保业务补助方案;

(六)负责对合作的担保公司和再担保公司有关业务进行监管,并向领导小组办公室报送相关情况。

第七条　合作的担保公司职责包括:

(一)负责受理创意产业担保项目;

(二)对领导小组办公室审定的创意产业项目提供担保服务;

(三)承担代偿责任并执行优惠的担保费率;

(四)负责创意产业担保项目保后管理及代偿清收工作。

第八条　合作的再担保公司职责包括:

(一)根据有关法律法规为创意产业担保项目提供再担保服务;

(二)按照约定条款对发生代偿损失的再担保项目进行赔付;

(三)会同担保公司对代偿项目进行追偿清收。

## 第三章　担保资金支持对象、范围和方式

第九条　担保资金支持的项目须具备以下条件:

(一)项目单位为北京市注册的文化创意企业;

(二)项目应符合市创意产业发展规划确定的支持方向,内容应属于文艺演出、出版发行和版权贸易、广播影视节目制作和交易、动漫游戏研发制作、广告和会展、古玩和艺术品交易、设计创意、文化旅游等行业的创作、生产和营销;

(三)申请贷款担保的单位,其贷款银行应是在京银行或银行在京分支机构。

第十条　担保资金支持的担保业务范围:

(一)短期贷款担保;

(二)中长期贷款担保。

第十一条　担保资金支持方式:

(一)合作的担保公司为创意产业担保项目设定再担保的,担保资金按照一定比例对其再担保费用给予补贴;

（二）根据创意产业项目担保规模对合作的担保公司给予担保业务补助，补助资金纳入担保公司风险准备金，用于弥补文化创意项目的代偿损失。补助标准为：年度担保规模在5亿元以下（含5亿元）的，补助担保额的0.5%；年度担保规模在5亿～10亿元之间（含10亿元）的，补助担保额的0.6%；年度担保规模在10亿元以上的，补助担保额的0.7%。项目担保期限少于8个月的担保额，减半计入年度担保总额。

再担保费补贴和担保业务补助的总额原则上不超过担保公司创意产业项目担保总额的1%。

## 第四章　担保项目受理

第十二条　领导小组办公室委托市文促中心与合作的担保公司和再担保公司签订合作协议，由合作的担保公司和再担保公司为创意产业项目提供担保、再担保服务。

第十三条　担保公司对申请担保的创意产业项目独立进行受理、评审，将符合条件的项目报市文促中心按规定程序进行创意产业项目合规性审查，报领导小组办公室审定。未经审定的项目不纳入担保资金支持范围。

第十四条　经领导小组办公室审定的创意产业项目，担保公司提供担保后可向合作的再担保公司申请再担保。

## 第五章　再担保费补贴和担保业务补助

第十五条　合作的担保公司于每年3月份，向市文促中心提交上年度再担保费补贴申请报告和担保业务补助申请报告，提交申请报告时需附上年度担保项目明细表、再担保合同及再担保收费凭据，相关材料加盖公章。

第十六条　市文促中心按规定程序，依据上年度创意产业项目实际担保情况，对担保公司的申请进行审核，提出再担保费补贴方案和担保业务补助方案，报领导小组办公室。

第十七条　领导小组办公室审定再担保费补贴方案和担保业务补助方案，报市财政局审核批复预算并划拨资金。

## 第六章　监督管理

第十八条　领导小组办公室和市财政局负责对担保资金的运作和使

用进行监督检查。

第十九条 合作的担保公司和再担保公司须建立创意产业担保业务财务会计报告制度和担保业务统计报告制度，向市文促中心按季、年报送财务会计报表、担保业务统计报告和年度审计报告。

第二十条 合作的担保公司和再担保公司应严格按照保后管理制度对担保项目实施风险分级、分类管理，对单笔担保额度大或风险高的项目，应有切实可行的监督措施。

第二十一条 领导小组办公室委托市文促中心按年度组织专业机构对合作的担保公司和再担保公司的业绩进行考评，考评不合格的取消合作资格。

第二十二条 对虚报、诈骗等违规违法行为，由财政部门依据《财政违法行为处罚处分条例》进行处理，构成刑事犯罪的，依法移交司法机关追究其刑事责任。

## 第七章 附则

第二十三条 本办法由领导小组办公室负责解释。

第二十四条 本办法自发布之日起施行。

# 上海市加快创意产业发展的指导意见

为全面落实科学发展观，构建以自主创新为核心的城市创新体系，以“四个率先”和“四个中心”建设为目标，坚持推进经济结构调整和增长方式转变，加快推进创意产业发展，特制定以下指导意见。

## 一、优化资源配置，促进创意产业集聚发展

1. 积极推进创意产业集聚区建设。依托先进制造业、现代服务业的发展基础和城市功能定位的完善，积极支持和推进创意产业集聚区建设。以原创设计为核心，文化内涵为要素、相关产业链为聚合，建成以研发设计创意、建筑设计创意、文化传媒创意、咨询策划创意、时尚消费创意等为发展重点的创意产业集聚区。

2. 鼓励创意企业落户创意产业集聚区。积极吸引知名创意企业高端项目落户创意产业集聚区，促进创意产业集聚发展；在创意产业集聚区中的创意企业，被认定为国家重点扶持的高新技术企业，可享受相关税收优惠政策；被认定为软件企业的，自获利年度起，享受企业所得税相关优惠政策。

3. 鼓励盘活存量房地产资源用于创意产业发展。鼓励相关企业结合产业结构调整、产业转型升级、旧区改造和历史建筑风貌保护，从扶持创意产业相关企业、完善创意产业链和优化资源配置出发，盘活存量资源，精简改造支出、减轻汇报压力，发展创意产业。积极支持以划拨方式取得土地的单位利用工业厂房、仓储用房、传统商业街等存量房产、土地资源兴办创意产业，土地用途和使用权人可暂不变更。有关部门综合存量房地资源规模、先期改造投入、周边商务租金等因素，对存量房产用于兴办创意产业实施最高租赁价格的指导、管理和监督。

4. 加大重点创意项目、重点创意企业的扶持力度。对有重要示范、带动意义的重点创意项目和重点创意企业，集中市场资源、技术资源和资金资源等，实施重点扶持；对符合土地利用总体规划、城镇建设规划、国家产

业政策和供地政策的创意产业项目，优先保证用地；鼓励重点创意企业承担本行业技术研发、市场推广、信息集散等公共服务平台的建设。

## 二、鼓励自主创新，加大创意研发扶持力度

1. 鼓励增加研发投入。加大对企业自主创新投入的所得税前抵扣力度。允许企业按当年实际发生的技术开发费用的150%抵扣当年应纳税所得额，当年抵扣不足部分，可按税法规定在5年内结转抵扣。企业提取的职工教育经费在计税工资总额2.5%以内的，可在企业所得税前扣除。

2. 支持设立技术中心。支持和引导有条件的创意企业，设立市级企业技术中心或工程技术中心。对符合条件的，积极推荐申报国家级企业技术中心、国家工程技术中心或国家工程研究中心，承担国家重大科技专项、国家科技计划重点项目、国家重大技术装备研究开发项目和重大引进技术消化吸收再创新项目。

3. 鼓励创意企业实施品牌发展战略。积极培育企业自主创新的能力，形成一批具有自主知识产权的技术、产品和标准；鼓励创建市级创意产品和服务名牌，培育壮大品牌影响力；加大创意品牌推介力度，着力打造一批具有国内外影响力的知名创意品牌。

4. 支持创意成果转化。建立创意项目产权公共交易平台，鼓励企事业单位和个人开展各类创意、创新、创造类型的活动；对于有重大贡献的创意成果，政府优先考虑对其进行产权保护和成果转化。

## 三、拓宽销售渠道，积极培育创意产业市场

1. 扩大对创意产品和服务的政府采购范围。进一步完善政府采购机制，逐步提高政府采购中具有自主知识产权的创意产品和服务的比例。政府部门带头使用优秀创意产品，促进创意产业的高起点发展，拓展创意产业的市场空间。

2. 鼓励和支持创意产品和服务出口。加大政策与资金扶持力度，扩大具有自主知识产权和自主品牌的创意产品和服务的出口；支持创意产业相关企业开拓国际市场，搭建海外市场服务体系。

3. 培育辐射国内外的创意产业营销网络体系。支持创意企业与国内外的创意、制作、经纪、营销机构合作，拓展国内国际营销渠道和传媒影响

力，形成包括销售代理、衍生产品开发、商业销售等在内的专业营销网络，包装创意产品促进销售；对于符合条件的项目，给予资金配套或贴息补助，并支持企业获得国家开发银行的股本贷款以及金融机构的其他优惠贷款。

4. 培育改善创意产品和服务的消费环境。积极培育创意产品和服务的消费市场，吸引广大群众消费创意产品和服务。通过不断发掘新品牌、新构思，引导时尚创意产品和服务的消费，促进消费结构升级。加强市场监管，促进创意产品的交易种类、交易方式、服务内容等方面与国际接轨。

## 四、加强行业管理，构筑创意产业服务体系

1. 构建公共服务平台。积极建设全市创意产业的网络信息、投资咨询、知识产权、人才培训、展示交易、研发设计和国际交流等公共平台；鼓励依托企事业单位、社会机构及创意产业集聚区建立行业性的创意产业公共服务平台。

2. 鼓励和支持中介机构、行业组织发展。加快发展经纪、代理、评估、鉴定、推介、咨询、拍卖等创意产业领域的中介机构，进一步规范中介机构的经营行为；发挥“上海市创意产业协会”和“上海创意产业中心”等社会中介机构作用，加强行业自律，为创意企业提供良好服务，推动创意产业科学、健康、快速发展。

## 五、放宽市场准入，完善创意产业准入机制

1. 进一步放宽市场准入条件和领域。结合《上海创意产业发展重点指南》，进一步放宽市场准入条件和领域，鼓励非公有资本及海外资本进入创意产业。

2. 鼓励创意型创业发展。鼓励企事业单位及个体创意人员，利用一切符合创意产业生产规律的经营方式和组织形式，发展创意产业；创意产业各类经营主体，凡符合条件的，均可享受相关政策。

## 六、加强知识产权保护，营造创意产业发展环境

1. 建立健全知识产权保护体系。促进对创意产业知识产权保护；鼓励知识产权评价机构发展，健全知识产权信用保证机制。

2. 加大知识产权保护力度。建立知识产权协调机制，定期召开联席会

议，统筹协调全市创意产业知识产权管理和保护工作。加强行政执法与刑事司法相衔接的工作措施，严厉打击各种侵犯创意产品知识产权的行为。

3. 完善知识产权服务机制。鼓励创意产业自主创新所形成的成果及时向有关部门申请注册登记；创意企业申请专利的费用，可从市专利申请资助资金及其他相关资金中给予支持；强化知识产权社会中介服务，帮助企业建立知识产权保护机制，形成贯穿于创意产品创作、生产、流通和消费全过程的知识产权保护体系。

4. 保护和推广本市创意产业著名商标。积极鼓励和支持创意企业申报著名商标认定，定期编制和发布全市创意产业著名商标名录；被认定为上海市著名商标的创意产业商标可按有关规定受到或申请特殊保护。

**七、加快人才集聚，强化创意产业智力支撑**

1. 建设创意人才培训基地。鼓励高等院校、职业培训院校、社会培训机构与创意产业发展对人才的需求对接，开展多层次、多类型的创意专业教育，有针对性地设立一些与创意产业相关的专用学科，支持院校与创意企业联合建设创意产业人才实训基地，加快培育创意紧缺人才。

2. 建立创意人才流动机制。鼓励高等院校、研究机构和相关企业开展创意人才的国际交流，在输送人才学习国际先进经验的同时，引进海内外高级创意人才。教育、人事等部门可优先对创意人才海外培训、海外专家开展创意研发和交流活动给予立项、经费资助等方面的支持。

3. 完善创意人才专业服务体系。支持有关部门与市级以上创意产业集聚区广泛合作，建立和完善包括创意人才认证、创意人力资源咨询和外包、创意人才推荐、创意人才培训等在内的创意人才专业服务体系。

4. 实施创意人才奖励机制。对发展本市创意产业作出突出贡献的集体和个人给予表彰和奖励。

**八、加大资金支持，拓宽创意产业融资渠道**

1. 设立创意产业发展专项资金。创意产业发展专项资金优先用于支持创意产业集聚区功能建设、公共服务平台建设及举办重大创意产业活动；每年安排一定数量的创意产业发展资金，以奖励、贴息、补贴、资助等方式支持创意企业发展、创意产品和服务的开发。各区县也应设立相应创意产业发展资金。

2. 整合政府资金，加大支持力度。市级财政安排的新型工业化、产业技术研发、旅游结构调整、文化宣传、信息产业发展、中小企业发展等专项资金向创意企业和创意产业集聚区倾斜，扶优扶强，形成支持创意产业发展的合力。

3. 进一步完善中小企业融资担保机制。支持和引导担保机构、风险投资机构为本市中小企业特别是中小创意企业、中小高新技术企业的融资提供担保或风险投资，并鼓励金融机构开展创意企业知识产权权利质押业务试点。

4. 为创意企业在国内外资本市场融资创造条件。鼓励创意企业、创意产业集聚区通过资本运作、引进战略投资者、吸纳社会资本等形式筹集发展资金，积极支持符合条件的创意企业改制上市融资。

## 九、加强组织领导，推动创意产业加快发展

1. 建立各方协同的工作机制。建立全市创意产业发展联席会议制度，研究制定全市创意产业发展中的重大战略和政策，统筹协调解决全市创意产业发展中的重大问题，协调推进重大项目。联席会议下设办公室，由市委宣传部、市经委牵头，联合市有关部门配合，负责日常协调推进工作以及制定创意产业发展规划、引导集聚区发展等。各区县要建立相应的领导机构，形成市、区(县)共同推进创意产业发展的工作机制。

2. 积极引导创意产业发展。继续发布《上海创意产业发展重点指南》，明确本市创意产业重点发展领域。

3. 建立健全创意产业统计制度及统计指标体系。及时准确地跟踪监测和分析研究本市创意产业发展状况，每年公布《上海创意产业发展报告》。

4. 营造良好创意氛围和环境。充分发挥舆论对创意产业发展的正确导向作用，加强宣传推广力度。通过开展各类有利于创意产业发展的活动，推动创意产业的形态和内涵同步发展，增强全社会的创新意识，营造良好的创意氛围。

# 上海市创意产业集聚区认定管理办法(试行)

第一条 为了加快本市创意产业发展,提升本市创意产业园区的能级和水平,规范本市创意产业集聚区的申报、认定及相关管理工作。根据国家及本市有关法律、法规,结合本市创意产业发展实际,制定本办法。

第二条 本办法所称的创意产业集聚区是指依托本市先进制造业、现代服务业发展基础和城市功能定位,利用工业等历史建筑为主要改造和开发载体,以原创设计为核心,相关产业链为聚合,所形成的以研发设计创意、建筑设计创意、文化传媒创意、咨询策划创意、时尚消费创意等为发展重点并经市政府有关部门认定的创意产业园区。

第三条 本办法适用于本市创意产业集聚区的申报、认定及相关管理活动。

第四条 上海市经济委员会(以下简称市经委)负责本市创意产业集聚区的认定及其相关管理工作。

本市区(县)经委负责组织本区域内创意园区申报创意产业集聚区的工作并进行初审,配合市经委对本区域内经认定的创意产业集聚区进行指导和管理。

第五条 本市创意产业集聚区的认定条件为:

(一)有完整的集聚区建设和发展规划,并且该规划符合《上海创意产业"十一五"发展规划》。

(二)园区完成建设改造,出租率达到70%以上。

(三)有鲜明的产业特色和定位,产业门类符合《上海创意产业发展重点指南》,并且已经有若干个主导产业门类。主导产业门类的企业应占园区全部企业总数的70%以上。

(四)园区建筑面积应在1万平方米以上。

(五)有合理规范的管理机构和运营机制,能够有效组织开展集聚区的建设、管理和招商。

(六)能提供适合创意企业发展的工作环境、配套设施和服务功能。

（七）园区房屋租赁应由园区运营管理机构负责，房屋租赁应符合园区产业功能要求。未经园区运营管理机构许可，不得进行转租。

（八）房屋建筑结构应符合本市相关建筑标准，建筑外形应与城市建筑形态、周边环境相和谐。

（九）园区内的配套服务设施面积不超过园区总建筑面积的20%。

（十）能按国家和本市的法律法规要求，做好历史建筑的保护工作。

（十一）园区消防、安全、节能、环保、卫生等应符合相关规定。

第六条　本市创意产业集聚区的认定程序：

（一）申请

申报创意产业集聚区的创意园区，园区运营管理机构应当根据认定条件，将申报材料送区（县）经委。区（县）经委在收到申报材料后30日内，出具初审意见，并连同申报材料报送至市经委。

（二）审核

市经委在收到申报材料后30日内，组织专家依照认定条件对申报材料进行核实，并进行评估及组织必要的实地考察，由专家组提出书面评估意见报市经委审核。

（三）认定

市经委在收到专家组的书面评估意见后30日内，对符合条件的园区予以认定并授牌，并予以公告。

第七条　经认定的本市创意产业集聚区及园区入驻企业可优先享受本市扶持创意产业发展的相关优惠政策。

第八条　创意产业集聚区应设立专门的管理机构、配备专职管理人员，建立物业管理、安全责任、配套服务等管理制度。

第九条　创意产业集聚区应积极引导入驻企业属地注册、建立入驻企业档案，配合所在区域相关职能部门对入驻企业开展管理与服务。

第十条　创意产业集聚区管理机构按有关规定及时向有关部门报告入驻企业举办的各种活动；与区（县）经委会签订管理责任书，接受监督、检查和指导；与入驻企业签订相应管理责任书，定期检查和督促入驻企业遵守管理规定。

第十一条　创意产业集聚区入驻企业不得擅自改变建筑结构和使用性质；入驻企业的二次装修应按规定上报有关部门。

第十二条　创意产业集聚区及入驻企业的一切活动均应符合上海市环保相关规定，不得干扰周边居民、企事业单位的正常生活和工作秩序。

第十三条　市经委对本市创意产业集聚区，每年组织一次复审。对未达标的市创意产业集聚区，限期进行整改；整改后仍未达标的，取消其认定，并予以公告。

第十四条　市经委将根据本市创意产业集聚区管理需要，会同有关职能部门开展专项检查。

第十五条　市经委每年对贡献突出的创意产业集聚区、运营管理机构和个人予以表彰。

第十六条　市经委应每年公开经认定的本市创意产业集聚区名单、被取消认定授牌的创意产业集聚区名单以及市经委认为应当公开的其他信息。

第十七条　市经委可以根据国家对创意产业发展的要求和变化情况，对本市创意产业集聚区的认定条件进行相应调整并予以公布。

第十八条　本办法自公布之日起试行，并由市经委负责解释。

# 杭州市文化创意产业发展规划(2009—2015年)

## 前言

创意产业是以创意为核心,以文化为灵魂,以科技为支撑,以知识产权的开发和运用为主体的知识密集型、智慧主导型战略产业。作为21世纪的新兴"朝阳产业",创意产业正在成为一个国家和地区经济社会发展的重要动力。为抢抓创意经济时代所赋予的历史机遇,充分发挥杭州的文化优势、环境优势、人才优势、市场优势和产业优势,杭州市委、市政府于2007年提出了打造全国创意产业中心的战略目标。为加快我市打造全国创意产业中心的工作进程,尽快把我市创意产业纳入科学发展的轨道,特制定本规划。

本规划根据《国家"十一五"文化发展规划纲要》、《浙江省文化大省建设纲要(2001—2010年)》、《浙江省推动文化大发展大繁荣纲要(2008—2012年)》、《杭州市城市总体规划(2001—2020年)》、《杭州市国民经济和社会发展第十一个五年规划纲要》、《中共杭州市委、杭州市人民政府关于打造全国创意产业中心的若干意见》(市委〔2008〕4号)等精神编制,并与《浙江省创意产业发展规划》、《杭州市动漫游戏产业发展规划》、《杭州市艺术品产业五年发展规划(2008—2012年)》等专项规划相衔接,是推动今后一段时期我市创意产业科学、健康、快速发展的指导性文件。

本规划的范围涵盖整个杭州市域,其中杭州市区为重点规划范围。

规划的期限是2009—2015年。其中2009—2010年为第一阶段,2011—2015年为第二阶段。规划的基期为2008年。

## 一、发展背景

### (一)背景条件

1. 机遇

(1)有利的国内外形势为杭州创意产业发展提供了新机遇。在世界范围内,创意经济浪潮风起云涌,创意产业在提升区域经济“硬实力”和文化“软实力”中的巨大作用与潜力正在不断彰显。在国内,党的十七大明确提出要“推进文化创新,增强文化发展活力”,“推动社会主义文化大发展大繁荣”;《国家“十一五”文化发展规划纲要》提出要加快构建创意产业群;浙江省第十二次党代会确立了走“创业富民、创新强省”之路的核心战略,提出要“构建和谐文化,切实加快文化大省建设步伐”。省委文化工作会议提出要建立文化产业体系,着力发展创意产业。国内外创意产业蓬勃发展的形势和鼓励文化产业发展的政策导向,为杭州大力发展创意产业指明了方向,为杭州打造全国创意产业中心带来了重大战略机遇。

(2)特殊的区域与城市发展阶段为杭州创意产业发展提出了新要求。改革开放至今,浙江省、杭州市的经济社会得到了迅猛发展,2008 年浙江省人均 GDP 超过 6000 美元,同期杭州市按户籍人口计算的人均 GDP 已超过 1 万美元。但同时,浙江省和杭州市也面临着日益趋紧的要素资源和环境约束,部分地区、部分行业发展进入了平台期、瓶颈期。而创意产业是新兴的“朝阳产业”,具有消耗少、污染低、附加值高、渗透性强等特点,有助于推动传统产业向现代产业转变和经济发展方式的加快转变。为此,市委、市政府审时度势、果断决策,提出打造“一城、七中心”的战略定位,全国创意产业中心是其中唯一一个“国字号”中心;实施“城市国际化”、“工业兴市”、“服务业优先”、“软实力提升”、“环境立市”、“民主民生”六大战略,其中“服务业优先”和“软实力提升”战略的主要内容,就是要加快发展文化创意产业。市委、市政府作出的一系列重大决策部署,有利于杭州实现从工业经济“一级跳”到现代服务业“二级跳”再到创意产业“三级跳”,率先迈入以高新技术产业为主导、以现代服务业为支撑的后工业化时代。

(3)独特的综合优势为杭州创意产业发展提供了广阔空间。杭州独特的城市特性和人文氛围,使杭州特别适合发展创意产业之类的知识密集型、文化密集型、科技密集型新型产业、“朝阳产业”。具体来说,主要有五大优势:一是文化优势。杭州有 8000 年文明史,5000 年建城史,是中国七大古都之一,历史源远流长,文化博大精深,名人灿若繁星,有最适宜创意产业发展的土壤。二是环境优势。杭州自古以来就有“人间天堂”之美称。杭州连续 4 年被世界银行组织评为“中国城市总体投资环境最佳城市”第一名;连续 5 年被美国《福布斯》杂志评为“中国大陆最佳商业城市”第一名。

三是人才优势。杭州集聚了全省一半以上的高等院校、科研院所，拥有中国美术学院、浙江大学等一大批与创意产业发展密切相关的高等学府。四是市场优势。杭州所在的长三角地区是现今中国经济社会最发达、最具活力的地区之一，区内人口近1亿，有着旺盛的创意需求和强大的消费能力。五是产业优势。根据中国创意产业研究中心的《中国创意产业发展报告(2007)》研究结果表明，杭州创意产业综合实力名列全国第五位。

(4)各类产业分工与融合交互发展态势为杭州创意产业发展提供了有力支撑。近几年来，随着杭州市各类产业发展呈现既分工细化又互相融合的态势，制造与创造相互促进，制造业与服务业相互配套，工业化与信息化相互融合，使知识、科技、文化、艺术等元素更多地融入到产品和服务中，使产品和服务更多地体现社会性、生活性、环境和谐性，既提升了杭州的经济生活品质，也提升了杭州的文化生活品质、政治生活品质、社会生活品质、环境生活品质。特别是经过几年的精心培育，杭州高新技术产业和现代服务业特色更趋明显，龙头企业核心竞争力不断提高。发达的IT产业，先进的计算机网络、数字电视网络、IP宽带网、移动通信，为发展以创意为核心、以文化为灵魂、以科技为支撑，以知识产权的开发与运用为主体的知识密集型、智慧主导型的创意产业提供了有利的技术条件。

2. 严峻的挑战

当然，杭州发展创意产业在面临诸多机遇与有利条件的同时，也存在着一些严峻的挑战，这主要表现在以下两个方面：

(1)来自于国际金融危机的挑战。爆发于美国的国际金融危机愈演愈烈，不仅对我国出口导向型的制造业产生了严重冲击，而且对刚刚起步的创意产业也造成了诸多影响。总体来看，这些影响主要体现在以下四个方面：一是在金融危机条件下，随着居民收入的下降和企业经营的不景气，市场上对文化创意产品和服务的消费需求，如艺术品消费，广告设计与建筑设计服务等，也出现相应下降；二是在金融危机条件下，由于金融机构的风险规避意愿更加明显，这将给文化创意企业特别是中小型创意产业的资金融通带来更多困难；三是由于此次金融危机波及面大、影响程度深，未来经济发展趋势在短期内难以明朗，这将对投资于该领域的企业家信心产生较大影响；四是国外市场的不景气，将对文化创意产品和服务出口产生直接的抑制作用。以上四方面的不利因素，将给我市处于起步阶段的创意产业发展带来巨大挑战。

(2)来自于城市间激烈竞争的挑战。随着党的十七大"关于推动社会主义文化大发展大繁荣的指示"精神在各地的贯彻落实，区域间文化"软实力"竞争日趋激烈，杭州发展创意产业前有"标兵"、后有"追兵"，而且追兵离我们越来越近。现在创意产业发展位居杭州之后的城市都在抓紧制定政策，争装"创意引擎"。如南京市目前已建和在建的创意产业基地(园区)已超过了40个，发展后劲十足，赶超之势尽显。而位居杭州之前的北京、上海、广州、深圳等"标兵"城市，更是借助先发优势，积极出台政策助推创意产业发展。如"十一五"期间北京的创意产业预计将以15%的速度递增，到2010年产业增加值占GDP比重有望达到12%；上海市提出要打造"国际创意产业中心"，成为与伦敦、纽约、东京相比肩的国际一流创意城市；深圳则依托"文化立市"战略，提出了建设"创意设计之都"的战略目标。国内主要城市创意产业竞相发展的态势，使我市创意产业发展的任务显得更加紧迫而任重道远。

(二)发展基础

1. 显著成效

(1)综合实力不断增强。2008年全市创意产业实现增加值579.86亿元，按可比价计算，增长17.6%，高于全市GDP增速6.6个百分点，高于全市服务业增加值增速3.8个百分点，创意产业增加值占全市GDP的比重达12.1%，比上年提高0.2个百分点，对GDP增长的贡献率为13.2%。其中八大重点行业实现增加值351.05亿元，同比增长19.39%，占全市创意产业增加值的比重为60.5%，比上年提高0.6个百分点。

(2)部分行业优势明显。经过近年的发展，杭州市基本形成了门类较为齐全、具有区域特色的创意产业业态，部分行业在全国处于领先地位。如在龙头企业阿里巴巴集团的引领带动下，信息服务业加快发展，2008年9月我市被中国电子商务协会授予"中国电子商务之都"称号。动漫产业实现了争先进位，根据国家广电总局最新公布的数据显示，2008年杭州的动画生产量达到17411分钟(经国家广电总局备案的动画片分钟数)，全国排名从2007年的第四位跃居为现在的第二位；在中国国际动漫节、西湖博览会等会展成功举办的示范带动下，杭州的文化会展业发展迅速；西泠印社拍卖有限公司在全国艺术品拍卖业异军突起，被誉为“江南第一拍”，已成为引领江南艺术品市场的风向标。

(3)园区建设加快推进。近年来，依托工业遗存、历史文化建筑、楼宇建筑等各种载体资源，我市已经创建了一批较为成熟的创意产业园区（基地），其中国家动画生产基地2家，国家动画教学研究基地3家，国家文化产业示范基地5家；正在规划建设的有杭州创新创业新天地、白马湖生态创意城、之江文化创意园、西溪创意产业园等15个园区（基地）。截至目前，杭州十大创意产业园区总规划建筑面积达200万平方米，在全市创意产业发展中的引领、带动作用初步显现。

(4)投资主体多元化进一步形成。通过发挥民营经济发达、市场机制完善、投资环境优越等优势，杭州积极吸引国内外民间资本和风险投资资金进入创意产业，为创意产业发展注入了活力与动力。目前，广厦集团、中南集团、太子龙集团等一批本土知名民营企业已进入创意产业，一批国际知名风险投资机构也纷纷来杭投资创业。在政府主导力、企业主体力和市场配置力的共同作用下，目前杭州创意产业投资主体呈现日益多元化的发展格局。

2. 面临的问题

杭州创意产业发展取得了显著成效，但也面临着许多问题，这主要表现在以下六个方面：一是企业原创能力有待提高。这主要表现在“专家叫好、百姓叫座”的文化创意原创精品比较缺乏。二是产业集聚效应不明显。这主要表现在园区内企业的数量少、企业之间的关联度低和园区之间同质化现象等方面。三是人才集聚程度较低。杭州市创意产业不仅在人才总量储备上较少，而且在人才结构上也不合理，复合型高端创意人才尤其缺乏。四是知识产权保护任务重。目前杭州市针对创意产业知识产权保护的法规体系尚未健全，知识产权保护力度有待加强。五是公共服务建设滞后。目前，杭州市创意产业公共服务平台建设相对滞后，无法满足中小文化创意企业日益增长的对公共技术、人才培训、信息咨询和成果推广等方面的服务需求。六是产业国际化程度较低。这主要表现在杭州的创意产业发展更多地依赖于本地资源，与北京、上海等城市相比，在对域外特别是国外知名创意企业和人才的引进上存在较大差距。

## 二、总体思路

### (一)指导思想

深入贯彻落实科学发展观,紧紧围绕浙江省"创业富民、创新强省"总战略和杭州市建设"一城、七中心"的战略目标,适应杭州市科学发展、和谐发展、率先发展的战略需要,坚持"和谐创业"理念,坚持"服务业优先"和"软实力提升"战略,以资源禀赋为依托,以"创意、创新、创业"为主题,以"做大、做强、做优"为主线,以构建"3+1"现代产业体系为方向,不断提高创意产业的集聚度、知名度、美誉度和贡献度,不断促进杭州的经济文化化、文化经济化和经济文化一体化,为共建共享与世界名城相媲美的"生活品质之城"提供战略支撑和动力保障。

### (二)基本原则

1. 坚持以人为本

充分发挥文化人在实践"和谐创业"中的引领作用,激发市民群众的文化创造活力,推动生活和创业、文化与经济的有机结合,着力提升人民生活品质,满足人民群众的精神文化与健康需求。

2. 坚持自主创新

牢固树立"创意为王"、"内容为王"的理念,高度重视创意与创新的关键性作用,高度重视创意人才队伍建设,提高创意产业原创能力,提升产业综合竞争力。

3. 坚持改革开放

牢固树立新的文化发展观,推动文化创新,以全面深化文化体制改革为动力,加快创意产业发展;加大开放力度,搞好招商工作,充分利用国内外"两个市场、两种资源",推动产业实现跨越式发展。

4. 坚持整合资源

打好浙江牌、中华牌、国际牌,整合高校、企业、科研院所等各方资源,调动各种力量,合力推进创意产业发展;融入长三角,接轨大上海,优势互补,错位发展,增强集聚能力,构筑辐射高地。

5. 坚持突出重点

结合杭州城市定位及资源禀赋条件,实施大项目带动战略,确定一批重点发展、优先发展、鼓励发展项目，着力打造一批重点行业与重点园区，梯度开发，以点带面，形成特色鲜明、布局合理的产业发展格局。

6. 坚持三力合一

充分发挥“政府主导力、企业主体力、市场配置力”三力合一的作用，加强各区、县(市)及相关部门之间的沟通与合作，建立多管齐下、广泛参与的长效工作机制，加快形成多方联动共同推动产业发展的良好局面。

## 三、战略目标

### (一)战略定位

确立跨越式发展理念，发挥比较优势、打造竞争优势、构筑创意产业优势，把创意产业打造成为杭州的“第四产业”、“品质产业”，跻身全国文化创意经济发展的第一方阵，成为全国创意产业中心。

具体而言，就是要让创意产业成为杭州打造“生活品质之城”的“助推器、主引擎、新载体、新抓手”，在杭州经济社会发展中发挥集聚、辐射与带动作用。

● 促进杭州产业转型升级的助推器。加快发展创意产业，充分发挥创意产业的“整合、渗透、提升”功能，推进我市先进制造业基地建设和现代服务业发展提速，带动我市产业结构优化升级，助推“杭州制造”向“杭州创造”转变，为促进杭州乃至浙江省产业结构转型作出贡献。

● 提升杭州文化软实力的主引擎。既要关注经济硬实力，更要关注文化软实力；既要修复自然生态，更要修复人文生态；既要打造投资者的天堂，更要打造文化人的天堂，围绕文化名城建设目标，加强社会主义核心价值体系建设，加快创意产业发展，提升杭州文化软实力。

● 提高人民生活品质的新载体。大力发展创意产业，促进杭州工业化、城市化和信息化进程，推动教育创新和普及科学知识，不断满足人民群众多样化、高层次的精神文化需求，使之成为提高人民群众的经济生活品质、文化生活品质、社会生活品质、环境生活品质的有效载体。

● 增强杭州城市综合能级的新抓手。依托杭州的文化优势、环境优势、人才优势、产业优势与市场优势，集聚创意要素资源，大力发展创意产业，积极打造“创意杭州”，强化城市创新服务功能，增强城市发展能级，加快杭州的国际化进程，提高杭州城市的综合竞争力。

（二）发展目标

到2015年的总体目标是：创意产业增加值占全市GDP的比重力争达到17%左右，形成产业规模巨大、产业特色鲜明、创新能力强大、文化品位较高、创业环境一流、专业人才集聚、知名品牌众多、产权保护严密、公共服务完善的创意产业群，把杭州建成名副其实的中国电子商务之都、中国动漫之都、中国女装之都、中国艺术品交易中心、中国旅游演艺中心和中国重要的设计研发基地，打造成以文化、创业、环境高度融合为特色的"国内领先、世界一流"全国创意产业中心，步入"文化融入经济、经济体现文化、经济文化一体化"的互动高级发展阶段。

到2010年的具体目标是：创意产业整体实力明显提升，人才资源加速集聚，园区建设快速推进，产业特色初具轮廓，创新能力不断增强，创业环境持续优化，品牌效应开始展现，产权保护有效加强，公共服务得到完善，基本构建起服务浙江、辐射长三角地区的创意研发基地、信息发布基地、产品交易基地和创意人才高地。

- 产业实力提升。两年内把创意产业打造成为杭州的新兴主导产业，产业增加值力争以高于GDP 5个百分点的速度递增。

- 创意人才集聚。吸引一批业内领军人物和创业团队，汇聚一大批创新与创意人才，就业总人数以年均10%的速度递增。

- 园区建设提速。全市十大创意产业园区规划建筑面积总量超过220万平方米，其中建成面积达到100万平方米，集聚文化创意企业数量达到1500家。

- 产业特色初现。依托杭州的产业基础与资源禀赋优势，八大门类创意产业优势进一步突出，初步形成具有区域特色的现代产业集群。

- 创新能力增强。作品原创能力、技术创新能力显著提升，推出一批具有全国和国际影响的作品、产品，成为浙江技术研发和作品原创的龙头。

- 创业环境优化。自然环境美化，政策环境优化，"和谐创业"理念得到大力弘扬，进一步确立文化人在实践"和谐创业"中的引领地位。

- 品牌效应展现。以动漫游戏、文化演艺、数字电视、女装设计等行业为突破口，重点推出一批知名作品和企业，依托众多品牌的有机集成，初步形成“杭州创意”大品牌。

●产权保护加强。全民知识产权保护意识不断增强,知识产权保护政策法规体系得到完善,侵犯著作权、专利权、商标权等违法行为明显下降。

●公共服务改善。建成一批产业孵化平台、投融资服务平台、技术创新平台、产品制作平台、产品和产权交易平台,服务功能得到有效增强。

## 四、空间布局

### (一)布局思路

杭州市创意产业布局的总体思路是:以丰富的现代美学创意、丰厚的传统人文底蕴和优美的自然风景为依托,充分体现“五水共导”的核心内涵,以“环西湖、环西溪、沿运河、沿钱塘江”为主线,以“十大创意产业园区”为重点,充分发挥各区、县(市)的产业优势和区位特点,积极拓展新兴创意产业园区,逐步形成布局合理、特色鲜明、开放灵动的“两圈、两带、多点”的创意产业空间新格局,为打造全国创意产业中心提供良好的空间载体。

实现上述空间布局要遵循的基本原则是:(1)充分尊重各地创意产业的发展现状与基础,有利于最大限度发挥潜力;(2)坚持“一主多副”或“两主多副”的发展思路,有利于园区之间实现竞合发展;(3)坚持突出重点,注重资源整合,围绕十大园区,推动创意产业实现集群发展;(4)结合杭州城市总体发展战略和杭州都市经济圈的建设,有利于促进城市的有机更新与产业的结构转型;(5)结合杭州“生活品质之城”建设,有利于提高人们的生活品质;(6)有利于“接轨大上海、融入长三角”。

### (二)空间结构

两圈:构筑环西湖创意产业圈和环西溪湿地创意产业圈,充分发挥自然山水赋予的灵气和丰厚的文化底蕴,打造成为杭州市创意产业的核心区。

环西湖创意产业圈——以西湖为中心,充分发挥环西湖区块的文化、景观、科技与人才等优势,重点建设西湖创意谷和西湖数字娱乐产业园,努力打造集设计服务、数字娱乐、时尚消费等为一体的文化生产力高度集聚的创意产业群。

1. 西湖创意谷

涵盖整个上城区，规划建筑面积16万多平方米，形成“一园三区”的格局。一园，即以中国美术学院为依托的大学科技园；三区，即产业孵化区（包括以浣纱路为轴线的建筑设计产业带、以开元198为核心的创意产业孵化基地、以文保点为主体的名人名家工作基地和玉皇山南国际设计创意园）、展示交易区（包括以清河坊为轴线的古董艺术产业带、以涌金创意家园为核心的艺术创作产业带、以天工艺苑为中心的工艺美术产业带）和时尚休闲区（包括以南山路、万松岭路为轴线的文化休闲产业带、以湖滨路为轴线的创意时尚生活产业带）。该园主要发展建筑景观设计业、艺术品业及时尚消费等特色产业。到2010年，集聚企业数量超过300家；培育一批具有自主知识产权和知名品牌的骨干企业，其中超千万元的企业达到20家；汇聚一批业界领军人物。

2. 西湖数字娱乐产业园

位于西湖区，规划建筑面积约8万平方米，积极打造以数字娱乐产业为核心的“一园多点”数字娱乐产业群，“一园”，即扩建的国家数字娱乐产业示范基地，包括杭州数字娱乐产业园1号楼、2号楼、3号楼；“多点”，即国家数字娱乐产业示范基地计量分园、数娱大厦公园、电子商务大厦分园、东方科技分园、紫金港分园等。该园重点发展动漫、网络游戏、手机游戏、数字音乐等数字娱乐类产业。到2010年，园区建筑面积达到8万平方米，产业链上企业数量达到150家，产值与税收分别达到8亿元和1500万元。

环西溪湿地创意产业圈——以西溪湿地为中心，充分发挥湿地优美的自然景观和独特的文化风俗，以西溪创意产业园和创意良渚基地为重点，打造以艺术创作和文化休闲旅游为主的综合性、创新型创意产业群。

3. 西溪创意产业园

位于西溪湿地的桑梓漾区域、河渚街蒋村集市区域、沿山河四大人文景观等区块，总规划面积约3万平方米。园区分“两大功能区块、三大主力业态”。“两大功能区块”包括东、西两区，其中西区为艺术村落区，主要由各类创意工作室、艺术创作和展示、艺术经营机构和配套商业组成；东区为创意产业区，主要由创意产业企业总部、大型创意产业机构和研发中心等组成。“三大主力业态”即艺术创作及艺术经营类、创意设计类、总部基地类。加快西溪国家湿地公园三期建设，拓展园区发展空间。到2010年，引进10～15家知名创意机构和一批知名艺术家落户园区，打造浙江省乃至国内具有一定影响力的艺术集散地和艺术交流中心。

4. 创意良渚基地

位于余杭区良渚镇，主要包括玉鸟流苏、美丽洲公园等区块，规划建筑面积5万平方米。该基地以良渚文化的深厚内涵和自然资源为依托，突出良渚文化和玉文化元素，重点发展文化生态旅游、时尚消费创意设计和文化会展等产业，以此带动良渚镇及周边区块的和谐发展。到2010年，集聚企业超过50家；年接待游客20万人次以上，旅游收入达到2亿元；汇聚一批文化名人和艺术家。

两带：构筑沿运河创意产业带和沿钱塘江创意产业带，进一步突出产业集聚度，发挥示范、引领和辐射作用。

沿运河创意产业带——以运河为轴线，整合开发运河文化资源，重点加快运河天地文化创意园和杭州创新创业新天地建设，打造集设计服务、旅游观光、民俗风情于一体，特色突出、个性鲜明的创意产业群。

5. 运河天地文化创意园

主要位于拱墅区运河段，规划建筑面积20万平方米，包括LOFT49创意产业园、唐尚433创意中心、“A8”艺术公社和乐富·智汇园、杭丝联166、西岸国际艺术区和浙窑陶艺公园等园区。该园以工业遗存、历史建筑的保护利用为特征，各基地适当错位发展，主要培育文化艺术、建筑景观设计及广告设计等产业。到2010年，产业增加值年均增长率超过20%，园区建筑面积达到20万平方米以上；重点建成7～8个产业基地，集聚企业超过200家；汇聚一批国内知名创意人才。

6. 杭州创新创业新天地

位于下城区北部传统工业区(杭州重机厂区块)，规划建筑面积为30万平方米，由一组团工业遗存、二组团酒店式公寓、三组团SOHO办公区、四组团商业零售步行与SOHO办公区、五组团大型购物中心与商务办公区、六组团新型都市工业示范区、七组团科研孵化区和八组团工业公园组成，重点发展以建设新型都市工业示范区为特征的工业设计与科技孵化等产业，带动杭州次级商务中心的建设。

沿钱塘江创意产业带——以钱塘江为主线，充分体现杭州大气开放的新时代精神，着力构建江南、城西、钱江新城和下沙四大文化创意集聚区。

依托各区块的文化资源优势和产业优势，打造集动漫游戏、信息服务、工业设计、教育培训等产业为一体的各具特色的创意产业群。

7. 之江文化创意园

位于之江旅游度假区，以中国美术学院为依托，主要形成“两点一线”互动发展的格局（“第一点”是指中国美术学院紧邻区，“第二点”是指凤凰·创意国际及周边矿山，“一线”是指两者之间的创意消费和配套服务发展轴线，共约2251亩的“工”字形区域）。园区围绕“创意的基地和平台、产业的集聚和品牌、艺术的摇篮和家园（创意＋产业＋居住）”三位一体的功能定位，坚持“统一领导、统一管理、统一规划”“三统一”的开发原则，坚持“先易后难、先点后面、先报后做”“三先三后”的开发时序，坚持“区校引导力、企业运作力、市场配置力”“三力合一”的开发模式，通过转塘特色街区、艺术村落样板、凤凰·创意国际三大项目带动，加快启动之江象山艺术社区建设，积极申报中国美术学院国家大学创意园，努力实现生态效益、经济效益、社会效益“三大效益”的最大化，逐步形成一个集产业发展、产业孵化、展览展示、艺术休闲、特色配套等为一体“国际化、品牌化、特色化”的杭州国际艺术新区。

8. 白马湖生态创意城

位于杭州高新开发区（滨江）南部区块，规划总面积约20.5平方公里，主要依托国家动画产业基地的先发优势及高新开发区信息服务业的产业优势，保护利用自然生态和文化资源，推动动漫艺术与信息科技、旅游休闲业相结合，重点发展动漫游戏产业，兼顾信息服务业、设计服务业、文化休闲旅游业等，打造“宜业、宜居、宜游、宜文”的综合性生态文化创意城。

9. 湘湖创意产业园

位于萧山区，一期浙江省创意产业实验区建筑面积8万平方米，以设计服务、教育培训业等产业为主。到2010年，力争聚集企业超过100家，实现产业增加值3亿元，完成税收超过1000万元，初步形成创意产业创意研发、制作、展示、营销的产业体系，辐射带动周边区域联动发展。

10. 下沙大学科技园

位于下沙高教园，规划建筑面积85.25万平方米，包括杭州经济开发区传媒创意产业园、杭州经济开发区安防科技产业园、杭州经济开发区IT服务外包创业园和新加坡杭州科技园，主要以发展高校经济为指向，各高校创意园根据自身特点错位发展，重点培育工业设计、影视制作与教育培训等产业。

多点：根据各区、县(市)经济社会发展进程，结合楼宇经济、总部经济与城市综合体建设，依托各地资源禀赋条件，因地制宜培育发展一批新兴创意产业园，形成“10＋X”式的创意产业园区发展大格局。

• 以杭报集团、杭州文广集团及在杭省级新闻单位为依托，充分发挥其产业优势、技术优势、人才优势和市场优势，加快浙江传媒创意产业园、人民书店文创产业综合体等新兴园区建设，打造现代传媒类创意产业群。

• 以高新技术产业区、高教园区为依托，加快阿里巴巴淘宝城、恒生电子科技园、ADA 国际设计中心、赛博工业创意园、467 创意产业联盟等新兴园区建设，培育发展若干以工业设计、信息服务、教育培训等为特色的环高新、环高校创意产业群。

• 依托丰富的文化内涵、风景旅游资源和体育基础设施，以休闲、娱乐、时尚消费等产业为重点，培育发展中山北路创意文化商业特色街区、黄龙商务圈休闲健身产业集聚地、大美丽洲文化旅游综合体、径山禅茶文化旅游综合体、临安太湖源创意基地、千岛湖姜家风情文化创意基地等。

• 结合区、县(市)块状经济发展，以工业设计、服装设计等产业为重点，培育发展萧山临港型工业设计研发基地、余杭博卡品牌产业化基地、天都城时尚创意产业园、中纺 116 时尚设计创意园、天星龙创意设计广场、江干科技经济园、东街 6 号·艺术空间、富阳体育运动研发生产基地、富阳银湖文化创意园、桐庐分水制笔创意设计园等产业基地，推动产业结构优化升级，增强区域经济综合竞争力。

• 结合我市农业区域布局和资源特点，有效整合各方资源，突出创意、农业、休闲、生态四要素，有步骤地规划建设若干“创意农业试验区”或“创意农业孵化基地”，部署确立我市发展创意农业的重点领域和重点区块，引导创意农业发展，提升现代都市农业竞争力。

### 五、产业发展

创意产业涵盖面广、产业链很长。杭州发展创意产业，必须坚持突出重点，立足杭州比较优势，依托现有产业基础，瞄准世界发展大势。规划期内，杭州应重点发展信息服务业、动漫游戏业、设计服务业、现代传媒业、艺术品业、教育培训业、文化休闲旅游业、文化会展业等八大行业，打造具有区域特色的创意产业群。

（一）信息服务业

信息服务业主要指互联网信息服务业和广播电视传输服务等行业。规划期内重点发展电子商务业和数字电视业。

1. 发展目标

(1)近期目标

①电子商务业：

●电子商务应用。到2010年，全市重点培育的大企业大集团和骨干企业普遍建立专门网站，信息化普及率达到95%以上；企业应用电子商务的覆盖面达到50%以上，其中利用第三方电子商务服务平台达到40%以上；规模以上工业企业网上采购和销售额占企业采购和销售总额的比例达到20%以上。

●电子商务服务。到2010年，基本实现全市电子商务服务收入、利税、从业人员翻一番，分别达到50亿元、20亿元、2万人以上；培育5家以电子商务服务为主营业务的上市企业、5家主营业务收入超亿元的电子商务服务企业。

●网商培育。到2010年，每年培训能应用电子商务的各类企业经营者、管理者、从业人员、大学生等3.5万人次以上；通过网商培育每年新增就业岗位1万个以上。

②数字电视业：到2010年，建立以“三网融合”为标志的“多网络、多业务”融合的综合发展架构，完成向全省业务的拓展，实现营业收入超50亿元。

(2)远期目标

①电子商务业：依托全国电子商务专业网站和全国网商的高度集聚，把杭州打造成为中国电子商务之都，建成中国乃至世界互联网经济强市。

②数字电视业：到2015年，实现向综合型和全国性企业的成功转型，掌握数字化关键技术、专有技术，拥有数字化相关核心资源和核心产业，培育一个上市主平台，若干个核心产业链的上市平台，实现营业收入超百亿元。

2. 发展方向

(1)电子商务业：坚持“抓大不放小”，一手抓“顶天立地”，实施大企业、大集团带动战略，一手抓“铺天盖地”，实施群体战略。加快电子商务资源整合，大力推广电子商务应用，大力发展电子商务服务，以电子商务进企业为突破口，提高中小企业电子商务应用水平，打造网上块状经济和产业集群，在更广领域、更高层次实现个体创业与集群发展的互动和谐。

(2)数字电视业：加快推进有线与无线网络“天地合一”，加快以电视为基础的家庭信息终端、以手机为基础的手持信息终端、以城市电视为基础的城市公共信息终端“三大终端”的研发、生产和应用，坚持决战有线、主攻无线“两手抓”，拉长数字电视“产业链”，构筑产业发展“一条龙”。

3. 发展举措

(1)电子商务业

①推广电子商务应用。依托龙头企业，以产业链为基础，实施电子商务进企业计划；充分利用社区门户网站及各子网站，依托数字电视等终端和载体，实施电子商务进社区计划；积极推进农村信息化建设，整合信息化服务平台，实施电子商务进农村计划；积极开展电子商务进政府采购计划，带动全社会电子商务应用。

②提升电子商务服务。实施网商培育、电子商务服务平台集聚计划及数字电视电子商务服务、移动电子商务服务、96345 电子商务服务拓展计划。

③加快电子商务技术创新。提高企业自主创新能力，加强产学研合作，构筑创新创业平台。

④完善电子商务支撑体系。完善网络基础设施，加强物流配套体系、标准体系、信用体系和支付体系建设。

⑤优化电子商务发展环境。通过各种渠道培育，引进电子商务专业人才；加大扶持资金、扩大合作，加强监督，营造电子商务企业创新创业氛围。

(2)数字电视业

①加快全省有线网络投资整合。通过对有线网络的资本拓展和业务拓展的两种拓展模式，加快完成对全省各地市及部分县(市、区)的有线网络投资整合，建设全省统一的数字电视服务平台，推进全省有线网络数字化的发展。

②加快数字化技术、内容服务推广。以提供数字化技术、内容服务为抓手，依托杭州移动电视、移动多媒体等网络建设，提高数字化技术、内容

服务产业的覆盖面。

（二）动漫游戏业

动漫游戏业主要指动画制作、网络游戏等数字娱乐行业。

1. 发展目标

(1)近期目标

到2010年，影视动画作品年生产量达到3万分钟，实现动漫游戏产业产值18亿元，带动相关产业收入180亿元，成为全国行业发展的排头兵。

(2)远期目标

到2015年，培育一批年销售收入超亿元的骨干企业，力争实现3～5家动漫游戏企业上市，把杭州打造成为中国名副其实的“动漫之都”。

2. 发展方向

重点扶持发展起点高、企业实力强、作品质量好、市场运作灵的动漫游戏企业，形成“以大带小、母子相连”的集团发展态势。加大对题材新颖、市场看好的原创精品的扶持力度，打造品牌作品。促进与国内外发达地区和城市的交流合作力度，提高产业发展的国际化水平。积极发展基于互联网、移动通讯等新媒体的动漫游戏新业态，丰富拓展产业链条。发挥比较优势，承接国际特色动画外包业务。

3. 发展举措

(1)发挥基地职能作用。依托杭州的IT产业基础和高校人才资源，提升杭州高新开发区（滨江）国家动画产业基地、国家数字娱乐产业示范基地和浙江大学、中国美术学院、浙江传媒学院等三大国家级动画教研基地的水平与规模，新建若干国家级基地。

(2)培育行业龙头企业。坚持扶优扶强原则，积极培育一批行业龙头企业，争取推出一批上市企业，通过发挥龙头企业的辐射、带动作用，引领产业发展。

(3)提高高端人才存量。以“动漫创意大赛”等有效形式为依托，发现、挖掘一批创意、创作人才。继续加大力度，做细服务，通过基地引进和企业进驻的方式，吸引高端创意和经营管理人才来杭州创业。

(4)加快公共服务平台建设。加快资源整合，打造技术先进、服务高效、成本低廉的公共技术服务平台；立足在杭各大专院校的动漫教学资源，引进国内外动漫教学培训机构，建立教学培训平台；以各级版权管理部门为依托，通过宣传普及、保障维权工作，构筑版权保护和交易平台；以参加国际知名动漫节、举办青少年动漫创意大赛、动漫市集和漫画创作大赛等形式，打造动漫推介活动平台。

（三）设计服务业

设计服务业主要指工业设计业、建筑景观设计业及广告业。

1. 发展目标

(1)近期目标

①工业设计业：到2010年，培育出国家级工业设计品牌1家，省级工业设计品牌5家，市级工业设计品牌10家。

②建筑景观设计业：到2010年，行业实现总产值超过30亿元，其中产值超过亿元的企业数量达到10家。

③广告业：到2010年，培育一批年营业额超亿元的综合性广告公司，全市年度广告经营额超过60亿元。

(2)远期目标

①工业设计业：到2015年，使杭州成为国内具有相当影响力的工业设计中心之一，打响杭州"中国丝绸之府、中国女装之都"品牌，实现"杭州制造"向"杭州创造"转变。

②建筑景观设计业：到2015年，争取有1～2家企业上市，实现"杭州建设"向"杭州设计"转变，产业综合实力位居全国前列。

③广告业：到2015年，争取1～2家企业上市，全市年度广告经营额翻两番，在全市GDP中的比重超过2%，达到中等发达国家的平均水平，其中产值超过10亿元的企业数量超过5家。

2. 发展方向

(1)工业设计业

立足杭州先进制造业的产业基础，整合在杭高校、科研院所的资源力量，以我市重点优势产业以及生产性服务业的发展需求为重点，大力发展先进装备制造设计业、女装及丝绸设计业、包装设计业与模型设计业、家电轻工产品设计业、信息产品设计业、运动器材设计业等工业设计业，着力提高工业设计业对二、三产业的关联度、渗透度和融合度，推动产业发展高端化，促进制造业结构加快调整和转型，提升我市工业经济的核心竞争力，推动“杭州制造”向“杭州创造”转变。

(2)建筑景观设计业

充分发挥在杭各大建筑设计企业和研究机构的引领带动作用，导入浙江大学、中国美术学院、浙江工业大学等在杭院校的学科优势，加大政策引导，扶持重点企业，强化基础建设，大力发展建筑设计、环境规划设计、园艺设计、旅游设计、城市色彩设计等建筑景观设计业。依托建筑景观设计业发展，促进城市有机更新，提升城市的品位与内涵，加快“杭州建设”向“杭州设计”转变。

(3)广告业

按照高端服务业的标准，提高专业化服务水平，加强包括市场研究、营销企划、广告创意、媒介投放、效果评估、产品展示等在内的产业链之间的分工及协作，形成共生共赢的“大广告”合作经营模式；加快广告行业的结构优化升级，构筑以强势媒体集团、高水平高效益广告公司为主力的行业中坚，以相对成熟的媒介数字化技术为基础，打造一批具有全国影响力的新媒体广告内容提供商；创新整合营销思维，加大推行创意和创新来引领产业竞争优势的力度，全面提升杭州广告业的品牌形象。

3. 发展举措

(1)加快专业基地建设

促进资源整合，推动省市共建，加快杭州创新创业新天地、乐富・智汇园二期、省工业产品设计中心(暂定名)、赛博工业创意园等园区建设，打造工业设计特色产业基地；加快玉皇山南国际设计创意园、闸弄口建筑设计街区(暂定名)建设，形成以建筑景观设计业为主导业态的特色产业集聚地。

(2)加强人才队伍建设

搭建发展平台，形成科学机制，积极吸引国内外一流的专业设计人才来杭创业；依托杭州丰富的高教资源优势，加大培养力度，提高设计人才存量；推动高校与企业展开合作，培养各种应用型人才。

(3)开展对外学习交流

以研讨会、高峰论坛等形式，广泛邀请国内外知名专家、学者、企业机构，展示、交流与学习国内外设计业的最新成果。加强与国内外高水平设计企业的战略合作，引进国外先进设计理念，因地改良推陈出新。

（四）现代传媒业

现代传媒业主要指以现代高科技特别是信息、数字技术为依托的广播影视业、新闻出版业、全媒体业等。

1. 发展目标

（1）近期目标

①广播影视业：围绕“打造长三角有影响力的现代文化传媒集团”目标，加快资源、产业整合和体制机制创新，大力发展文化娱乐和全媒体产业，推动杭州文广集团向现代文化传媒集团转型。到2010年，全市广播影视产业增加值在全市GDP中的比重显著提高，经营创收力争突破30亿元；培育一批全国一流的民营影视企业群体，社会影视制作公司数量力争达到200家，培育一批行业领军企业。

②新闻出版业：到2010年，围绕“打造长三角一流现代传媒集团”目标，推动杭报集团加快实现从单一的纸质媒体向兼具报纸、数字电视、互联网、广播电视、城市电视、户外媒体一体化等多元媒体转变，从报业集团向现代传媒集团及文化产业集团转变；加快资源整合，组建杭州出版总社；大力发展数字出版以及图书发行配送业务。提升发展印刷复制业，力争年产值1000万元以上的印刷企业达到印刷企业总数的10%；打造杭州数字出版印刷产业园；发展总部经济，引进全省乃至全国先进的数字印刷出版企业入驻，形成高端印刷产业集聚地。

③全媒体业：到2010年，搭建起集视频、音频、图像、文字“四位一体”的全媒体系统，推出覆盖全杭州的无线城域移动终端阅读平台，实现“华数电视版杭州网、杭州网版华数电视”有机融合，把杭州打造成为全国首个“无线数字城市”。

（2）远期目标

依托龙头企业和重点骨干企业的快速发展，提升杭州现代传媒业的整体水平，到2015年，力争实现产业综合实力跻身全国前5强。

①广播影视业：到2015年，把杭州文广集团打造成国内一流，在全国同类城市中走在前列的大型综合性文化产业集团。

②新闻出版业：到2015年，杭报集团主业稳居全国省会城市党报集团

和长三角区域报业集团前三甲，成为现代传媒产业的发展者、文化产业的战略投资者、全国报业集团的排头兵。

③全媒体业：到 2015 年，形成基于全媒体的互联网时代新的商业模式和赢利模式，率先打造成“网络电视、电视网络”，率先打造成“网络融合、内容融合、终端融合”的全媒体城市。

2. 发展方向

实施数字出版战略，打造具有国内外影响的数字出版产业基地。大力推进报网融合，深入实施数字报业战略，构建一次生成、多元化发布的数字化传媒平台，提高网络文化产业的规模化、专业化水平，大力发展手机报纸、手机电视、手机书刊等移动媒体和数字化产品。进一步推动杭报集团、杭州文广集团实现强强联合，鼓励企业跨行业跨地区经营。积极顺应现代传媒集团化、分众化、对象化、地方化、网格化、小型化的新变化、新趋势，充分利用和发挥自身优势，不断深化内部改革，扩展传播方式，提高传播质量，加快创新步伐。围绕推出全媒体、发展全媒体产业、把杭州率先打造成全媒体城市“三步走”的要求，创新理念、体制、技术、内容和模式，实现宽带通信网、数字电视网、下一代互联网的“三大融合”和网络融合、内容融合、终端融合的“三大融合”，推动形成家庭信息终端、手持信息终端、城市信息终端“三大终端”，率先打造具有杭州特色的全媒体，创造互联网时代的经济新模式和产业新模式。大力推进印刷业技术更新，推进印刷园区建设，扶持有条件的现代印刷企业上市融资，使杭州印刷业朝着“印前数字网络化、印刷多色高效化、印后多样自动化、器材高度系统化”的方向发展，巩固杭州印刷业在长三角印刷产业带中的领先地位。

3. 发展举措

(1)加快产业结构调整。加快投资结构、产品结构、技术结构调整，有选择地建设真正符合当地特点的出版、印刷、复制、发行、影视、电子音像等优势特色产业，合理利用资源，推动产业集聚，促进专业化分工。

(2)加强现代科技运用。加大投入，主动攻关，推进产学研合作，加快形成一批拥有自主知识产权的技术，促进科技成果产业化，壮大产业的实力；积极参与现代传媒业相关标准化体系建设。

(3)提升人才队伍素质。实施素质工程、领军人才工程和高技能人才工程三项重点工程，加强经营管理人才和专业技术人才队伍建设，全面提升现代传媒业人才队伍整体素质。

### (五)艺术品业

艺术品业主要指绘画、书法、雕塑、篆刻、工艺美术等视觉(造型)艺术。

1. 发展目标

(1)近期目标

①艺术品拍卖业:到2010年,培育1～2个在国内乃至国际具有号召力和影响力的艺术品拍卖公司。

②艺术品交易业:到2010年,建成1～2个在国内具有相当规模的艺术品(古玩)交易市场;打造1～2个具有全国知名度的艺术品经营街区。

③艺术品会展业:到2010年,建成1～2个大规模、高品位、综合性的艺术品博览会和1～2个具有良好经济效益与社会效益的美术馆。

④工艺美术业:到2010年,销售产值达到110亿元;规模以上企业数量超过160家(其中年销售产值亿元以上企业10家);传统保护品种增加到33种;具有中、高级工艺美术职称的人员数量超过400名;省、市级以上工艺美术大师数量超过50人。

(2)远期目标

到2015年,培育1～2个艺术品产业集团并争取上市,力争行业规模、发展水平、产业特色均处于全国领先地位,形成一批具有国内乃至国际知名度的艺术品宣传、咨询、中介、经营企业,使杭州成为全国一流、世界知名的艺术品创作和交易中心。

2. 发展方向

按照国际现代艺术品的一级市场标准,围绕画廊、艺术品经营公司、艺术品市场等,打造国内一流的艺术品一级市场;借助中国美术学院、西泠印社等名校、名社的人才资源,围绕拍卖、艺术品会展业,打造国内一流的艺术品二级市场;依托互联网、新经济,打造国内一流的艺术品电子商务平台,促进艺术品交流交易。吸引国内外知名艺术品相关龙头和规模企业、全国性和国际性活动迁移杭州或者在杭州设立分部,发展艺术品总部经济。

3. 发展举措

(1)整合各方资源

以艺术品创作者为中心,整合经纪人、画廊、美术馆、基金、拍卖行等要素，形成艺术品“产业链”。通过引进国内外艺术大师来杭创办大师工作室、知名艺术品企业来杭开设办事机构等多种形式，满足艺术品收藏、欣赏与美化生活等不同层次的需求。

(2)建设特色园区

以十大创意产业园区为依托，培育若干艺术品展示与交易基地。加快建设杭州工艺美术特色园地、安荣巷艺术收藏品一条街和东街6号·艺术空间，打造“工艺美术精品展示销售中心”、“工艺美术学术交流中心”等为主要内容的中国(杭州)工艺美术馆。

(3)加快人才培养

依托西泠印社、中国美术学院及其他在杭高校的艺术院系，加快培养艺术品鉴定师、艺术品评估师、艺术品评论家等专业技术人才。

(4)加强市场规范

坚决打击制假售假行为，逐步建立艺术品经营企业诚信等制度，公开评审、推介和保障有信誉的艺术品经营单位，形成规范的艺术品交易市场。

(六)教育培训业

教育培训业主要指继续教育、职业技能培训、社会文化生活教育和考试辅导及其他教育产业等。

1. 发展目标

(1)近期目标

①继续教育。发挥政府在人才培训中的规划、指导、监督、服务作用。引导人才培训机构向专业化、市场化方向发展。鼓励和引导各类培训机构、行业协会开展与我市社会事业发展和产业升级需求相适应，紧贴用人单位需要，紧盯国际国内学术和技术发展前沿的各类人才培训。充分利用在杭高等学校的资源，为开展继续教育服务。通过合理布局，建立继续教育基地，方便学员就近学习。进一步建立健全继续教育制度，为继续教育的健康发展提供保障。

②职业技能培训。整合培训资源，发挥教育部门、劳动保障部门、行业组织以及企业集团、民主党派、工商联等群众团体的各自优势，广泛动员社会各类职业培训机构参与职业技能培训。加快培育形成信息畅通、竞争有序、操作规范的培训市场，构造政府政策引导、社会各方参与、培训紧贴市

场、就业依靠培训新格局，切实有效地帮助各类人员提高就业能力和适应职业变化的能力。加强培训机构的基础建设，努力建设与杭州城市发展相适应的集培训、鉴定和就业服务为一体的功能齐全、设备现代化的综合培训基地，以满足不同性别、不同年龄、不同职业、不同层次劳动者提高技能素质的需要，搭建职业技能培训坚实的平台。

③社会文化生活教育和考试辅导。结合教育消费券的发放和使用，做大做强社区教育平台，到2010年，使杭州社区大学达到全省同类院校一流水平；全市各区、县（市）均建有社区学院，各街道建立社区学校（分院）；争创2个国家级社区教育示范区，建立100个职工教育示范基地，建立40个农村社区教育中心。在杭专修学院在校生达到8万人，开展高等教育自学考试辅导和各类其他考前辅导。促进民办培训学校办大办强、办出特色、办出品牌。

（2）远期目标

到2015年，依托“高水平大学”、“品牌培训学校”、社区教育平台建设，建成城乡结合、校企合作、结构合理、和谐发展、具有杭州特色的现代教育培育体系，使教育培训业成为“一城、七中心”建设的重要推动力量。

2. 发展方向

改善和规范各类培训学校办学条件和办学行为，培育品牌培训学校，大力发展各级各类教育培训。积极向社会发放教育消费券，大力推进职业技能培训和“双证制”（职业资格证书、成人职业高中学历证书）学历教育。各级各类学校要根据杭州经济社会发展的需要，进行学科专业结构的调整和设置。推动在杭高校与文化创意企业开展合作，积极培育具有创新思维的应用型创意人才。依托杭州丰富的高校资源特别是艺术类高校资源，以艺术类教育培训为主、其他教育培训为辅，加快发展“考试经济”。

3. 发展举措

（1）实施教育质量提升工程

开展专修学院特色专业建设，促进其良性发展。开展“品牌培训学校”建设，整合、扩大和优化教育培训资源，深化教育教学改革，以市场为导向，全面提升培训学校的办学水平和教育质量。

（2）构建多元化办学格局

在继续发展公办教育的同时，调动社会各方面办学积极性，鼓励多形式、多体制办学,积极发展民办教育。以教育培训、学校后勤社会化等为重点,发展教育产业。

(3)建设高素质教师队伍

全面实施学校教职工聘用(任)制,创新培养引进机制,优化学历结构,提高整体素质。深化教师培训模式改革,加强校本培训,加大教师培训经费投入。

(4)加快教育技术进步

引导、支持各类培训学校加大投入,不断改善办学条件,积极推进教育信息技术现代化。

(5)建立教育培训业发展基地

规划教育培训业发展园区,通过对社会资源的转让、划拨、租赁等形式,建立教育培训业发展基地。

(6)发放和使用教育消费券

向杭州常住人口中的城镇登记失业人员、初中及以下学历人员、杭州农村转移劳动力中的下岗失业人员、参加社保的"新杭州人",在杭高校毕业大学生,企业在职职工三类重点群体发放教育消费券,鼓励三类重点群体参加各类教育培训,提高三类重点群体的就业技能和杭州人均受教育年限。

(七)文化休闲旅游业

文化休闲旅游业主要指以人文资源为内涵的休闲旅游业。

1. 发展目标

(1)近期目标

到 2010 年,行业增加值达到 25 亿元,把文化休闲旅游产业培育成为国民经济新的增长点。

①演艺业:到 2010 年,培育 2～3 个在国内有重大影响的旅游演艺集团;培育 5～6 个有较强创作演出实力,阵容整齐、结构合理、梯队完善的市场演出团体。

②保健业:到 2010 年,产业从业人员超过 10 万人;产业增加值达到 20 亿元。

③运动休闲业:到 2010 年,进一步提升杭州的运动休闲设施、运动休闲

项目，形成运动休闲服务体系，打造运动休闲品牌，实现全民参与运动、健身，提升杭城市民和外来旅游者的生活品质，成为整个长三角重要的运动休闲目的地。

(2)远期目标

到2015年，依托文化品位度、亲身体验度、商品创意度和服务创意度的提升，把杭州打造成为中国旅游演艺中心、“国际休闲旅游中心”，打响“东方休闲之都·品质生活之城”旅游品牌。

2. 发展方向

适应城市居民消费方式的不断更新，深度挖掘旅游演艺、疗养保健等特色潜力行业的文化内涵，打造具有杭州特色的生活品质行业和文化休闲旅游行业。以现有景区改造和转型升级为契机，以提升旅游文化创意能力为核心，以文化旅游景区和创意园区为依托，采取文化与旅游相结合、继承与创新相结合、产品创意与服务创意相结合的原则，整合资源，重点发展都市文化旅游、现代文化娱乐旅游、民俗旅游、乡村旅游、文化休闲旅游、修学度假旅游等旅游文化创意产品。

3. 发展举措

(1)推进创意与项目融合

推动旅游综合体建设和创意园区、旅游综合体建设与创意产业的有机结合，不断强化旅游综合体的文化创意成分，进一步提高旅游休闲度假项目的体验度和参与度。

(2)实施品牌带动

依托杭州丰富的旅游资源和文化资源，大力发展旅游演艺业，进一步打响“宋城千古情”、“印象西湖”、“西湖之夜”等一批知名品牌。积极鼓励具有杭州文化特色的旅游演艺节目的创演活动，推动知名企业与项目实施“走出去”战略。

(3)强化规划引导

编制创意产业园区的旅游项目规划，启动创意产业园区转化为旅游产品工程，促进文化创意和休闲旅游实现创造性结合，提升创意产业园区的旅游综合功能。

### (八)文化会展业

文化会展业主要指文化类会展或富有文化创意特色的会展业。

1. 发展目标

(1)近期目标

①到2010年,全年文化类会展数量占全市会展总量的一半以上,文化类展览总面积突破60万平方米。

②到2010年,定期举办10个以上的文化类品牌展览;拥有10个以上定期举办、参与人次10万人以上的大型品牌文化节庆活动。

③到2010年,培育形成一批善创意策划、会市场运作、能提供优质服务的品牌会展举办企业,形成1~2家管理服务水平与国际接轨、年营业收入2000万元以上的文化会展龙头企业。

(2)远期目标

到2015年,进一步提升文化会展业的国际化与产业化水平,把杭州打造成国内乃至国际具有“生活品质”鲜明品牌特征的文化会展集聚城市和国际会议目的地。

2. 发展方向

依托杭州、浙江的产业优势,重点培育丝绸女装、动漫游戏、工艺美术、金石书画、雕塑邀请展等文化会展活动。加快完善创意策划、场馆管理、会展传播、招商代理、广告代理、布展设计、设备租赁等配套“产业链”,提高文化会展业的关联度与辐射力。培育市场主体,壮大会展协会,优化会展环境,逐步健全会展业的市场化、社会化运作机制,推动产业发展。

3. 发展举措

(1)实施项目驱动与品牌引领。充分发挥西博会、休博会、中国国际动漫节的大项目带动作用,加快培育文化会展项目,以项目带动产业发展。着力把动漫产业博览会、创意产业博览会、丝绸女装博览会、良渚论坛等项目打造成国家级、国际性,在海内外享有较高知名度和美誉度的品牌展会。

(2)培育会展主体与会展市场。充分调动企业举办文化会展活动的积极性和创造性,培育文化会展企业发展,繁荣文化会展市场。鼓励高校名企参与共同打造杭州文化会展品牌项目,促进城市品牌与行业品牌、企业品牌的互动。加强文化会展行业服务管理,引导行业规范、健康发展。

(3)优化会展配套与服务保障。加快建设杭州奥体博览中心,尽快解决制约我市文化会展业发展的场馆瓶颈问题。大力培育会展策划、施工设计、展览搭建企业,优化杭州文化会展产业链发展。进一步提升政府在大型会展活动中的公共服务水平，提升文化会展的配套及服务保障水平。

(4)加强策划包装与营销推广。紧密结合城市特色和城市品牌，促进文化会展业与城市休闲、城市文化和城市经济的有机结合，推动展览、会议向品牌推广、大型节庆文化活动、体育赛事领域拓展，创新发展机制，强化主题特色，强化杭州会展整体营销，进一步提升杭州文化会展业的综合竞争力和对外影响力。

## 六、实施保障

### (一)优化发展环境

1. 强化组织领导

各区、县(市)要建立创意产业常设办事机构——文创办，明确机构编制，提升产业"一线"指导能力，形成市与区、县(市)两级联动的推进机制。健全市创意产业指导委员会成员单位工作例会制度、八大行业和十大园区联系人制度。按照规划的目标要求，有关城区和八大重点行业牵头部门制定年度工作计划，进行任务分解，明确年度工作的目标、任务、步骤与举措。加快编制八大重点行业和13个区、县(市)的产业发展子规划或行动计划。加大对园区三年行动计划和年度工作计划完成情况的检查考核力度。

2. 深化体制改革

进一步加快经营性文化事业单位转制和国有文化企业产权制度改革，积极探索国有文化企业事业单位资产管理改革。加大开放力度，加快文化管理体制改革，创新发展理念，以繁荣发展为目标，在资金、项目、人才引进等方面充分给予政策支持。加强文化创意产品和要素市场建设，积极打造大企业、大集团，培育、引进战略投资者，鼓励非公有制经济参与产业发展，加快形成统一、开放、竞争、有序的现代文化市场体系。积极创新经营模式、合作模式、分配模式，走出具有杭州特色的创意产业发展之路。

3. 构建服务体系

以八大行业为重点，加快行业协会建设，充分发挥行业协会在创意产业发展中的沟通、协调、自律与助推作用。加强政府、企业和科研院所的合作，培育和发展项目推介、商业经济、人才培训、风险投资、代理服务等各类中介服务机构。围绕创意产业园区建设，建立和完善信息、技术、人才、交易、创业孵化、融资等公共服务平台。逐步形成以市场化为方向，以公共服务平台为支撑，各类中介服务机构和行业协会为主体的创意产业服务体系。

4. 推进品牌建设

依托企业、院校和社会团体，创新文化艺术创作机制，营造创新创意宽松环境，积极推出一批文化创意精品；以阿里巴巴集团、华数数字电视有限公司、杭报集团、杭州文广集团、西泠印社集团等企业为引领，打造一批企业品牌；大力培育中国国际动漫节、创博会、西湖创意市集等会展和活动品牌；加快打造中国电子商务之都、中国动漫之都、中国女装之都、中国艺术品交易中心等，打响一批行业品牌。依托众多的产品品牌、企业品牌、会展品牌与行业品牌，打响“杭州创意”整体品牌。

5. 注重招商推介

坚持“非禁即入”原则，以大项目招商、楼宇招商、地块招商、产业链招商等形式，重点加大对知名企业、规模企业、品牌活动的引进力度。创立专业刊物和网站，定期编制和发布全市创意产业年度发展报告；创设文化创意活动周、创意产业高峰论坛，扩大对外宣传。加强与日本、韩国、欧美等创意产业发达国家和地区的合作交流，提升产业发展的国际化水平。

6. 加强考核评价

进一步完善我市创意产业及八大行业统计制度，建立既科学准确、与国家和省有关考核体系相衔接，又创新规范、有杭州特色的统计体系。对统计范围涉及的9大类、145个小类行业(其中，重点发展的创意产业有8大门类、92个小类)，做好全面仔细的统计、检查、核实、评估工作。各区、县(市)和市直有关单位以及各创意产业园区主要数据经市统计局核准后，定期向外发布统计分析报告。推出杭州创意产业发展指数。研究建立相关考核督查制度，重点对各区、县(市)文创产业发展情况、十大园区三年行动计划实施情况和招商引资情况进行考核督查。开展创意产业先进单位评选活动，表彰奖励一批创意产业先进典型。设立创意产业先进单位和出口大奖，对符合条件的企业和个人予以重奖。

(二)强化政策扶持

1. 财税政策

主要包括以下方面：(1)自2008年起，市大文化产业专项资金更名为市创意产业专项资金，资金总额增至1.52亿元，并根据财力逐步递增。以奖励、贴息、资助等方式扶持重大创意产业项目及企业。(2)市本级每年在市创意产业专项资金中安排动漫游戏产业发展专项资金5000万元，用于支持我市动漫游戏产业发展。(3)从市科技计划相关专项资金和市人才专项资金中安排一定资金，用于扶持创意产业发展。(4)将高新技术文化创意企业纳入市级高新技术企业认定范畴，凡经认定的企业可享受财政扶持等优惠政策。(5)市创意产业专项资金和市科技计划相关专项资金对文化创意项目采取多种方式进行扶持。(6)凡经市创意产业指导委员会认定为杭州市级创意产业基地的，由市创意产业专项资金一次性给予50万元资金资助。(7)支持和引导担保机构为我市中小文化创意企业的融资提供担保。对年日均担保责任余额在2000万元以上5000万元以内(含5000万元)的部分，按年日均担保额的0.5%给予补助；对年日均担保责任额在5000万元以上的部分，按年日均担保额的1%给予补偿。(8)设立政府创业引导基金，采用阶段参股、跟进投资等方式，吸引国内外的风险资本投向初创型文化创意企业，具体按《杭州市创业投资引导基金管理办法(试行)》(杭政办函〔2008〕137号)执行。(9)在杭注册的文化创意企业，其申报软件著作权、专利权等知识产权所发生的费用，由市创意产业专项资金或市科技计划相关资金给予一定资助。(10)支持高等院校和创意培训机构开展相关文化创意培训，对成绩突出者给予一定奖励。鼓励文化创意企业选送优秀员工参加高等院校和创意培训机构组织的学习与培训，对完成培训课程或取得相关从业、毕业、结业证书的员工，由市创意产业专项资金给予一定比例的培训费资助。(11)加强对重点文化创意企业和重点创意产业的财政扶持，引导和推动文化创意企业提高自主创新能力。(12)“十一五”期间，每年在市创意产业专项资金中安排文化体制改革专项资金200万元，并根据实际需要逐步增加。(13)鼓励企业积极争取国家和省各类文化创新建设资金，地方落实配套资金。(14)扩大市本级财政资助覆盖面，市本级企业的项目资助由市创意产业办公室从市创意产业专项资金中予以安排；区级企业(不含萧山区、余杭区)的项目，按财政体制分成比例，按市级企业资助标准的25%安排各项扶持资金；萧山区、余杭区和5县(市)企业的项目，按市级企业资助标准的12.5%安排各项扶持资金。(15)对符合条件的连锁经营文化企业可统一缴纳增值税和所得税。(16)对华数数字电视有限公司按照市物价局核定标准收取的有线数字电视视听维护费，按有关规定在2009年12月31日前免征营业税；对经营有线电视网络的单位从农村居民用户中收取的有线电视收视费和安装费，在2009年12月31日前免征营业税。(17)对经营性文化事业单位改制为企业的，自转制注册之日起免征企业所得税。(18)由财政部门拨付事业经费的文化单位转制为企业，自转制注册之日起对自用房产免征房产税。(19)对单位和个人从事技术转让、技术开发和与之相关的技术咨询、技术服务业务取得的收入，免征营业税、城建税、教育费附加和地方教育费附加。企业、事业单位符合条件的技术转让所得，一个纳税年度内不超过500万元的部分，免征企业所得税；超过500万元的部分，减半征收企业所得税。(20)对国家重点扶持、拥有核心自主知识产权、符合相关条件的高新技术企业，按15%的税率征收企业所得税。(21)对科研机构、高等院校转化职务科技成果，以股份或出资比例等股权形式给予科技人员的个人奖励，经主管税务机关审核后，暂不征收个人所得税。(22)创业投资企业采取股权投资方式投资未上市中小高新技术企业2年(含)以上且符合相关条件的，可按其对中小高新技术企业投资额的70%抵扣该创业投资企业的应纳税所得额。(23)允许企业为开发新技术、新产品、新工艺发生的研究开发费用，未形成无形资产计入当期损益的，在按照规定据实扣除的基础上，按照研究开发费用的50%加计扣除；形成无形资产的，按照无形资产成本的150%摊销。在抓好以上政策落实的同时，加快研究制订人才培养与实训、文创产业孵化基地、文化创意产品与服务出口等方面的财政扶持配套子政策。

2. 投融资政策

(1)对为向文化创意企业提供贷款业务的银行等金融机构，经认定后，每年按其新增贷款余额给予适当的风险补偿。(2)鼓励银行等金融机构积极探索以无形资产质押贷款或以无形资产质押为主的组合贷款业务，为文化创意企业提供融资服务。(3)对于以第二条方式获得的贷款或纯公益性项目和市里认定的重点创意产业项目发生的贷款业务，经认定后，按实际发生利息额给予贷款单位全额贴息补助；对其他文化创意企业获得的贷款，经认定后，按实际发生利息额给予贷款单位50%的贴息补助。本条所定贴息比例均指市级单位，如区、县(市)所属单位，则由市和区、县(市)各承担50%贴息额。(4)充分发挥民间资金优势，放大财政性资金的引导效应，鼓励有关单位按规定发行债权信托产品为文化创意企业提供融资服务。(5)市创意产业专项资金每年安排一定的资金，委托相关国有资产投资公司为出资主体，认购相关协议金融机构发起的债权信托产品，按一定比例公开募集社会资金，放大财政性资金引导效应，为有债权融资需求的文化创意企业提供融资服务，融资企业的融资成本控制在9%以内。(6)全面深化全市文化体制改革，鼓励符合条件的国有文化企业加快推进股权多元化改造步伐。(7)分类指导符合条件的文化创意企业改制上市，积极培育一批文化创意大企业大集团及上市企业。(8)建立由政府有关部门和签订战略合作协议的银行、担保机构等金融机构共同组成的联席会议制度，定期研究创意产业融资工作，研究制订相关举措办法。(9)每年组织开展有融资需求的创意产业项目征集工作，征集一批具有影响力、符合条件的创意产业项目，以“银企洽谈会”、“投融资洽谈会”等形式，加以推介发布。(10)建立融资文化创意企业信用评级制度；每年组织开展创意产业投融资创新产品评奖活动。

3. 园区建设及土地政策

(1)积极鼓励盘活存量房地资源用于发展创意产业，对利用空余或闲置工业厂房、仓储用房等存量房地资源兴办创意产业，不涉及重新开发建设且无需转让房屋产权和土地使用权的园区，经市创意产业指导委员会确认并报市政府批准，属于符合国家规定、城市功能布局优化及有利于产业升级的，暂不征收原产权单位土地年租金或土地收益。(2)对利用依法取得的商业服务用途的国有划拨建设用地兴办创意产业，且无需转让房屋产权和土地使用权的园区，其土地用途和使用权人可不作改变，同时经市、区县(市)政府批准可暂缓实行有偿使用。(3)对老城区原有工业功能区改造为创意产业园区，不涉及重新开发建设且无需转让房屋产权和土地使用权的，土地用途和土地使用权类型可暂时保持不变。在以保护为主的前提下，允许产权人和使用人适度、合理地利用工业遗存、历史建筑及历史街区内的建筑，发展创意产业。(4)对创意产业园区项目建设确需占用农用地的，国土资源部门要优先安排用地指标。对创意产业园区涉及经营性项目用地的，实行招拍挂方式公开出让。(5)对园区内企业自主创新的文化产品、知识产品和服务实行优先采购，培养文化市场新的消费增长点。(6)鼓励园区争创国家、省级产业示范基地，凡被认定为国家、省级示范基地的，由市创意产业专项资金给予一定的配套奖励。(7)鼓励工商、税务、知识产权保护等部门为创意产业园区入驻企业提供便捷公共管理服务。(8)鼓励创意产业园区建立专利技术产业化平台,在专利产业化项目及各类科技成果转化项目的安排上给予重点支持。鼓励专利服务机构与园区结对服务,加强对园区内的专利申请、专利纠纷、专利技术交易等相关服务工作。(9)鼓励园区与银行、担保机构、小额贷款公司等金融机构及创业投资基金合作,对为园区内文化创意企业提供融资服务的金融机构及创业投资机构,经认定后,可享受我市鼓励为文化创意企业提供融资服务的相关优惠政策。

4. 人才政策

(1)加强培养。坚持自主培养为主,继续大力实施紧缺人才培训工程特别是新一轮新世纪"131"优秀中青年人才培养计划和新一轮"356"培训工程。市财政每年安排3000万元,用于实施"青年文艺家发现计划";继续实施"中国杰出女装设计师发现计划",培育、发现一批业内领军人才。注重发现和挖掘民间艺术人才,给予民间艺术人才特殊关注。在白马湖生态创意城等创意产业园区专门开辟"青年艺术家村落",为业有所成者提供良好创作场所和有力政策扶持。给予大学生和初创业者租金、税收等方面的支持,向他们提供低价的"农居SOHO"等创作场所,做到"放水养鱼"。依托专业院校、教育培训机构和企业等多方力量,建设一批文化创意人才实训基地,积极开展文化创意人才实训,对参加实训的大学生及实训基地可按照《关于实施杭州市"万名大学生创业实训工程"的指导意见》(杭政办函〔2008〕161号)有关规定享受政策。加强与海外高校和研究机构的交流与合作,积极向国际顶尖级大师提供配套服务,培养具有国际视野的文化创意人才。(2)大力引进。深入实施"人才强市"战略,积极组织开展海外招聘高层次文化创意人才工作,参与国际人才竞争,争取引进国际一流的艺术大师、设计大师、经济大师、社会问题研究大师、中国问题研究大师,着力提升我市文创人才队伍结构。把创意产业人才纳入《关于加强高层次人才引进工作的若干意见》(市委办〔2005〕2号)、《关于建设创新型人才队伍的若干意见》(杭政办〔2006〕32号)等文件的适用范围之中,形成包括住房、子女入学、落户等在内的创意人才引进"一揽子"政策,使政策惠及创意团队的每一位成员。发挥高等院校的"蓄水池"作用,争取创办浙江音乐学院等高等院校，加强与在杭高等校院、科研院所和企事业单位的合作，采取公开招聘、人事调动、合同聘用、项目合作、开办工作室、创作室等多种方式，走以人（大师）引人（团队）、以机会（提供创业机会）引人、以活动引人、以赛事引人的路子，着力引进一批国内外优秀的文化创意人才和创业团队。同时，在政策上对引进人才和本地人才一视同仁，注重保护“两个积极性”。（3）营造氛围。大力支持网络、图书馆、公园绿化、咖啡吧、书店等方面的投入，为“无领者”的创业和成长提供“参与”与“体验”式的生活空间。鼓励建立中国艺术家艺术馆、美术馆、纪念馆群和艺术家村落，促进形成有利于创意产业发展的集聚效应。发挥文化人在实践“和谐创业”中的引领作用，通过组织研讨交流、开展媒体宣传、进行展示活动等多种形式，进一步打造“和谐创业”模式。大力实施城市国际化战略，加快形成更具人文气息、文化气息的城市风格，允许和鼓励文化人标新立异、别出心裁，营造宽松、包容、大气、开放的环境，进一步营造有利于文化创意人才发展的社区文化和社会氛围。（4）完善机制。组建人才评估专家委员会，建立完善、规范的人才评估制度，按照标准对不同人才量身定制不同的优惠政策、授予不同的荣誉称号。探索建立高层次的文化创意人才的信息数据库建设，畅通供需信息发布渠道；建立高级人才信息管理协调制度，建立开放共享的高端创意人才信息库、分类人才资源信息库。推行杭州市文化创意风云人物评选活动，设立文化创意奖，对突出贡献的集体和个人给予表彰和奖励，不断完善创意人才激励机制。

5. 知识产权保护政策

探索搭建知识产权交易平台，鼓励和规范知识产权评估等中介机构发展，不断促进知识产权可评价、可物化、可质押、可交易。鼓励建立知识产权保护联盟、各种资质认证中心、版权资源信息中心和版权评价交易中心。抓好版权“五进”工作（版权服务进园区、软件正版化进企业、版权监管进市场、版权宣传进学校、版权顾问进单位），建立维权举报奖励机制，加大对版权的宣传和保护力度。结合“全国版权保护示范城市”和“国家数字出版基地”创建，充分发挥市知识产权工作领导小组和市国家版权保护示范城市创建工作领导小组的作用，进一步加强法规建设、队伍建设和基础建设。

# 参考文献


[1] Darrin Bayliss. The Rise of the Creative City: Culture and Creativity in Copenhagen. *European Planning Studies*, 2007, 15(7):889.

[2] Niu W. H. , Sternberg R. J. Societal and School Influence on Student Creativity:the Case of China. *Psychology in Schools*, 2003, 40(1): 103-114.

[3] Florida R. *The Rise of the Creative Class*. New York Basic Books, 2002.

[4] Caves, R. *Creative Industries: Contracts between Art and Commerce*. Harvard University Press,2002.

[5] John Howkins. *The Creative Economy:How People Make Money from Ideas*. London: Allen Lane/Penguin Press, 2001.

[6] Peck, J. Struggling with the Creative Class. *International Journal of Urban and Regional Research*, 2005, 19(4): 740-770.

[7] Towse, R. Creativity, Copyright and the Creative Industries Paradigm. *KYKLOS*,2010,63( 3):461-478.

[8] Oakley, K. Include Us Out: Economic Development and Social Policy in the Creative Industries. *Cultural Trends*, 2006, 15(4):255-273.

[9] Scott, A. J. The Cultural Economy of Cities. *International Journal of Urban and Regional Research*,1997,21:323-339.

[10] Mommaas, H. *Spaces of Culture and Economy: Mapping the Cul-*

*tural-creative Cluster Landscape*. In Kong and O'Connor, 2009: 45-60.

[11] Markusen, A, King, D. The Artistic Divided: The Arts'hidden Contribution to Regional Development. Humphrey Institute of Public Affairs, University of Minnesota, 2003.

[12] Banks Mark. Craft Labour and Creative Industries. *International Journal of Cultural Policy*, 2010, 16(3): 305-321.

[13] Nick Clifton. The Creative Class in the UK: An Initial Analysis. *Swedish Society for Anthropology and Geography*, 2008(1):68.

[14] [澳]查尔斯·J. 琼斯. 经济增长理论. 舒元,等译. 北京:北京大学出版社,2002.

[15] [美]理查德·佛罗里达. 创意经. 创意指数研究,2005.

[16] 佛罗里达. 创意新贵:启动新新经济的菁英势力. 邹应瑗译. 台北:宝鼎出版社有限公司,2003.

[17] 杜德斌,盛垒. 创意产业:现代服务业新的增长点. 经济导刊,2005(8).

[18] 侯博. 基于资源产业的创意产业研究——以北京市为例. 中国地质大学博士学位论文,2009.

[19] 孙启明. 创意产业前沿. 北京:中国传媒大学出版社,2008.

[20] 蒋三庚,王晓红. 创意经济概论. 北京:首都经济贸易大学出版社,2009.

[21] 徐丹丹,孟潇,卫倩倩. 创意产业发展的文献综述. 云南财经大学学报,2011(2).

[22] 赵友宝. 创意产业:发达国家发展政策的国际比较及其启示. 科学学与科学技术管理,2007(2).

[23] 汪曼. 发达国家创意产业发展经验及对我国的启示. 中共合肥市委党校学报,2010(2).

[24] 刘平. 英国、日本、韩国创意产业发展举措与启示. 社会科学,2009(7).

[25] 梁燕君. 英国创意产业对我国的启示. 中外企业文化,2009(10).

[26] 张春梅. 创意产业集群发展的国际经验及启示. 商业时代,2010(7).

[27] 门贵斌. 大力发展创意产业打造大连创新型城市——基于发达国家经验的启示. 工业技术经济,2008(2).

[28] 李雪玲,高长春.国际创意产业发展经验解读及其对我国的启示.现代管理科学,2009(8).
[29] 张瑾.国外发展创意产业的融资经验借鉴.现代经济信息,2010(12).
[30] 吴存东,吴琼.创意产业概论.北京:中国经济出版社,2010.
[31] 李淑芳.英国创意产业发展模式及启示.当代传播,2010(6).
[32] 徐明亮.发达国家金融体系支持创意产业发展的举措及启示.货币时论,2011(2).
[33] 张雅丽,汪遵瑛.英国、美国等国外创意产业对我国的启示.兰州学刊,2010(1).
[34] 万里程,孙健.新加坡创意产业的构建及对我国的启示.东南亚纵横,2006(5).
[35] 张红漫,韩尊炳,苏玲.国外创意产业发展对我国的启示.长春理工大学学报(社会科学版),2007(3).
[36] 周海龙.新加坡　活在创意里.经营者,2009(7).
[37] 王克婴,王艳.新加坡的创意城市建设及其借鉴意义.理论与现代化,2009(6).
[38] 张叶飞.学习新加坡经验建设创新型城市.江南论坛,2006(9).
[39] 张亮.重视人力资源发展创意产业——新加坡创新政策.科技日报,2006-01-16(002).
[40] 李俊江,范硕.创意产业发展的国际比较及其对我国的启示.税务与经济,2008(3).
[41] 吴昌南.世界创意产业的发展及启示.经济纵横,2006(9).
[42] 喻翠玲.英美创意产业发展对中国的启示.重庆工商大学学报(西部论坛),2009(2).
[43] 张志宏.美国文化产业的概况和发展经验.北京:社会科学文献出版社,2002.
[44] 林拓,惠斌,等.世界文化产业发展前沿报告.北京:社会科学文献出版社,2004.
[45] 胡珊.日本创意产业的发展经验与启示.时代经贸,2008(6).
[46] 林乃森.日本创意产业发展政策及其启示.中南大学学报(社会科学版),2011(1).

[47] 王淑芳.日韩发展创意产业的经验与辽宁文化产业振兴.理论界,2008(9).
[48] 吴绍阶.从韩国经验看重庆市创意产业发展.探索,2008(2).
[49] 宋魁,郝剑锋.文化对韩国经济发展的影响.学习与探索,2005(6).
[50] 王如忠,高勇跃.发达国家和地区扶持创意产业的经验.文汇报,2006-01-23(014).
[51] 李雪玲,高长春.国际创意产业发展启示录.上海经济,2010(1).
[52] 钟德友.重庆发展创意产业如何借鉴韩国成功经验.中国经贸导刊,2010(14).
[53] 王鹏.香港创意产业的发展及其启示.亚太经济,2007(6).
[54] 熊凌.香港创意产业的发展及经验.发展研究,2004(3).
[55] 杨微.香港创意产业发展对成都的启示.科技创业月刊,2009(10).
[56] 李海元.创意,让香港"动起来"——香港创意经济观察.人民日报,2009-12-11(009).
[57] 田雨.香港全力打造创意产业.中国知识产权报,2008-12-17(001).
[58] 李杨.香港,创意洋溢的城市.沪港经济,2010(7).
[59] 张海涛.创意产业兴起的背景分析及其启示.中国软科学,2006(12).
[60] 厉无畏,王如忠.创意产业城市发展的新引擎.上海:上海社会科学院出版社,2005.
[61] 张京成.中国创意产业发展报告(2006).北京:中国经济出版社,2006.
[62] 程宇宁.创意产业的本质属性探究——从创意产业与传统产业的比较分析看创意产业的特征.商场现代化,2007(33).
[63] 王琪."创意产业"的本质与特征.甘肃理论学刊,2009(4).
[64] 理查德·E.凯夫斯.创意产业经济学.北京:新华出版社,2004.
[65] 金元浦.当代世界创意产业的概念及其特征.电影艺术,2006(3).
[66] 魏鹏举.内生增长理论视野中创意产业的八大特征.投资北京,2008(7).
[67] 张京成.创意产业的特点及两种存在方式.北京社会科学,2007(4).
[68] 褚劲风.世界创意产业的兴起、特征与发展趋势.世界地理研究,2005(4).
[69] 厉无畏.文化资本与文化竞争力.解放日报,2004-05-24.

[70] 周鹏.宁波市创意产业版权保护工作的难点及其对策.宁波工程学院学报,2010(3).
[71] 陈朝霞.创意产业发展的宁波亮点.宁波日报,2011-04-29.
[72] 吴存东,吴琼.创意产业概述.北京:中国经济出版社,2010.
[73] 张京成.中国创意产业发展报告(2009).北京:中国经济出版社,2009.
[74] 袁平.宁波市旅游产业对社会经济发展的影响分析.产业经济,2010(6).
[75] 聂晶磊,王秋艳.宁波创意产业现状调查与发展战略.商场现代化2008(12).
[76] 应金萍.宁波创意产业发展与人才培养模式探讨.浙江工商职业技术学院学报,2009(9).
[77] 陈薇.促进武汉市创意产业发展的政策研究.华中科技大学学位论文,2008.
[78] 徐明亮.城市创意产业发展的个案研究.经济纵横,2011(5).
[79] 邓罗飞,阳周.宁波市创意产业布局研究.城市,2009(12).
[80] 李琳琳.西安文化产业发展研究.西安科技大学学位论文,2009.
[81] 董坚成.宁波创意产业发展思考.三江论坛,2009(8).
[82] 邓水炎.重庆市创意产业集聚发展研究.重庆工商大学学位论文,2009.
[83] 罗洁.浙江创意产业发展中存在的问题探析.中国市场,2011(22).
[84] 李小燕.创意产业与城市竞争力——兼论重庆创意产业发展,重庆大学学位论文,2009.
[85] 贾楠.创意产业的兴起及我国的对策.河北师范大学学位论文,2007.
[86] 石杰,司志浩.中国创意产业的崛起与存在的问题探讨.北京:海军出版社,2008.
[87] 赵亚.探析宁波工业设计与创意产业.宁波通讯,2008(6).
[88] 冯梅.中国创意产业发展问题研究.北京:经济科学出版社,2009.
[89] 胡斌,易华.创意城市评价指数述评.现代管理科学,2010(2).
[90] Florida R,Tinagli I. Europe in the Creative Age. www. gmit. ie/research,2008.
[91] Inglehart R. World Values Survey(1995—1998). www. worldvalues-

survey.org,2008.
[92] 史征.国内外主要文化创意指数的比较与借鉴.经济论坛,2009(11).
[93] 张小洁,徐燕,张勇顺,林梅.解读北京创意产业指数.中国信息报,2009-02-10.
[94] 陈颖,龚雪,高长春.全球创意指数的比较与分析.软科学,2010(12).
[95] 方忠,张华荣.城市创意指数评价体系研究.经济与管理,2011(4).
[96] 王志成,谢佩洪,陈继祥.城市发展创意产业的影响因素分析及实证研究.中国工业经济,2007(8).
[97] 厉无畏,王慧敏.创意产业促进经济增长方式转变——机理、模式、路径.中国工业经济,2006(11).
[98] 胡晓鹏.基于资本属性的创意产业研究.中国工业经济,2006(12).
[99] Mill T,Govil J. Global Hollywood. British Film Institute,2001(5).
[100] 刘友金,胡黎明,赵瑞霞.创意产业与城市发展的互动关系及其耦合演化过程研究.中国软科学,2009(1).
[101] 彭勇行.管理决策分析.北京:科学出版社,2000.
[102] 刘炜.环渤海地区创意产业发展战略研究.商业经济,2010(7).
[103] 蒋敏.创意产业的宁波模式.宁波经济,2008(8).
[104] 高宏宇.文化及创意产业与城市发展.同济大学学位论文,2007.
[105] 逯强.天津创意产业发展的公共政策研究.天津大学学位论文,2007.
[106] 韩翔宇.北京市创意产业发展战略研究.华中师范大学学位论文,2008.
[107] 徐文营.北京大力发展创意产业.经济日报,2011-04-24(001).
[108] 刘妮丽.北京加速构建"十二五"创意产业版图.北京商报,2010-12-13(C08).
[109] 窦新颖.北京创意产业集聚区成新引擎.中国知识产权报,2010-12-03(009).
[110] 梁新华.上海创意产业"十二五"发展研究:创意思路和产业新政.上海经济研究,2010(12).
[111] 姜小玲.上海创意产业十年腾飞.解放日报,2011-04-01(001).
[112] 王道军.文化及创意产业的"上海模式".上海国资,2010(11).
[113] 马文刚.笑对"七年之痒",上海创意产业全新启航.上海信息化,2011

(2).
[114] 柴国荣.动漫:杭州的产业新名片.中国经济时报,2010-06-02(003).
[115] 孟繁丽.创意产业带动城市软实力——以南京创意产业为例.中国社会科学报,2011-01-11(017).
[116] 黄瑶,林东东.南京创意产业发展现状与对策研究.产业与科技论坛,2010(2).
[117] 薛歌,曹福爽,王立山.创意产业促天津服务业发展进入领跑时代.中国经济导报,2009-07-18(C02).
[118] 邹锐.天津创意产业发展的思考与建议.求知,2010(6).
[119] 崔立勇.天津创意产业快速增长.中国经济导报,2009-12-03(B07).

# 后　记

《创意产业发展战略与路径研究——以宁波为例》一书，是宁波市政府与中国社会科学院战略合作项目的最终成果。

在短短的一年多时间里，能够顺利完成本课题的研究，并且取得丰硕的成果，不仅是作者们研究的结晶，更是团队精诚合作的结果。我们得到了浙江万里学院商学院领导、朋友、同志的支持和帮助。在这里要衷心感谢东华大学旭日工商管理学院博士生导师高长春教授、浙江万里学院商学院李汉君教授、浙江万里学院现代物流学院邹德玲博士、浙江万里学院商学院谢敏老师，他们在本书的构思、撰稿、统稿、校稿过程中不断地给予帮助，并提出了宝贵的建议。浙江万里学院商学院本科生王蕾同学在书稿修改和成果出版等方面提供了大量直接或者间接的帮助，也借此机会表达对他们最衷心的感激之情。

在研究和写作过程中，我们参考和吸收了诸多专家学者的研究成果，并尽可能地在注释或参考文献中列出，在此，我们对相关专家学者们表示由衷的敬意和谢意。

本书在编辑出版过程中，浙江大学出版社的吴伟伟女士作出了极大的贡献，其在校对、编辑和出版书稿上给予了很大帮助，提出了许多宝贵的建议，也为此书付出了辛勤劳动，在此表示诚挚的感谢！

本书的观点和论述有些可能还不成熟，学术观点的偏颇与内容逻辑关联性的阙如在所难免，期待读者与同行的批评指正。本书作为宁波市政府与中国社会科学院战略合作项目最终成果的初步展现，作为我们学术理念的记载，使我们勇于追求学术探索的苦与乐。这种向上的信念，犹如夜航明灯引领我们学术研究的漫漫征程，激励我们在寂静的学术之路上不懈求索。

作　者

2011年11月

图书在版编目(CIP)数据

创意产业发展战略与路径研究:以宁波为例 / 丛海彬,谢子远,闫国庆著. —杭州:浙江大学出版社,2011.12
ISBN 978-7-308-09393-4

Ⅰ.①创… Ⅱ.①丛… ②闫… ③谢… Ⅲ.①文化产业—研究—中国 Ⅳ.①G124

中国版本图书馆 CIP 数据核字(2011)第 256084 号

创意产业发展战略与路径研究
——以宁波为例
丛海彬 谢子远 闫国庆 著

---

责任编辑 吴伟伟 weiweiwu@zju.edu.cn
封面设计 十木米
出版发行 浙江大学出版社
(杭州市天目山路 148 号 邮政编码 310007)
(网址:http://www.zjupress.com)
排 版 浙江时代出版服务有限公司
印 刷 临安市曙光印务有限公司
开 本 710mm×1000mm 1/16
印 张 15.25
字 数 242 千
版 印 次 2011 年 12 月第 1 版 2011 年 12 月第 1 次印刷
书 号 ISBN 978-7-308-09393-4
定 价 39.00 元

---


浙江大学出版社发行部邮购电话 (0571)88925591